메스티소의 나라들

메스티소의 나라들

—중남미 문화의 이해

고 혜 선

단국대학교출판부

책을 펴내며

원주민과 백인의 혼혈인 메스티소를 비롯한 다양한 인종이 어울어져 살아가는 중남미는 아직까지 미지의 세계이다. 1970년대까지 우리가 알아온 중남미는 군부 쿠데타가 맹위를 떨치는 곳이었다. 1980년대에는 당시 우리의 사회 문제와 맞물려서 해방신학이 대두된 곳, 그리고 살인적 인플레로 경제가 파탄에 이른 곳으로 알려져 왔으며, 해외 여행이 자유화된 1990년대에는 아스떼까, 마야, 잉까 문화라는 것이 더 추가되었고, 한국 최초의 무역자유화 협정을 체결한 나라가 남미의 칠레라는 사실로 20세기 들어 우리의 중남미에 대한 견문은 넓어졌다.

그러나 아직도 우리에게 중남미는 미지의 대륙으로 많은 의문점을 던져준다. 흔히 아메리카의 3대 문화로만 인식되는 잉까, 마야, 아스떼까 문화가 그 어느날 갑자기 태동된 것이 아니라면, 이들 문화가 번성되기가지 밑거름이 되었던 여러 문화가 있었을 것이 아니겠는가? 또한 군부 쿠데타가 맹위를 떨쳤다면, 군부가 이 지역의 강력한 압력 집단이 될 수 있게 만든 사회적·정치적 요인이 있었던 것 아니겠는가? 이 지역의 경제는 어떠한 구조적인 문제를 가지고 있기에, 세계에서도 손꼽는 거부와 급식을 기다리는 빈민이 공존하는 결과를 낳고 있는가? 해방신학은 누구를 무엇 혹은 누구로부터 해방시키자는 것인가?

이러한 여러 가지의 의문은 중남미에 대한 총체적·개괄적인 시각이 결여되어 나오는 것이다. 이 책을 쓰려고 마음먹은 동기는 바로 여기에 있으며 이제서야 증보판을 내게 되었다. 신대륙 발견 이전, 식민, 신생국 시대, 그리고 현대라는 시대적인 구분 위에, 각 시대의 정치, 경제, 문화를 살펴보면 중남미에 대한 전반적인 인식을 가질 수 있지 않나 생각한다. 그러나 막상 끝내고 보니 애초의 욕심에 비하면 턱없이 부족한 것 같아 부끄럽기 짝이 없다.

2008년 2월

지 은 이

차 례

Ⅳ. 해가 지지 않는 나라
(16세기 초~19세기 초)

Ⅴ. 모국보다 큰 식민지
(16세기 초~19세기 초)

VI. 백인이 이끈 독립 투쟁

VII. 혼돈 상태의 신생국들

(19세 초~19세기 말)

VIII. 변혁의 소용돌이 (20세기 초~20세기 중반)

IX. 안정을 향해 (20세기 중반~)

X. 각국의 역사
(라틴 아메리카를 중심으로)

I

I 자연과 인간

1. 리오 그란데강에서 남극까지

중남미는 태평양과 대서양의 사이에 위치하고 있으며, 북으로는 멕시코와 미국의 접경 지방인 리오 그란데강으로부터 남으로는 카보 데 오르노스에까지 이르고 남북의 총 길이는 약 12,500km, 총 면적은 약 20,000,000km^{2}이다. 북아메리카주의 일부와 남아메리카주를 포함하며 카리브 해와 대서양 연안의 도서 지방, 태평양 상의 섬들, 그리고 남극까지 이어지는 방대한 지역이다.

중남미의 대부분 지역은 적도를 중심으로 남북으로 나뉘며, 열대성 기후가 많은 편이다. 그러나 산악 지방은 고도에 따라 고원 기후를 형성하고, 해안 지방은 해풍의 영향으로 온난하며, 대륙의 끝단은 4계절이 뚜렷한 기후대를 형성하고 있다.

남미 대륙의 등뼈라 불리우는 안데스 산맥은, 중미의 남단부터 마젤란 해협까지 이른다. 이 산맥은 꼬르디예라 블랑까(Cordillera Blanca)와 꼬르디예라 네그라(Cordillera Negra)의 두 줄기로 나누어진다. 꼬르디예라 블랑까는 산맥의 정상 부분이 만년설로 뒤덮여 있어서 '블랑까'(하얗다)라는 이름이 덧붙여졌으며, 꼬르디예라 네그라는 블랑까와는 달리 눈이 덮여 있지 않아 '네그라'(검다)라는 이름이 붙여졌다. 중요한 산들로는 와스까란(Huascarán), 아꽁까꾸아(Aconcagua), 침보라소(Chimborazo) 등이 있고, 해마다 많은 산악인들이 이곳을 찾는다.

인디오 여인네와 야마

안데스의 고유 동물로는 야마(llama), 비꾸냐(vicuña), 알빠까(alpaca), 쟈가 호랑이(jaguar), 콘도르 독수리(cóndor), 벌새(colibrí)가 있다. 야마는 평지가 거의 없는 이 지역의 주요한 운송 수단으로, 하루에 15km에서 20km를 걸을 수 있고, 물건의 중량이 45kg이 넘으면, 고개를 돌려 침을 뱉을 정도로 영민하다. 잉카 제국 시대에는 태양신에게 제사를 드릴 때 바로 이 야마의 심장을 꺼내어 제물로 바쳤다.

알빠까와 비꾸냐의 털은 섬유의 원료로 사용되며 산악 지방 주민들이 즐겨 사육한다. 콘도르는 해발 4,000m 이상을 비상하는 새로, 썩은 고기는 먹지 않을 정도로 위엄을 갖춘 독수리이다. 벌새는 길다란 부리를 이용해서 꽃의 꿀을 빨아먹는다 하여, 흔히 삐까플로르(picaflor)라 불린다. 이 새의 모습은 페루 남부 해안 지방의 나스까(Nazca) 유적지에도 새겨질 정도로 옛날부터 남미 대륙에 살았다.

남미 대륙의 아마존강, 라 플라타강, 오리노코강은 그 연안에 각기 거대한 평원 지역을 형성하고 있다. 베네수엘라와 콜롬비아를 지나가는 오리노코강

고원 지방의 야마와 알빠까

은 거대한 랴노스(llanos) 평원을 형성하여 목축과 농업의 주무대를 이루고, 아르헨티나의 젖줄인 라 플라타강 유역은 팜파스(pampas) 평원으로 역시 농업과 목축의 주무대이다. 브라질, 에콰도르, 페루, 콜롬비아를 적셔 주는 아마존강 유역은 셀바(selva)로 방대한 양의 석유, 천연 가스가 매장되어 있다. 이곳 밀림 지대에서 발견된 식물군은 전 세계 식물군의 4분의 1이며, 현재 이 지역의 개발을 놓고 환경 문제로 세계가 우려한다는 것은, 지구의 산소 공급지로서의 중요성을 증명하는 사실이다. 아마존에 사는 특이한 동물로는 악어, 피라냐(piraña)가 있다. 피라냐는 흔히 식인어로 알려져 있으며, 그 별명에 걸맞게 날카로운 이빨을 가지고 불과 수분 내에 먹이 대상을 공격하는 것이 특징이다.

이러한 천혜의 자연 환경 덕분에 중남미는 가히 자원의 보고라고 할 수 있다. 철광석(베네수엘라, 칠레, 브라질), 석유(베네수엘라, 멕시코, 에콰도르, 브라질), 주석(볼리비아), 동(칠레), 은(멕시코), 납(멕시코)과 같은 천연 광물, 밀(아르헨티나), 옥수수(아르헨티나), 쇠고기(아르헨티나), 양모(아르헨티나), 커피(브라질, 콜롬비아), 면(브라질), 태평양 연안의 생선, 어분(페루),

기타 카리브 연안의 담배, 사탕수수는 이 지역의 주요 산물이며 수출품이다.

고유 농산물로는, 옥수수, 감자, 담배, 땅콩, 고구마, 카카오(cacao), 유카(yuca)가 있으며, 현재는 쌀, 밀, 콩, 팥과 같은 곡식 그리고, 각종 채소가 경작된다. 옥수수, 감자, 담배, 땅콩, 고구마는 신대륙 발견과 함께 유럽에 소개되며, 우리 나라에까지 전래되었다.

아메리카가 원산지인 여러 가지 곡물과 야채

2. 여러 가지 이름

아메리카는 위도상의 위치에 따라 북미, 중미, 남미로 불리운다. 캐나다, 미국은 물론 북미이며 흔히 우리가 중미로 알고 있는 멕시코도 북미에 속한다. 그런 이유로, 북미 무역 자유화 협정의 대상국에 캐나다, 미국과 더불어 멕시코도 포함되는 것이다. 멕시코의 이웃 나라인 과테말라부터 파나마까지는 중미, 콜롬비아에서부터 아르헨티나까지는 남미이다.

그러나 이러한 위도상의 분류 외에 아메리카에 이주해 온 유럽 인종에 따른 명칭이 있다. 일례로 라틴 아메리카(Latin America)는 라틴인의 혈통을 이어받은 나라들에 의해 통치된 나라들을 뜻한다. 라틴계는 로마 제국의 일원이었던 나라들, 즉 이탈리아, 불란서, 스페인, 포르투갈, 루마니아 등지를 가리킨다. 스페인과 포르투갈, 프랑스의 지배를 받았던 아메리카는 라킨 아메리카이며, 네델랜드의 지배를 받았던 수리남, 영연방의 일원인 벨리세, 쟈마이카, 영령 기아나 등은 라틴 아메리카에서 제외된다.

이베로 아메리카(Iberoamérica)는 이베리아 반도, 즉 스페인과 포르투갈의 지배를 받았던 나라들을 지칭하며, 수리남, 영국계인 벨리세, 쟈마이카, 기아나, 프랑스계인 아이티, 프랑스령 기아나 등이 제외되며, 이스파노 아메리카(Hispanoamérica)는 스페인의 지배를 받았던 나라들로, 브라질, 수리남, 영국계, 벨리세, 쟈마이카, 기아나, 프랑스계인 아이티, 프랑스령 기아나가 제외된다.

현재 미국에서 히스패닉(hispanic)으로 부르는 사람들은 중남미계 미국인으로 멕시코, 푸에르토 리코, 쿠바 출신이 대부분이다. 멕시코 출신은 멕시코에서 이주한 사람들과 치까노(chicano)가 있다. 치까노는 텍사스나 뉴 멕시코, 캘리포니아와 같이 원래는 멕시코의 땅이었다가 19세기 말에 미국으로 넘어간 지역에 살던 멕시코인들을 지칭하는 말로 이들은 대개 미국의 서부와 남부에 많이 살고 있다.

푸에르토 리코는 1898년의 미서 전쟁에서 스페인이 패하게 되자, 그때까지 독립을 못하고 있던 푸에르코 리코가 자치령이 된 후에 많은 주민들이 미국 본토로 이주하면서 거대한 이민 집단을 형성하게 되었으며, 이들은 주로 뉴욕을 중심으로 한 미국의 동부에 거주한다. 쿠바 이민 사회는 1959년의 쿠바 혁명 이후 정치적으로 미국에 망명한 주민들이 이루었으며, 플로리다를 중심으로 한 미국 남부에 많이 살고 있다.

3. 다양한 피부색

다양한 피부색을 자랑하는 인종 전시장처럼 백인, 흑인, 구릿빛의 인디오, 메스티소, 물라토, 아시아계 황인종이 공존하고 있다.

유럽의 정복 후 시작된 백인의 이주는, 1차·2차 세계 대전 전후로 이주한 이탈리아, 독일, 동유럽 출신들로 정점에 달했다. 현재 백인이 인구의 다수인 국가로는 아르헨티나, 우루과이, 코스타 리카가 있으며, 나머지 나라들에서는 소수이다. 대부분의 나라에서 백인은 상류층을 형성하고 있는 것이 특징이다.

메스티소(mestizo)는 백인과 원주민인 인디오 사이의 혼혈로, 멕시코, 중미, 파라과이 인구의 다수를 형성한다. 스페인과 포르투갈은 자국민들과 피지배 원주민 간의 결혼을 용인하고 권장했다. 지리적인 문제점, 즉 중남미에서 거주하는 이베리아 반도인이 본토에 와서 결혼하여 부인을 대동하고 다시 중남미로 향한다는 것이 번거롭기도 했거니와, 일찍부터 이민족과의 혼혈에 익숙했던 이베리아 반도인들이 원주민과의 결혼을 자연스럽게 받아들였기 때문이다. 이 점에서 스페인의 식민 정책과 다른 유럽국들의 식민 정책은 크게 차이가 난다. 멕시코 사상가인 호세 바스콘셀로스(José Vasconcelos)는 '세계 인종'(raza cósmica)이라는 말로 이들을 자랑스럽게 불렀다. 이들은 현재 대다수 국가의 다수를 형성하며, 대부분이 중산층에 속한다.

인디오(indio)는 중남미의 원주민으로서, 고대 문화가 꽃피었던 지역, 일례로, 멕시코, 과테말라, 에콰도르, 페루, 볼리비아에 많이 살고 있으며, 현재까지 자신들의 고유 언어와 관습을 간직하고 있다.

흑인(negro)은 중남미의 농장에 팔려 온 아프리카 흑인이 그 시초였다. 현재 이들은 쿠바, 도미니카 공화국, 아이티 인구의 다수를 이루고 있으며, 대륙의 해안 지방, 일례로, 브라질, 콜롬비아, 페루, 파나마 등지의 해안에 많이 거주하고 있다. 물라또(mulato)는 백인과 흑인의 혼혈로, 브라질, 쿠바 등지에 많으며, 삼보(zambo)는 인디오와 흑인의 혼혈로 식민지 시대에는 사회적으로 가장 천대받았다.

아시아계 이민들로는 중국인, 일본인, 한국인 그리고 중동계가 있다. 1492년의 아메리카 발견에 이은 1521년의 필리핀 발견으로 스페인은 세계적 대국으로 발돋움한다. 그리고 16세기부터 스페인-멕시코-필리핀 간의 교역을 실시했으며, 중국은 이미 16세기 중반에 멕시코에 무역선을 보냈다. 특히 도자기, 비단 등을 수출함으로써 동 · 서양을 잇던 실크로우드는 태평양을 건너 아메리카지역으로 확장된 것이다.

이미 16세기에 멕시코 몇몇 도시에 중국인 거주지자 생겼으며 17세기 초에는 이들로 인해 본토인의 경제활동에 문제가 발생했다는 기록이 있다. 일본인은 17세기 초, 그리스도교도들이 추방되면서 마닐라를 통해 멕시코로 와서 정착했다는 기록이 있으며 19세기 후반에는 국가차원에서 아메리카 이민을 장려했다. 한국은 1905년 멕시코 유카탄 지역이주가 이루어지며, 1960년대 초에는 브라질로 기획 이민을 파견한다.

이들 아시아계 이주자들은 중남미 사회의 각 분야에서 상당한 활약을 하고 있으며 특히 경제부문의 활약이 돋보인다. 또한 정치적 진출도 활발해서 브라질, 페루에서는 국회의원 및 대통령으로도 선출된 바 있다.

19세기 말부터 본격화된 중동계 이민은 터어키, 시리아, 레바논 출신이 많으며, 정치권 및 경제권에서 맹활약을 하고 있다.

4. 언 어

중남미에서 가장 많이 사용되는 언어는 서반아어이며, 그밖에 포르투갈어, 영어, 불어가 있다. 그러나 원주민들은 이러한 공용어 외에도 자신들의 고유 언어를 계속 사용하고 있으며, 이들 중의 상당수는 서반아어를 모른다.

4.1. 원주민어

이들의 고유 언어가 한국어처럼 동사가 문장의 끝에 온다거나, 전치사 대신 후치사를 사용한다는 점에서 이들의 기원을 몽고인으로 보기도 한다. 북미와 중미 지역의 주요 언어로는 나와뜰어와 마야어가 있다.

나와뜰어(nahuatl)는 멕시코 중북부 지역의 원주민어로 아스떼까족(azteca)을 중심으로 사용되었고, 현재까지 이 언어를 사용하는 사람들이 많다. 나와뜰어로 서반아어에 유입된 어휘는 동·식물 이름에 많다. 일례로, 까까우에떼(cacahuete, 땅콩), 소삘로떼(zopilote, 칠면조)가 있으며, 카누(canoa)는 서반아어뿐만 아니라 영어로 유입되어 한국어로 차용된 말이다.

마야-끼체어(maya-quiché)는 마야 문화권에서 사용되던 언어로, 현재에도 멕시코의 유까딴(Yucatán) 지역, 과테말라 등지에서 사용된다. 마야어 또한 서반아어에 영향을 주나 나와뜰어에 비하면 미미하다. 그 이유는 스페인의 정복 당시에 마야 문화권은 이미 힘을 잃었기 때문이다.

남미에서는 께추아어, 아이마라어, 과라니어 등을 들 수 있다. 께추아어(quechua)는 잉까 제국의 공용어였으며 콜롬비아 남부, 에콰도르, 페루, 칠레와 아르헨티나의 북부 지방, 볼리비아 등지에서 현재까지 사용되고 있다. 서반아어로 유입된 께추아 어휘 역시 동·식물 이름에 많으며, 일례로, 야마(llama), 꼰도르(cóndor) 등이 있고, 겉에 걸치는 옷인 뽄초(poncho)가 있다. 뽄초는 영어로 유입되어 한국어에도 차용되었다.

아이마라어(aimará)는 볼리비아와 페루의 고원 지방에서 사용되고 있으며, 어휘면에서는 서반아어에 큰 영향을 끼치지 못했다. 과라니어(guaraní)는 파라과이에서 사용되는 언어로, 서반아어로 유입된 과라니 어휘로는 난두

(ñandú, 타조), 자가(jaguar, 재규어 호랑이) 등이 있다. 파라과이 사람들은 모두 과라니어와 서반아어를 함께 구사한다. 아라우까노(araucano)는 칠레에 살고 있었던 부족으로, 혹자는 뽄초가 아라우까족의 어휘로 간주한다.

카리브 원주민이었던 아라우아꼬족(arahuaco)이 사용했던 언어는 현재 사멸된 상태이나, 스페인어로 유입된 이들의 어휘는 상당히 많다. 서구인과 최초로 접촉했던 까닭에 특이한 음식, 식물, 동물 이름이 스페인어로 유입되었기 때문이다. 쵸코렛(chocolate), 담배(tabaco), 바베큐(barbacoa) 등이 그 대표적인 예로 이들 어휘들은 영어와 기타 서구어로 유입되었고, 한국어의 '담배'도 그 어원은 '타바코'이다.

4.2. 이식된 언어

4.2.1. 스페인어

스페인은 중남미 대륙을 정복하면서 원주민들에게 스페인어의 사용을 의무화했다. 중남미 스페인어는 스페인 중부 지방의 스페인어와 달리 치간음 [θ]와 유음 [λ]을 각기 [s] 그리고, [j], [ʒ]로 발음한다. 중남미의 스페인어는 스페인의 남부 지방과 카나리아 제도의 서반아어와 상당히 유사하며, 그 까닭은, 정복과 식민 초기에 중남미로 이주한 스페인인들이 대개 남부 지방 출신이었다는 것과 관련된다고 보는 견해가 보편적이다.

그러나 중남미 스페인어는 각 지역의 고유 요인들로 음성학적인 면과 어휘면에서 약간의 차이가 존재한다. 일례로, 스페인에서 autocar, autobús로 부르는 버스는 멕시코에서는 camión, autobús, 카리브 연안에서는 guagua, 콜롬비아에서는 bus, 기타 남미 지역에서는 ómnibus 등으로 불리우는 등, 지역과 국가에 따라 약간의 차이를 보인다. 도미니카 공화국 태생으로 문학과 언어학의 대가인 엔리께스 우레냐(Pedro Henríquez Ureña)에 의하면 중남미 스페인어 방언은 대개 5개의 지역으로 나뉜다.

1) 멕시코와 중미 : 마야어와 나와뜰의 영향을 받은 곳으로 멕시코, 과테말라, 온두라스, 엘 살바도르, 코스타 리카 등이 속한다.

2) 카리브 지역 : 카리브어와 흑인들의 영향을 받은 곳으로 카리브 연안

에 있는 나라들인 쿠바, 도미니카 공화국이 이에 속하며, 음절의 끝에 있는 s를 발음하지 않고 모음 사이에 있는 d를 발음하지 않는 경향이 있다.

3) 안데스 지역 : 안데스 산맥을 중심으로 형성된 국가들로서 께추아어 및 아이마라어의 영향을 받은 곳으로, 콜롬비아(카리브 연안 제외), 에콰도르, 페루, 베네수엘라(카리브 연안 제외), 볼리비아, 칠레, 아르헨티나 북부 지역이 속한다.

4) 파라과이 지역 : 과라니어의 영향을 받은 곳으로 비음이 많은 것이 특징이다.

5) 라 플라타강 지역 : 유럽의 이민들, 특히 이탈리아계 이민들의 영향을 받은 곳으로 아르헨티나 및 우루과이가 속한다.

4.2.2. 포르투갈어

포르투갈어는 브라질에서만 사용된다. 포르투갈에서 사용하는 포르투갈어와 브라질의 포르투갈어는 음성학적으로나 어휘면에서 약간의 차이가 있다. 일례로, 포르투갈에서는 자음 접변을 계속 유지하는 반면에, 브라질에서는 자음 접변이 소멸된 것이 특징이다.

예) 포르투갈	브라질
dete<u>ct</u>ive	dete<u>t</u>ive
fa<u>ct</u>o	fa<u>t</u>o

4.2.3. 기타 언어

영국의 식민지였던 자메이카, 트리니다드 이 토바고, 바하마 제도, 기아나 등지에서는 영어를 사용하며, 아이티 및 불령 기아나에서는 불어를, 수리남 및 꾸라사오섬에서는 네델랜드어를 사용한다.

II

II 신비에 싸인 토착 문화 (15세기 이전)

1. 자생설과 이주설

아메리카인의 기원에 대해서는 자생설과 이주설이 있다. 자생설은 인간이 지구의 여러 곳에서 자생했으며, 아메리카의 경우에도 예외가 아니라는 추정에 기인한다. 아르헨티나의 과학자인 플로렌티노 아메기노(Florentino Ameghino)는 아르헨티나의 남부인 파타고니아(Patagonia)에서 자생한 인간이 점차 북상하면서 아메리카 대륙 전체에 퍼졌다고 주장했다.

이주설에는 폴리네시아(Polinesia) 기원설, 아시아(Asia) 기원설이 있다. 폴리네시아 기원설은, 고대에는 남태평양에 수많은 섬들이 존재했으며, 이주자들이 이 태평양을 건너왔다고 주장한다. 실제로 콘티키 탐험대는 해류만을 이용하여 일본을 출발하여 남태평양을 거쳐 페루 해안에 닿는 실험을 해 보인 바 있다. 또한 남태평양상에 있는 부활절섬(Isla Pascuas)에서 발견되는 거석 문화는 콜롬비아 상 아구스틴(San Agustín) 지역의 거석 문화와 상당히 유사하다는 것이 이 가설을 뒷받침한다.

그러나 이 가설보다 더 설득력을 갖는 설은 아시아로부터 이주해 왔다는 설이다. 약 2만년 전에, 아시아의 몽도인들은 당시에는 하나의 육지였을 배링 해협을 건너서 지금의 캐나다, 미국의 서부를 지나 파타고니아 고원까지 진출했으리라는 추측이다. 현재 중남미 사람들에게 나타나는 몽고 반점, 검은 머리, 작은 눈, 피부색, 원주민어와 우랄 알타이 계열 언어가 교착어라는 사실은 이 가설을 뒷받침하고 있다.

2. 토착 문화

흔히 아메리카 문화는 아스떼까, 마야, 잉까로만 구성되는 것으로 알고 있다. 그러나 마야를 제외한 두 문화권들은 14세기에 들어와 비로소 융성하기 시작했으며, 이들 이전의 문화 역시 상당히 발달된 것이었다는 사실은 제대로 알려지지 않았다. 이 지역의 역사를 우선 중미 지역 문화와 남미 지역 문화로 나누어 살펴보자.

2.1. 중미 지역

중미의 역사는 학자에 따라 다르나, 대개 前 고전기(B.C.2000~B.C.100), 고전기(B.C.100~A.D.800), 後 고전기(800~1521)로 분류될 수 있다.

전 고전기는 사실상의 신석기 시대로, 당시의 중미인들은 수렵과 채취 생활을 거쳐 농업의 단계에 이른다. 이들은 옥수수를 주식으로 경작했으며, 기원전 12세기 중엽에는 하나의 문화권을 형성했다. 그 중에서 가장 유명한 것이 멕시코만의 해안 근처에서 발달한 올메까(Olmeca) 문화로 그 중심지는 라 벤따(La Venta), 산 로렌소(San Lorenzo), 뜨레스 사뽀떼스(Tres Zapotes)이다. 또한 과테말라 북부 지방에서 발달한 마야 문화가 이 시기에 속한다.

고전기에 속하는 문화로는 올메카 문화의 영향을 받은 멕시코시 인근을 무대로 발전한 떼오띠우아깐(Teotihuacán) 문화와 역시 올메카 문화의 영향을 받아 유카탄 지역에서 발달한 舊 마야 제국(Maya preclásica 혹은 Primer Imperio Maya) 문화, 몬떼 알반(Monte Alban)을 중심으로 발달했던 사뽀떼까(Zapoteca) 문화가 있다.

후 고전기에는 신 마야(Maya clásica 혹은 Nuevo Imperio Maya) 문화, 올메까 문화를 계승한 똘떼까(Tolteca) 문화, 몬떼 알반의 사뽀떼까를 정복한 믹스떼까(Mixteca) 문화, 그리고 주변의 여러 민족을 정복한 아스떼까(Azteca) 문화가 꽃피었다.

올메까 문화의 중심지
라벤따 전경

몬떼 알반의 전경

2.1.1. 올메까 문화

중미 전체 문화의 토대를 이룬 문화는 올메까 문화(Olmeca, B.C.1160~B.C.580)이다. 이 문화의 두드러진 특징은 돌을 다루는 솜씨라고 할 수 있다. 이들은 거석에 부조를 했으며, 또한 작은 보석에도 조각을 남길 정도로 돌을 능수능란하게 다루었다. 이들이 만든 거대한 13개의 인간 두상은 그 하나의 무게가 18톤에 달한다. 그 중 가장 큰 것은 길이가 3m에 달하며, 보석에 조각된 소품들의 정교함에서 돌을 자유자재로 다루었던 올메까인들의 솜씨를 엿볼 수 있다. 일설에 의하면, 이들은 玉을 찾아서 멕시코 분지와 과테말라까지 진출했다 한다.

사뽀떼까의 뱀장식 여신

올메까 문화의 중심지는 지나친 강우량으로 인하여 때때로 도시 전체가 수중 상태에 이르는 적이 있을 정도였으며, 따라서 이들의 농업 기반은 취약할 수밖에 없었다. 올메까인들이 주변 여러 지역에 영향을 주었다면, 그것은 이들의 종교와 상술 때문이었을 것이다. 올메까인들은 수많은 물품들을 타지역에서 수입하고, 또 자신들의 물건을 수출하며 살았다. 따라서 그들은 자신들의 종교까지도 이민족에게 전파했을 것이며, 이 이민족들은 올메까 종교에 심취되어 올메까족의 위대한 신께 영광을 바치려고 올메까 땅으로 순례의 행진을 했었을 것이다.[1)]

이들은 중미인의 공통적 개념인 나왈 주술 신앙을 믿었다. 인간의 삶은, 인간의 또 다른 자아인 어떤 동물의 운명과 결합되어 있음을 믿는 이 신앙으로 인해, 이들의 돌에는 半人, 半호랑이 상이 등장한다. 즉, 인간-쟈가 호랑이, 신-쟈

1) 다니엘 꼬시오 비예가스 외 지음, 고혜선 옮김, 『멕시코의 어제와 오늘』(서울 : 단국대학교출판부, 1991), p. 34 참조.

중미 문화권 지도

올메까 문화의 두상

올메까 문화의 부조

가 호랑이의 결합이 등장하는 것이다. 찬란했던 올메까 문화가 왜 쇠퇴하게 되었는지에 대해서는 아직까지 정확히 규명된 것이 없다. 다만, 어떤 불가피한 상황이 전개되었으며, 이 문화는 멸망의 길을 걸을 수 밖에 없었을 것이다.

2.1.2. 떼오띠우아깐 문화

멕시코 중앙 분지에서 발달했던 여러 문화들 가운데에서 가장 유명한 것은 기원후 350년에서 650년 사이에 현재의 멕시코시와 뿌에블라(Puebla) 분지 사이에서 최전성기를 구가한 떼오띠우아깐 문화(Teotihuacan, B.C.200~A.D.800)이다. 올메까 문화의 영향을 받았으나, 이들은 건축술에 일가견이 있었고 우리는 그 예를 해의 신전 피라밋, 달의 신전 피라밋에서 볼 수 있다. 이 도시가 20km의 면적에 인구가 약 20만에 달했다는 사실은, 그 당시의 도시 규모로는 상당히 과밀했음을 알 수 있다.

떼오띠우아깐은 평화를 사랑하던 신정 국가로 여러 가지 사회 계층과 전문 직업인들로 나뉘어진 도시 사회였다. 최하위 계층은 소상인, 공예가, 두번째 계층은 군인들, 세번째 계층은 巨商들, 그리고 이들의 위에 왕족 계층이 있었으며, 이들은 제사장을 겸한 하나의 특권층이었다.

기원후 650년에서 700년 사이에 떼오띠우아깐은 침략당한다. 침략자들이 누구였으며, 왜 떼오띠우아깐이 내부적으로 쇠약해졌는지에 대해서는 뚜렷이 알 길이 없다. 침략자들은 이 도시를 철저히 파괴했으며 유린했다. 많은 신전들이 방화되었고, 수많은 보물들, 조각품, 희귀한 물건들이 사라지고 이 도시 국가는 멸망한다.

2.1.3. 똘떼까 문화

떼오띠우아깐의 뒤를 이어 멕시코 분지에서 패권을 형성한 사람들은 똘떼까족으로서 이들은 똘떼까 문화(Tolteca, A.D.800~1200)를 이루었다. 8세기에서 12세기 말까지, 현재의 똘라(Tula)를 수도로, 분지의 북부와 중앙을 지배했던 똘떼까인들은 건축과 농사가 발달한 민족이었다. 그들이 경작했던 작

고전기의 인간 조각

떼오띠우아깐에 있는
께짤꼬아뜰 사원

떼오띠우아깐의 전경
(가운데 보이는 길이
'사자의 길' 이다)

달의 신전
(떼오띠우아깐)

물로는 옥수수, 카카오, 면화, 콩, 고추, 고구마 등이 있었으며, 수도인 뚤라에 많은 건축물을 남겼다. 이들의 神인 금성과 바람신의 결합체인 께짤꼬아뜰(Quetzalcoatl)은 당시 남부에 있던 마야족들에게 영향을 주었고, 이들의 뒤를 이은 아스떼까 제국의 신앙으로 굳어진다.

12세기경, 치치메까족(Chichimeca)이 뚤라를 침입하면서 주민들과 마찰을 빚자, 똘떼까인들은 다른 도시로 이주한다. 뚤라를 정복한 치치메까족은 수도를 떽스꼬꼬(Texcoco)로 정하고 똘떼까인들의 모든 관습, 종교를 그대로 따른다. 그러나 1세기 후, 이 똘떼까-치치메까 문화는 신흥 세력인 아스떼까에 패망한다.

2.1.4. 마야 문화

마야(Maya)인들은, 기원전 3000년경부터 멕시코 남부 치아빠스주(Chiapas)의 고원 지방에 살았다. 기원전 1500년경부터는 농사를 지었으며, 기원 전 8세기경에는 멕시코의 남부 지방과 과테말라를 중심으로 하는 중미의 여러 지역에서 생활 터전을 마련했다. 기원전 5세기에는 띠깔(Tikal)과 와학뚠(Uaxactún)을 중심으로 번성했고, 이때부터 기원후 300년경까지는 상당한 문화 발전을 이룬다. 당시의 중심 도시는 과테말라의 북부에 있는 엘 뻬뗀(El Petén)이었으며, 과테말라의 고원 지방 출신인 끼체 민족과 더불어 살았다.

마야 제국은 흔히 舊 마야 제국(기원후 300~800)과 新 마야 제국(800~1500)으로 나뉜다. 구 마야 제국에는 과테말라의 띠깔(Tikal), 와학뚠(Uaxactun), 멕시코의 치첸 이짜(Chichén-Itzá), 빨렝께(Palenque), 온두라스의 꼬빤(Copán)과 같은 많은 도시 국가가 있었다. 이들은 모두 동일한 언어를 사용했다. 마야 문화의 발달은 그들이 사용했던 달력, 문자와, 천문학, 수학에 대한 방대한 지식을 이용한 건축물에서 엿볼 수 있다.

기원후 5세기 전후에 번성했던 구 마야 제국은 9세기 중엽에 갑자기 이해할 수 없는 침묵의 시기로 접어든다. 사람들은 대도시들을 떠나버렸고, 궁궐, 신전, 피라밋과 같은 위대한 축조물들은 점차 정글의 숲속에 묻혀 버리게 되었다. 이에 대해서는 여러 가지 설이 분분하다. 농토의 부족, 전염병, 지배 계급인 제사장들에 대한 반기, 외적의 침입 등이 그 설들의 예로, 아직까지도 그 원인이 정확히 규명되지 않고 있다.

신 마야 제국의 중심지는 유까딴(Yucatán) 반도이다. 당시 이들은 멕시코 북부 지역의 똘떼까(Tolteca) 문화권과 활발히 교류했으며, 국경 지방에서는 이들과 활발한 교역을 했다. 똘떼까족은 서서히 유카탄 반도로 진출하여 이 지역의 주요 부족으로 부상한다. 9세기 후엽, 북부 지방에서 내려온 이짜족

빨렝께에 있는 피라밋

(itza)은 치첸 이짜(Chichén-Itzá)에 자리를 잡고 피라밋을 건설한다. 이들의 신앙은 꾸꿀깐(Cuculcan)으로, 이것이 똘떼까 문화권에서 께짤꼬아뜰이라고 부르는 깃털 달린 뱀이라는 사실은, 이들과 똘떼까인들의 활발한 교류를 입증해 주는 좋은 예다.

9세기 후엽부터 12세기 후엽 사이에는, 치첸 이짜(Chichén Itza), 우슈말(Uxmal), 마야빤(Mayapán)의 세 도시가 동맹을 결성한다. 그러나 12세기 말엽, 마야빤이 유까딴 북부를 거의 정복하면서 세 도시 동맹은 깨어지며, 마야빤은 총 12개 도시를 중심으로 하여 제국을 건설해 15세기 중엽까지 다스린다. 그러나 1450년경, 신 마야 제국 주요 구성원들인 마야족과 이짜족간에 전쟁이 발생해, 마야빤은 철저히 유린된다. 마야빤의 주민들은 모두 죽었으며, 도시는 불타고 파괴되었다.

1536년에 스페인이 이 지역을 정복했을 때에는 마야 제국은 거의 유명무실한 존재에 가까웠다. 한편, 과테말라의 고원 지방에서는 마야족의 일파인 끼체족이 맹위를 떨쳤으나, 마야빤의 경우처럼 내란을 겪으면서 세력이 약화되었고 1525년에는 스페인에 정복당한다.

마야인은 수렵, 낚시, 농사에 종사했다. 이들은, 옥수수, 면화, 카카오를 재배했으며, 카카오는 화폐 대용으로 사용되었다. 일반 마야인들은 벽을 진흙으로 만들고 짚으로 지붕을 이어 집을 지었으나, 부자나 귀족들은 대도시의 석조 궁궐에서 살았다. 각 도시는 하나의 국가를 형성하여 인근 마을을 다스렸으며, 석조 피라밋을 세우고 그 피라밋의 정상 부분에는 신전을 축조하여 신에게 제사를 드렸다.

신에게 드리는 제사는 마야인들의 생활에서 아주 중요한 부분을 차지했으며, 제사장은 마야 사회에서 가장 박식한 인물들이었고, 높은 지위를 누렸다. 귀족, 관료, 무사들은 이들의 뒤를 이었으며, 그 다음이 일반 평민, 사회의 최하위층은 대체로 전쟁 포로였던 노예들이 차지했다. 마야의 천문학과 수학은 상당히 발전된 수준에 있었다. 일식과 월식에 정통했으며, 零의 개념을 파악하고 있었고, 일년을 정확히 365일로 나누었다. 이러한 연구에 따라 신전을 축조시켰으므로, 치첸 이짜에 있는 피라밋은 춘분날 오후가 되면 계단의 가장자리가 형성하는 그림자가 뱀의 몸체를 이루었고 맨 아랫단에는 뱀

천지 창조

진흙 인간

나무 인간

옥수수 인간

의 머리를 부조해 놓아 마치 뱀이 당으로 내려오는 듯한 형상을 하고 있다.

또한 공놀이장의 골대 안으로 공이 통과해서 땅에 닿을 때에 들리는 메아리 소리는 먼 곳에서도 들을 수 있을 정도임에 미루어, 음향학에도 일가견이 있었다고 추측한다. 이들은 문자를 사용했으며, 아직도 이 문자들에 대한 연구는 끝나지 않았다.

마야인들은 다신을 숭배했다. 또한, 자신들이 동물, 식물, 별의 후예라고 생각했으며, 그러한 믿음 때문에, 같은 동물, 식물, 혹은 별의 후예들끼리 모여 살았다. 이들이 가장 두려워했던 신은 죽음의 신이었으며, 태양신, 바람신, 비의 신도 숭앙했다. 마야의 신은 하나의 삼위 일체적 신으로 말을 통해 대화하고, 결정하며 명령하는 존재로, 최초의 창조는 "허공아! 채워져라!"라는 신의 말의 힘으로 시작되었다고 한다. 이것은 이들이 언어의 마술적 힘을 믿고 있었음을 뜻한다. 그들의 우주관 및 신앙은 일명 마야 성경으로 알려진 뽀뽈 부(Popol Vuh)라는 신화집에 잘 나타난다.

뽀뽈 부가 말하는 천지창조

세상은 닷새 동안에 창조되었다. 첫째날에는 우주와 지구가 창조되었고, 둘째 날에는 식물, 사슴, 새, 파충류같은 동물을 창조하나 모두들 말을 못했다. 셋째날에는 자신들의 모습을 닮은 존재들을 만들기로 결정하고 진흙으로 사람을 빚었다. 그러나 이 진흙 인간들은 말은 했으나, 하루가 지나자 서로 엉기는 바람에 원래의 모습을 찾을 수 가 없었다. 얼굴은 한쪽으로 찌그러졌고, 물이 닿자 다시 진흙으로 되돌아갔다. 신들은 이 진흙 인간들을 파괴하고 이튿날 나무 인간을 만들기로 했다.

넷째날에 만들어진 나무 인간은 말을 했고, 개고기를 먹었으며 자손도 가졌으나 영혼이 없었고, 이해력도 없었다. 정처없이 걷기만 할 뿐 신들에게 감사의 제사를 드릴 줄 모르자 불행을 겪기 시작했다. 더욱 더 큰 문제는 피가 통하지 않는 것이었다. 이들의 얼굴은 뼈만 있었고 손이나 피부도 건조했다. 세상에 있던 모든 동식물들과 부엌의 그릇들은 이 나무 인간들에게 대들어 반란을 일으켰다. 이들은 나무 인간들을 사로잡아 얼굴에 상처를 내고 사정없이 때렸다. 지붕으로 이들이 도망하면 집들은 이들을 내팽개쳤고, 나무에 오르려 하면 나무들은 이들을 멀리 던져 버렸다. 겨우 살아남은 이들의 후예들이 지금 숲속에 살고 있는 원숭이의 조상이라 한다.

다섯째날, 훌륭한 인간을 무엇으로 만들까 고심하던 신들은 옥수수를 발견한다. 노랗고 하얀 색의 옥수수는 인간을 만들기에 아주 훌륭한 재료였다. 노란 옥수수와 흰 옥수수를 가루로 내어 네 명의 인간을 만들었다. 이들은 피도 통하고, 말도 할 줄 알았으며, 신들에게 감사드릴 줄도 알았다. 이제서야 신들은 자신들의 모습을 닮은 존재들을 땅 위에서 보게 되었다. 이로 인해 마야인들은 자신들을 일컬어 '옥수수의 후예'라고 부른다. 그런데 이 옥수수 인간들은 너무나 똑똑해서 땅의 저편에 있는 것도 모두 보고 또 이해했다.

신들은 인간들이 너무 완벽해 자신들을 쳐부수고 半神半人이 될까 보아 두려움을 느끼기 시작했고, 결국 이 인간들의 머리와 눈에 종기를 덧씌워 벌을 준다. 힘이 약해진 옥수수 인간들은 이 땅에서 흩어져 살기로 결정하고 그들 중 셋은 "우리는 죽지 않는다. 꼭 돌아올 것이다"라는 말을 남기고 바다 건너 동쪽으로 떠났다.

"꼭 돌아오리라"는 옥수수 인간들의 말은 께짤꼬아뜰에 의해 되풀이되어 멕시코인들의 마음에 새겨지며, 스페인 정복자들을 동쪽으로 떠난 그 옛날의 조상으로 착각하고 환대했던 것이다.

마야 문학의 정수인 뽀뽈 부는 아마떼(amate)라는 종이에 적혀 있던 것을 마야 문화에 깊이 심취했던 도미니꼬 교단의 히메네스(Francisco Jim nez)신부가 서반아어로 옮겼다.

이밖에도 마야의 예언서라 불리우는 "칠람 발람(Libro de Chiam Balam)"이 있다.

마야 유적지

마야인의 전통 가옥

우슈말의 신전

우슈말의 피라밋

마야인(17세기 후반, 멕시코 인류 박물관 소장)

피라밋(치첸 이짜)

군사들의 신전(치첸 이짜)

천문대(치첸 이짜)

착몰(제수를 놓던 곳, 치첸 이짜)

기우제를 드리던 연못(치첸 이짜)

공놀이장(치첸 이짜)

2.1.5. 아스떼까 제국

멕시코 중앙 분지의 똘떼까 왕국이 패망한 후, 똘떼까 왕국 자리에는 수많은 부족이 국가를 세운다. 이들 중의 하나가, 초기에는 그 세력이 미미했던 멕시까로 현재는 아스떼까(Azteca)로 알려진 부족이다.

이들은 1325년에 떽스꼬꼬(Texcoco) 호수에 있던 떼노치띠뜰란(Tenochtitlan)이라는 섬에 정착하며, 이 섬이 현재의 멕시코시이다. 이 섬에 정착하게 된 연유에 대한 전설을 보자. 신은, 주둥이에 뱀을 문 매가 선인장에 앉은 곳이 바로 왕국의 중심이 될 것이라고 말해 왔다. 몇 날을 헤매던 아스떼까인들은 드디어 어떤 섬에서 선인장 위에 앉아 있는 매를 발견하게 되며, 그곳이 바로 떼노치띠뜰란이었다.

이들은 섬에 정착한 지 약 50년이 지나서야 비로소 왕국다운 왕국을 건설했다. 이어서 주변의 여러 왕국들을 점차로 정복하여, 1502년 목떼수마 2세(Moctezuma II)가 왕위에 올랐을 때에는 과테말라 국경 지방까지 그 영토가 늘어나 있었다. 그러나 이 왕국은 과중한 세금과 인신 공양으로 주변 여러 부족의 원성의 대상이었으며, 결국 1519년에 스페인 정복자 에르난 꼬르떼스(Hernán Cortés)가 이끄는 군대에 꽈우떼목(Cuahutémoc) 왕이 패배당하면서 종말을 고한다.

아스떼까족은 섬이라는 공간의 한계로 부족의 식량 문제가 심각해지자, 치남빠스(chinampas)라는 농장을 만들었다. 이것은, 물위에 기둥을 박고, 그 기둥 위에 잔디를 입히고, 그 위에 호수 바닥의 진흙을 바르는 것으로, 이 땅에 옥수수, 콩, 고추, 호박과 같은 것을 경작했다.

섬이라는 지리적 특수성으로 떼노치띠뜰란은 천연 요새가 되었으며, 따라서 외적의 침입에서 자유로웠고, 치남빠스 덕분에 섬과 뭍이 연결되었다. 이들은 섬에 많은 수로를 터서 배를 교통 수단으로 활용했고, 이런 연유로 스페인인들은 이 도시를 '아메리카의 베니스' 라고 불렀던 것이다.

아스떼까 왕국은 엄밀한 의미에서 절대 왕국은 아니었다. 이들은 점령한 부족 및 인근 부족들과 하나의 연맹을 구성했으며, 백성들은 사회적 계급에 따라 주어진 역할을 수행하며 살았다. 여러 개의 가족은 하나의 대가족을 형성했으며, 20개의 대가족은 아스떼까의 1개 부족을 형성했다. 1개 부족에는 한 명의 부족장, 한 명의 군인 수장, 그리고 하나의 의회가 있었다. 의회는 부족장과 군인 수장 선출권을 가졌다.

각 부족은 아스떼까 족장 회의에 한 명의 대표를 파견했으며, 각 20명의 대표자들 중에서 선출된 4명은 왕에게 충고를 할 수 있는 회의에 참석할 수 있었다. 왕은 세습제와 선거제를 절충한 양식으로 운영되어, 선왕의 형제들은 왕이 될 수 있는 후보였다.

아스떼까 사회도 마야처럼 승려와 귀족, 평민, 상인, 노예 등의 계급으로 나뉘어져 있었다. 귀족에는 왕족, 관료, 무사 등이 있었으며, 노예는 피정복민들이 대부분이었고 나머지는 범법자들이었다. 이들은 토지를 공유지, 국유지 및 사유지로 나누어 평민들 및 노예들에게 경작시켰다.

아스떼까족이 전쟁의 신인 우이찔로뽀츠뜰리(Huitzilopochtli)를 섬겼고, 농사의 신인 뜰랄록(Tlaloc)을 섬겼다는 것은 이들이 호전적이었으며, 농사의 귀재들이었음을 말해 준다. 또한 마야인들과 마찬가지로 천문학이 발달되어 있었으며, 한 달을 20일로 일년을 18개월로 나누었고, 나머지 5일은 신께 제사드리는 날들로 정했다.

그러나 이들이 가장 숭배했던 신은 태양신이었다. 태양신은 우주에서 자신의 길을 가기 위해 늘 투쟁한다고 생각했으며, 태양신의 전투를 자신들의 전투와 비교하여, 스스로를 '태양신의 무사'라고 간주했다. 태양신이 문제없이 우주를 지나다닐 수 있게 하기 위해 아스떼까인들은 인간의 심장을 제물로 바쳤으며, 제사를 드릴 때에는 성장을 한 제사장, 무희, 악사를 동원했다. 이들의 인신 공양 제도는 끊임없는 살생을 요구하는 것이었다. 자신의 부족

뜰랄록 신전

은 공양 대상에서 배제되었으므로 점령한 부족의 심장을 제물로 바쳐야 했고, 이로 인해 피점령 부족들의 원한이 깊어갔다. 다섯번째 태양의 시대에 살고 있다고 믿었던 아스떼까인들은, 태양신이 매일 아침 떠오르도록 제사를 드렸던 것이다.

아스떼까인들은 교육을 중시했다. 가정에서, 아버지는 아들의 교육을, 어머니는 딸의 교육을 전담했으며, 학교 교육도 중시했다. 사내 아이들은 어렸을 때부터 무술을 연마했으며, 주변 민족들과의 불화는 연마했던 무술을 시험하는 좋은 기회로 간주했다. 15세나 16세 때부터는 일반 교육을 담당하는 학교와 종교적인 의무를 가르치는 학교에서 공부시켰으며, 무술, 예술, 역사, 전통, 종교 등을 가르쳤다. 이들은 상술에도 뛰어난 민족이었다. 각 도시에 있는 중요 장소의 하나가 시장이었으며, 상행위를 할 때에 발생할 수 있는 분쟁을 해결할 심판관까지 갖추고 있었다. 떼노치띠뜰란을 방문했던 스페인인은,

아스떼까 시장

1500년대의 이 곳 시장에 모인 인물들을 약 6만 명으로 추정했을 정도였다.

아스떼까의 건축은 장중한 것이 그 특징이다. 주요 건물은 모두 떼노치띠뜰란에 건설했으며, 건물에는 반드시 부조를 했고, 이들이 즐겼던 조각상은 께짤꼬아뜰의 상징인 깃털 달린 뱀이었다.

구전되어 오던 아스떼까인들의 문학은 정복 후에 라틴 문자로 표기되었다. 제국의 통치자로, 철학가로 이름을 날렸던 네사왈꼬요뜰(Nezahualcóyotl) 왕은 시인으로도 유명하다. 그는 이 세상에서의 삶은 영원한 것이 아니며, 부귀 영화도 결국은 헛된 것임을 노래로 읊었다.

> Yo Nezahualcóyotl lo pregunto:
> ¿Acaso deveras se vive con raíz en la tierra?
> No para siempre en la tierra:
> sólo un poco aquí.

아스떼까의 도자기

태양의 돌(아스떼까 시계)

Aunque sea de jade se quiebra,
aunque sea oro se rompe,
aunque sea plumaje de quetzal se desgarra.
No para siempre en la tierra:
sólo un poco aquí.[2)]

나, 네사왈꼬요뜰은 묻나니,
우리는 이 세상에 정말로 뿌리 박은 채 사는 걸까?
이 땅에서 영원히 머무는 것은 아니라네.
단지 잠시만 있는 것일 뿐.
옥으로 만들었다 해도 깨어지는 법,
금이라 해도 부서지는 법,
께짤의 깃털이라 해도 찢어지는 법.
이 땅에서 영원히 머무는 것은 아니라네.
단지 잠시만 있는 것일 뿐.

2.2. 남미 문화

기원전 7000년경부터 고지에 집단 주거지를 형성했던 원주민들은 기원전 600년경부터는 부족 사회를 형성했다. 이들이 형성했던 문화권은 산악에서 발달한 문화와 해안에서 발달한 문화로 나누어 볼 수 있다. 해안 지방에서 발달한 문화 중에서 가장 오래된 것은 기원전 2500년부터 기원전 1250년까지 발달한 치까마(Chicama, 페루 북부 해안 지방)강 유역의 문화로, 이들은 수렵, 채취, 어업에 종사했다. 기원전 1250년에서 기원전 850년까지는 옥수수 경작을 하고 직조를 했으며, 원시적 형태의 도자기도 만들었다. 기원전 850년부터 기원전 500년 사이에는 산악 지방 최초의 문화권이 등장한다. 안데스 산맥의 중북부 지방인 차빈 데 완따르(Chavín de Huántar)를 중심으로 발달

2) Ms. Cantares mexicanos, fol. 17 r. citado por Miguel León-Portilla en Trece poetas del mundo azteca, UNAM, México, 1967, p. 49.

되며, 흔히 차빈 문화라고 불리운다. 부족 사회를 이루어 살았던 이 시대인들은 본격적으로 농업에 종사했고, 야마와 같은 가축을 길렀으며, 그들이 남긴 건축물, 조각, 도자기, 금은 공예는 이 문화가 고도로 발달되었음을 보여준다. 기원전 500년부터 기원전 300년까지는 거대한 문화권은 형성되지 않았지만, 소규모의 문화권이 해안 지방을 중심으로 여러 곳에서 발달되었음을 볼 수 있다. 일례로, 북부 해안의 살리나르(Salínar), 중부의 창까이(Chancay), 남부의 빠라까스(Paracas)가 있으며, 유일하게 산악 지방에서 발달한 문화로는 띠띠까까 호수 근처의 치리빠(Chiripá)가 있다. 치리빠인들은 산의 비탈진 경사면에 계단식 경작지를 만들어 농사를 지었으며 관개를 위해 운하를 이용했다. 이 시대에는 농작물이 다양화되어 콩, 코카(coca), 끼누아(quinua) 등이 재배되었다. 도자기는 붉은 색 바탕에 흰색 문양을 넣은 것이었으며, 직조술이 상당히 발달되었다. 기원전 300년경부터 기원후 500년에는 아직 정치적인 통일 집단은 출현하지 않았으나, 문화적 통일성을 이루는 여러 문화가 꽃피었다. 이 시대의 문화권을 살펴보자.

2.2.1. 빠라까스(Paracas), 나스까(Nazca) 문화

페루의 남부 해안 지방에서 발달한 문화권이다. 빠라까스 문화권에서 출토된 유물들 중에서, 천연 염료를 사용해서 붉은 색으로 무늬를 넣은 이들의 천은 2,000년이 지난 지금까지도 그 색깔이 변하지 않고 있으며, 촘촘히 짜인 천은 이들의 직조 수준을 짐작하게 해준다. 도자기 또한 상당히 정교한 모습을 띠고 있다.

1939년에 미국 학자가 나스까 지역에서 우연히 발견한 황야에 새겨진 거대한 線들은 고고학계의 관심을 집중시켰다. 당시까지는 단순한 관개 수로로만 알려졌던 이 선들은 비행기에서 내려다 보자 각기 하나의 모양임이 드러났다. 기원전 500년에서 기원후 1300년 사이에 만들어졌을 것으로 추정되는 이 선들은 총 18가지로, 새, 원숭이, 거미 등과 같은 동물들, 인간의 모습, 100개가 넘는 기하학 무늬로 구성되어 있으며, 직선 거리가 4m짜리부터 10km에 이르는 것들이 있다. 이 선들이 무엇에 사용된 것이었는가에 대해서는 의견이 분분하다. 비가 오지 않는 이 지대의 기후 덕분에 현재까지 잘 보존되어 왔으나, 최근의 엘니뇨(El Niño) 현상으로 비가 내리기 시작해서 이 유적지의 보존 문제가 심각하게 제기되고 있다.

2.2.2. 모체(Moche) 문화

페루의 중북부 해안에서 발달한 모체 문화는 다양한 형태의 도자기로 유명하다. 그들은 자신들의 일상 생활을 예술적 감각으로 도자기에 표현했다. 병자들의 모습, 옥수수와 물고기같은 주식, 성생활 등을 묘사했고, 조공을 바치러 온 인물들의 모습을 그려냈다. 이들이 만든 인물상 중에서 로마 병정의

나스까 유적지의 거미

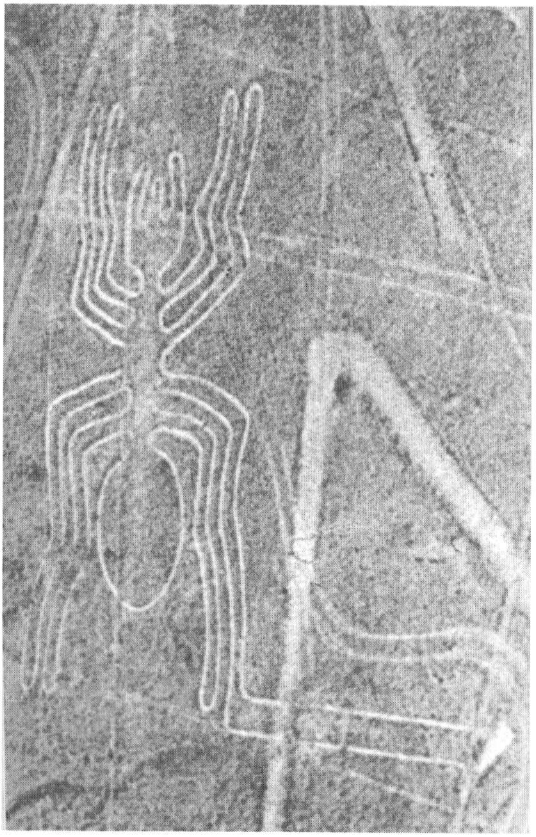

나스까 유적지의 벌새

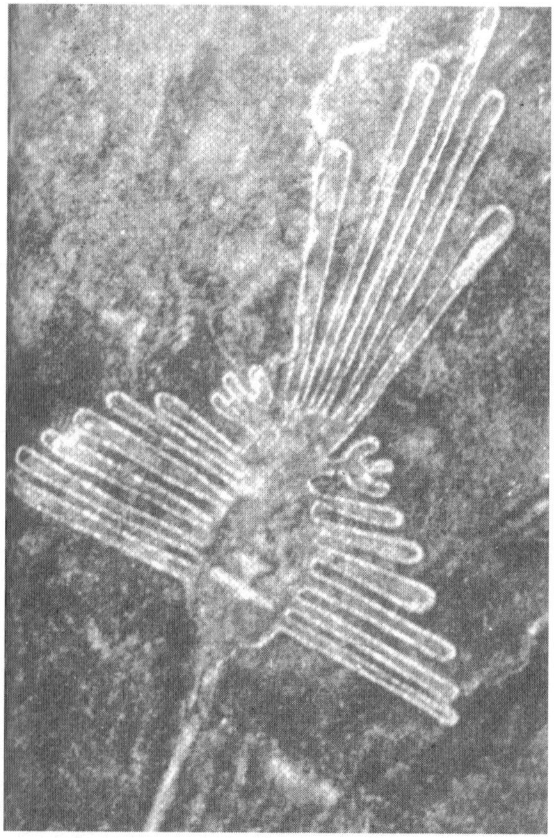

모습을 한 사람, 중국 사신의 모습을 한 사람이 있어서 많은 추측을 낳고 있다. 이들이 태양과 달을 숭배했음은 뜨루히요(Trujillo)에 있는 해의 신전과 달의 신전을 통해 알 수 있다. 모치까족(Mochica)은 순장의 풍습이 있었다. 일반 사람들의 경우에는 도자기를 함께 묻었지만, 족장이 죽으면 그의 부인들, 제사장, 병사, 개, 야마까지 산 채로 묻었음이 최근에 출토된 시빤(Sipán)의 무덤에 보여진다.

서기 500년에서 1000년까지는 문화적으로 상당히 암울한 시대이다. 해안 지방은 침체기에 빠져들며, 산악 지방에서도 볼리비아 고원 지방의 띠아와나꼬(Tiahuanaco)를 제외하면 유명무실하다. 띠아와나꼬 문화는 거대한 석조물, 소박한 모양에 기하학적인 문양이 새겨진 도자기가 특징이다. 띠띠까까 호수 남쪽 50km 지점에 있는 '태양의 문'(Puerta del Sol)은 종교적 의식이 거행되던 곳으로 추정된다. 서기 1000년에서 1440년까지는 도시 문화기로 흔

시빤 유물

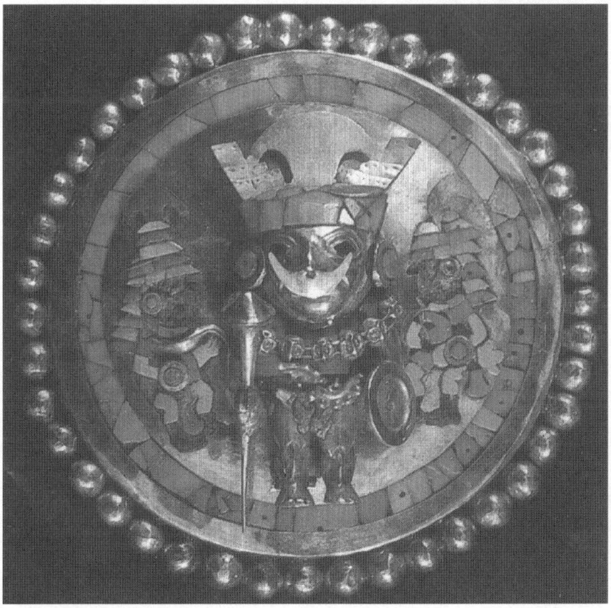

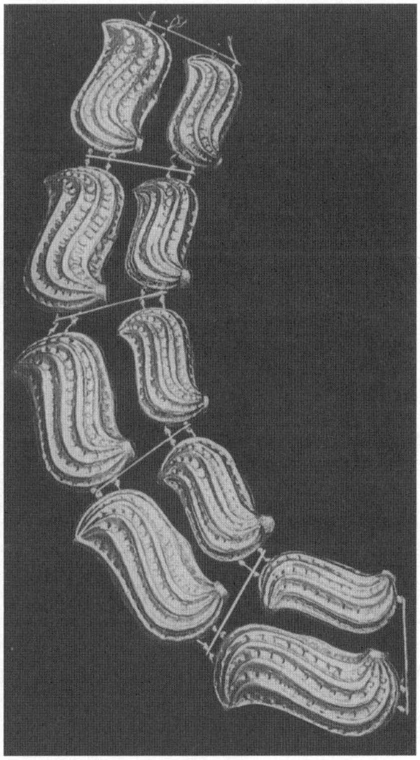

히 알려져 있으며, 모치까를 중심으로 한 북부 해안 지방에서 발달되었다.

2.2.3. 치무 문화

도시 문화기에 가장 발달했던 문화권이 치무 문화권으로, 이들이 흙으로 건설한 찬찬(Chanchan)은 모치까 문화의 재현이라 할 수 있다. 이 사회에는 계급이 존재했으며, 주변의 소왕국들을 속령으로 만들어 조공을 받았다. 또한 도로 건설을 통해 교통의 편이를 도모했고, 요새 건축, 수로건설, 피라미드 건설 등, 공공 사업에도 수완을 발휘했다. 훌륭한 관개 시설과 비료 덕분에 백성들은 농사에 전념했으며, 가축을 사육하고 어업에 종사했다. 또한 발달된 도로망 덕분에 인근 부족들과의 상업이 용이했다.

치무 문화권 도자기의 특징은 검정색에 있다. 1450년경, 치무 왕국은 리마에서 까라바이요까지 확장되었다. 인구는 50만을 넘었으리라 추산되며, 이

태양의 문

들의 상업 무대는 에콰도르와 안데스 산악 지역까지 넓혀졌고, 강력한 군대를 소유했다. 잉까 왕국의 빠차꾸띠(Pachacuti) 왕이 북부 해안 지방까지 세력을 확장하려 하자 치무 왕국과 잉까 왕국 간에 전쟁이 일어나며, 1461년,

남미 문화권 지도

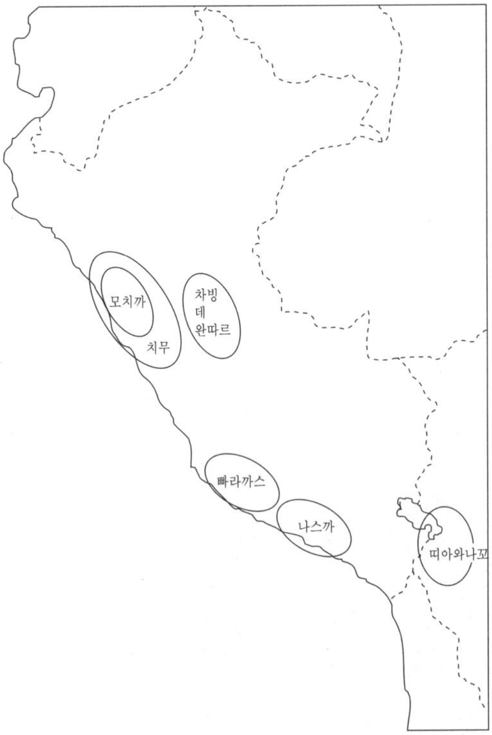

찬찬의 흙의 도시

빠차꾸띠 왕의 아들 까빠스 유빵끼(Capas Yupanqui)는 치무 왕국의 수도였던 까하마르까(Cajamarca)를 포위하고, 치무는 패배당한다. 잉까 왕국은 남부 지방에서 이까(Ica), 나스까(Nazca), 친차(Chincha)를 중심으로 발전했던 친차 왕국도 점령했다.

2.2.4. 잉까 제국(1440~1532)

잉까는, 사실상, 현재의 페루를 중심으로 발달했던 차빙, 띠아와나꼬, 모치까, 치무, 나스까 문화를 규합해서 이루어진 하나의 제국으로, 이들의 부족 이름은 께추아(quechua)이다. 이 부족의 기원에 대해서는 마야족, 아스떼까족, 띠아와나꼬족의 일파라는 설이 있으나, 아직 정확히 규명되지 않았다.

뚜미(수술용 칼, 치무 문화권에 속한다)

금으로 된 병(치무 문화권의 유물, 초록색 보석은 에메랄드 터키석)

잉까의 신화에 따르면, 태양신은 자신의 아들 망꼬 까빡(Manco Capac)과 딸 마마 오끄요(Mama Ocllo)를 띠띠까까(Titicaca) 호수의 한 섬에 보내어 다른 부족들에게 문화를 가르치도록 했다.

태양신의 자손들은 아버지의 말씀을 이루기 위해 금 지팡이가 박히는 비옥한 땅을 찾아야 했으며, 여러 날의 순례 끝에 1043년 이들 남매가 도달한 곳은 '세상의 배꼽'인 꾸스꼬(Cuzco)로, 이곳을 수도로 정했다고 말한다. '잉까'는 왕, 임금을 뜻하는 말이며, 이 제국이 가장 번성했을 때에는 현재의 콜롬비아 남부에서부터 에콰도르, 페루, 볼리비아, 칠레 북부, 아르헨티나의 북부에 이르는 방대한 지역을 점유했다. 그러나 찬란했던 이 제국은 형제간의 불화에 의한 제국의 분리 통치에 따른 내부 갈등으로, 1532년 프란씨스꼬 삐사로(Francisco Pizarro)가 이끄는 스페인군에 의해 정복당한다.

잉까족의 기원 전설이 얽힌 띠띠까까 호수

제국의 수도인 꾸스꼬는 높은 산들로 에워싸여 있었으며, 삭사이와망(Sacsayhuaman), 오얀따이땀보(Ollantaytambo)와 같은 요새를 건축함으로써 외적의 침입으로부터 보호했다. 방대한 지역을 다스리기 위해서, 잉까 제국은 꾸스꼬의 중앙 광장에서 동서남북의 네 방향으로 거대한 도로를 건설해서 제국을 네 개의 권역으로 나누어 통치했다. 군대의 이동과, 제국의 결정 사항을 변경까지 알리는 데에는 거미줄같이 얽혀진 도로망 덕분에 하등의 어려움이 없었다. 길가에는 일정한 거리마다 쉼터를 마련했으며, 심지어 어떤 곳들은 이들이 운송 수단으로 사용했던 야마까지 쉴 수 있는 자리를 마련해 두었다.

이들이 건설했던 전 도로의 길이는 약 3,000km에 이르며, 꾸스꼬에서 결정한 사실을 각 지방으로 전달할 때에는 챠스끼(chasqui)[3]들을 이용했다. 일례로, 태평양 연안에서 저녁때 잡은 생선이 꾸스꼬에 있는 잉까의 아침 식단

꾸스꼬 의 전경

3) 챠스끼 : 잉까 제국의 파발마. 일정한 거리를 주행하며, 소라를 불어서 자신들의 출현을 알렸다. 한 챠스끼가 일정한 장소에 이르면 다른 챠스끼가 전언이나 전달물을 받아서 다시 달리곤 했다.

에 올랐다는 사실은 이들 챠스끼들의 활약과 잘 닦인 도로망을 시사해 준다.

제국의 효율적인 행정을 위해 잉까 제국은 끼뿌스(quipus)라는 매듭을 이용해서 한 해의 수확량, 가축의 숫자, 인구, 중요 사건 등을 파악했으며, 이것을 제대로 해독하는 것은 관리들의 몫이었다. 전 잉까 제국을 아이유(ayllu)라는 기초 공동체 단위로 구성하고, 10개의 아이유는 하나의 상부 조직을 구성했으며, 이 조직은 다시 10개 단위로 하나의 상부 조직을 구성했다. 토지는 공유제로 모두 삼등분해서 경작했다. 하나는 태양신의 몫, 또 하나는 잉까의 몫, 그리고 나머지는 공동체의 몫이었으며, 경작의 의무는 백성들의 것이었다. 백성들의 토지는 가족의 숫자에 따라 배분했으며, 비옥한 땅과 척박한 땅에 차등을 두어 수확량에서는 차이가 없도록 했다.

또한 인구 변동에 따른 부작용을 방지하기 위해 한 해의 수확이 끝난 다음에는 새롭게 토지를 배분했다. 25세에서 50세까지의 사람들은 모두 일을 해야만 했으며, 이것은 잉까족의 3대 금기, 즉, 훔치지 말라, 거짓말하지 말라, 게으르지 말라의 정신에 따른 것이었다. 잉까는 백성들이 노역에 기꺼이 종사할 수 있도록 코카를 배급해서 배고픔을 잊고 즐겁게 일하도록 했다.

잉까의 전통 복식으로 치장한 원주민

잉까 제국의 계층은, 왕족과 귀족, 그 아래로, 꾸라까스(curacas)라 불리우는 서열이 낮은 귀족이 있었으며, 이들 꾸라까스는 대개 잉카에 정복당한 부족의 귀족들이었다.

그 아래로는 일반 백성이 있었으며, 이들보다 신분이 낮았던 사람들은 노예에 가까웠던 야나꼬나(yanacona)로 이 신분은 영원히 세습되었다. 야나꼬나와는 성격이 다른 하층민으로 미띠마에(miti-mae)가 있었다. 이들은 잉까가 지배한 새 지역, 혹은 요새, 국경 지방에 살았다. 잉까는 태양신의 자손이라는 신성한 피를 보존하기 위해 정실 부인은 여동생, 사촌, 혹은 조카딸 중에서 취했으며, 다른 첩들은 귀족, 혹은 태양신을 위해 제사를 드리는 처녀들 중에서 선택했다. 후계자는 정실 부인의 아들이어야 했으며, 소생이 없는 경우에는 다른 첩의 아들을 후계자로 할 수 있었다.

잉까 제국의 통치술은 상당히 교묘했다. 일례로, 한 지역을 점령하면 그 부족의 부족장의 아들, 혹은 후계자를 인질로 삼아 꾸스꼬에 데려왔다. 잉까가 표면에 내세운 이유는 궁궐의 예법과 공영어인 께추아어를 가르친다는 것이었으나, 이 아들이 꾸스꼬에 인질로 잡혀 있는 동안에는 반란을 꾀할 수 없으리라는 철저한 계산이 따른 정책이었다. 이 덕분에 제국 내에서는 반란이 거의 없었고, 광대한 제국은 하나의 공용어로 통일되었다. 또한 반란의 낌새를 채면, 하룻밤 사이에 모든 부락민들을 아주 멀리 떨어진 지역으로 이주시키는 정책을 사용하여, 반란을 원천적으로 봉쇄했다.

잉까는 건축에 뛰어난 자질을 보였다. 해안 지방에서는 흙을 주원료로 사용하여 건물을 지었으나, 돌이 많은 산악 지역에서는 돌을 사용하는 건물을

잉까의 축조물 앞에 선 페루의 원주민(돌의 틈새가 한 치의 오차도 없다)

지었으며, 돌들은 이음새가 완벽해서 종이 한 장도 들어갈 수 없을 정도였다. 이들 건물들은 현재까지도 보존되고 있으며, 그 중 유명한 것이 꾸스꼬의 신전, 삭사이와망(Sacsayhumán), 마추 삑추(Machu Picchu)에 있다.

잉까의 가장 위대한 신은 비라꼬차(Viracocha)였다. 조물주였던 비라꼬차 외에, 이들은 용맹스러웠던 조상들, 신화로 남은 인물들을 섬겼으며, 또한 잉까족의 조상인 태양신을 섬겼다. 제사장의 권위는 상당한 것이었으며, 국사에도 발언권을 가지고 있었다. 잉까족의 종교와 관련해서 우리의 눈길을 끄는 존재가 바로 비르헤네스 엘 솔(Vírgenes del Sol)이다. 이들은 태양신께 드리는 제사를 위해 특별히 선발된 처녀들로, 3년 동안 음악, 직조, 요리같은 것을 갇힌 곳에서 연마했다. 3년 후에, 잉까는 이들 중에서 후비를 맞을 수가 있었으며, 또 일부 귀족들은 이들과 결혼할 수가 있었다. 그 나머지는 성

잉까 시대의 도자기

전에서 태양신에게 제사를 드리며 일생을 보냈다.

께추아족에게는 문자가 없었다. 따라서 이들의 문학은 구비 문학이며, 그 중 상당 부분은 최초의 아메리카 태생 작가인 잉까 가르실라소 데 라 베가(Inca Garcilaso de la Vega)의 "정사"(Comentarios reales)에 기록되어 있다. 이 기록에 의하면, 잉까의 궁궐에는 전문 악사가 있었으며, 이들은 축제 때나 왕궁의 대소사에서 자작곡 등을 불렀다고 한다. 또한 지금까지 남아 있는 이 시대의 연극으로는 오얀따이(Ollantay)가 있다. 이 연극은, 실제로 있었던 역사상의 인물인 평민 출신 대장 오얀따이와 잉까 공주와의 사랑을 주제로 하고 있다. 잉까인들은 기쁠 때나 슬플 때, 일할 때나 괴로울 때에 노래를 불렀으며, 이러한 노래들은 각기 이름이 다르다. 사랑에 빠진 한 청년이 아가씨에게 부르는 노래를 보자.

잉까 제국 지도

Aquicito
dormirás;
Medianoche,
yo vendré.[4]

여기서
주무세요.
한 밤중에
내가 올께요.

전 3막으로 구성되는 오얀따이는 원주민어를 라틴 문자로 표기한 것이며 실제로 있었던 일을 연극으로 만든 것이다. 1780년대에 스페인에 항거해 싸웠던 뚜빡 아마루(Tupac Amaru)는 부하들의 용기를 북돋우고 잉까의 위대성을 부각하려고 꾸스꼬 근처 마을에서 이 극을 공연했다. 그

4) Coello, Oscar. EL PERU EN SU LITERATURA, Ed. El Dorado, Lima, 1983, p. 14.

로 인해, 반란이 평정된 후, 이 책은 금지되었다. 그 내용을 보자

빠차꾸떽(Pachacutec) 왕의 휘하 장군인 오얀따이는 그의 딸과 사랑을 나누고 딸까지 낳는다. 그러나 잉까는 자신들의 성스런 피를 보존하기 위해 딸

계단식 논 (마추삑추)

초소 (마추삑추)

을 평민과 결혼시킬 수 없었다. 왕은 딸을 감옥에 가두고 오얀따이도 감옥에 가두려 한다.

오얀따이는 부하들을 이끌고 잉까에 대항한다. 임금은 군대를 보내 오얀따이를 토벌하려 하나 번번이 패하다가 오얀따이 부하의 배신으로 오얀따이를 사로잡아 꾸스꼬로 끌고간다. 이때에는 이미 빠차꾸떽 왕은 죽고 그의 아들 뚜빡 유빵끼가 왕위에 올라 있었다. 새 왕은 그제서야 비로소 오얀따이가 왜 반란을 일으켰는가를 알게 되었고, 오얀따이를 다시 장수에 임명하고 둘을 결혼시킨다. 이 작품은 사회 계급의 차이가 엄격했던 그 시대에 한 평민의 봉기가 승리한다는 내용으로 상당히 파격적인 것이었다. 10년 동안 동굴에 갇혀 지냈던 여동생과 잉까가 만나는 마지막 장면을 보자.

해시계와 건물 내부 (창문이 사다리꼴로 되어 있어 지진에도 견딜 수 있게 한 점이 특징이다.

마추삑추 성곽의 일부

마추삑추의 전경

잉까족의 요새였던
삭사이와망

Tupac : 마치 꿈을 꾸는 것 같구나.
(……)
네가 바로 내 여동생
Cusi Coyllur란 말이냐...
Cusi : 아, 오빠! 제가 얼마나
고통을 당했나 이제 아시겠군요.
(……)
Tupac : 누가 너를 이곳에 가두었단 말이냐?
(……)
이렇게 괴로운 마음을
지켜볼 자 누구일까?
(……)
Ollantay, 여기 그대의 아내가 있네.
지금부터는 내 동생을 애지중지 아껴 주게.
Ollantay: 임금님은 우리의 보호자이십니다.
위대하신 임금님의 품안에서는
그 어떤 불행도 있을 수 없습니다.
저희 모두를 축복해 주십시오.

3. 기타 문화

3.1. 칩 차

칩차(chibcha)는 콜롬비아의 보고타(Bogotá) 지방을 중심으로 살았던 종족으로, 이들의 경계선은 잉까 제국과 맞닿았으며, 스페인 군대가 왔을 때에는 이들간에 전운이 감돌 때였다. 중남미의 3대 문화에는 미치지 못하나, 이들의 문화도 상당히 발전된 것이었다. 그러나 불행히도 언제부터 이곳에 부족 연맹체를 형성하고 살았는지는 알려지지 않고 있다.

왕위는 모계 쪽의 사촌에게 이양되었으며, 일반 백성은 왕의 얼굴을 마주 보는 것이 금해져 있었다. 왕들 및 각 부족의 족장은 일부다처제였으며, 상당히 엄하게 법을 적용했다. 이들의 금세공술은 상당한 수준의 거이었으며, 동은 색깔을 입혀 세공했다. 또한 도자기, 특히 거대한 규모의 그릇을 만들었으며, 돌을 다루는 데에도 일가견이 있었다.

감자, 유까, 콩, 옥수수 등을 경작했으며, 산악 지방에 있었던 대규모 소금 산지로 인해 다른 부족들에게 소금을 수출했다.

3.2. 아라우까노

오아라우까노(araucano)는 일명 마푸체(mapuche)이다. 이들은 칠레의 중부 지방을 중심으로 살던 부족으로, 아르헨티나의 파타고니아 지방까지 점령했다. 농사와 목축에 종사했으며, 다른 부족들과 달리, 어떤 도시나 성곽을 건설하지 않은 것이 특징이다. 이들의 용맹성은 스페인 정복 군대의 일원이었던 알론소 데 에르시야 이 수니가(Alonso de Ercilla y Zúñiga)가 쓴 아라우까나(Araucana)라는 서사시에 잘 나타나 있다.

3.3. 까리베

카리브 연안에 살고 있었던 까리베족(caribe)은, 아라우아꼬(arahuaco)로도 불리운다. 이들의 기원은 아마존강으로 추정하며 기아나, 베네수엘라, 안띠야스 제도(Las Antillas)를 거치면서 카리브해 섬들에 도착한 것으로 추정된다. 이들이 바로 콜롬부스(Cristóbal Colón)가 신대륙에 왔을 때에 최초로 보았던 종족이며, 용맹스러웠고, 얼굴을 칠하고 귀와 코를 장식하는 특징이 있다.

아마존의 인디오

3.4. 뚜삐 과라니

뚜삐 과라니족(tupí -guaraní)과 관련된 전설에 의하면, 형제인 뚜삐와 과라니는 대서양 해안에 도달했다 한다. 그러나 이들의 부인들이 사이가 나빠지자, 두 형제는 협약을 맺어, 현재의 파라과이로는 과라니가, 브라질로는 뚜삐가 가서 살기로 작정했다 한다. 파라과이에서 현재까지도 사용되는 과라니어는 이 종족의 영향이 어떠했는가를 말해 준다. 브라질에는 뚜삐족 외에도 다른 부족이 있었으나, 최대 부족은 역시 뚜삐이다.

이들은, 해안 지방, 정글 지방에서 평원이 있던 내륙에 살았으며, 농업과 수렵에 종사했다. 4인에서 7인까지 집단으로 거주했으며, 해먹(hamaca)은 다른 곳으로 이동할 때에 항상 지니고 다니는 필수품이었다. 열대성 기후로 인해, 대개가 나신 혹은 반라의 상태로 지냈으며, 다양한 색깔의 깃털로 몸을 장식했다.

그러나 스페인의 점령 후에는 선교사들의 영향으로 여자들은 치마와 블라우스와 비슷한 것을 입었으며, 남자들 역시 중요 부위를 가렸고 뻔초를 입었다. 이들의 치장에서 우리의 관심을 끄는 것이 남자들의 입술 장식이다. 아랫입술에 구멍을 내고 그 곳에 나무 조각을 끼워 두는 이 관습은 남성성을 상징하는 것이었으며, 이 수술은 사내 아이가 어렸을 때에 성대한 의식을 치루며 행해졌다. 이들은 비옥한 땅을 점령하기 위해서 이웃 부족과 전쟁을 치렀고, 이때에 생포한 포로는 먹었다. 그러나 여자의 경우에는 먹지 않았다.

파라과이의 과라니족은 현재 우리가 살고 있는 이 땅과 신들이 살고 있는 세상을 잇는 것이 바로 인간이라고 믿었다. 따라서 신에게 드리는 제사는 경건해야 하며, 이 제사에서 빼놓을 수 없는 것이 가무였다. 과라니 문학은 가무를 중시하는 풍토에서 가꾸어졌고, 서정적 · 철학적인 것이 특징이다. 구전되어 오던 이들 시가류, 전설, 신화, 동화는 스페인의 정복 후에 문자로 표기되었다.

과라니

과라니의 시는 신에게 제사드릴 때에 부르던 노래, 어린이에게 들려 주던 노래, 동식물을 대상으로 부르던 노래 등이 있다. 다음의 노래는 남미의 전통새인 벌새에 대해 부른 것이다.

〈Canto del Colibrí〉

¿Algo tienes para comunicarnos, Colibrí?
¡Colibrí, lanza relámpagos!

Pues, ¿ el néctar de tus flores te ha mareado acaso, Colibrí?
¡Colibrí, lanza relámpagos, lanza relámpagos![5)]

- 벌새의 노래 -

벌새야, 우리한테 말할 게 있니?
새야, 번갯불을 비춰 보렴.
새야, 꽃에서 나오는 꿀로 어지럼병이 생겼니?
새야, 번갯불을 비추렴, 번갯불을 비춰 봐.

〈Saludo amistoso del Colibrí〉

Pues, si el néctar de tus flores
te ha mareado, Colibrí,
¡con cuanta más razón
no te ha de marear la chicha![6)]

- 벌새의 인사 -

벌새야, 꽃의 꿀로
어지럼병이 생겼구나.
그러니, 치차 술[7)]을 마시면
얼마나 더 어지럽겠니.

---

5) LA LITERATURA DE LOS GUARANIES, Versioń de León Cadogan 2ª ed. Edit Joaquín Mortiz, S.A. México, 1970, p. 142.
6) 위의 책, p.160.
7) 치차(chicha)는 옥수수를 원료로 빚은 술.

III

III 우연이 낳은 사건 (15세기 말~16세기 초)

유럽만이 세상의 중심이었던 시대에 황금이 많다고 소문난 동방으로 향했던 콜롬부스 일행이 실수로 도착한 곳이 신대륙이며, 그때로부터 500년도 지나지 않아 이 신대륙의 일부가 세계의 중심에 섰다는 것은 역사의 우연이 빚어낸 결과이다. 1992년, 신대륙 발견 500주년을 기념하는 대대적인 행사가 열렸을 때에, 혹자는 '콜롬부스의 아메리카 발견' 이라는 표현의 부당함을 지적하기도 했다.

즉, 북유럽인들이 이미 10세기경에 미국의 동북부 지방까지 왕래했으므로, 콜롬부스가 '발견' 한 것이 아니라는 것이다. 일각에서는 중국 명나라 정화의 일행이 이미 북아메리카에 갔었다는 주장을 내세우기도 한다. 이러한 모든 점을 고려하고, 숨겨져 있던 무엇을 찾아내는 것이 '발견' 이라면, '콜롬부스의 발견' 은 적절한 표현은 아니다.

황금이라는 뚜렷한 목표를 찾아 떠난 구대륙의 탐험대와는 달리, 신대륙의 아메리카인들은 무방비 상태에서 이들을 접하게 된다. 그리고 자신들의 피부색과는 다른 외지인에 대한 호기심으로 이들을 접하게 된다. 그러나 말을 이용한 기동성과 최첨단 무기인 총 앞에서 죽어가는 동족을 보자, 조상 대대로 이어받아 온 땅을 내어줄 수밖에 없었다.

구대륙이 신대륙을 정복하지 않았더라면 어떤 일이 일어났을까? 정복자들은 아메리카인들이 '미개한 상태에서 신을 모르고 살아갔을 것'이라는 말로 자신들의 업적을 미화한다. 반면 아메리카인들은 '공동체적인 가치관을 바탕으로 평화롭게 살아갔을 것'이라고 말한다. 같은 논리로, 정복자들은 '야만인들을 문명화시켰다'고 말하며, 아메리카인들은 '우리의 것을 강탈하고, 주인에서 노예로 탈바꿈시켰다'고 말한다. 아메리카의 발견과 정복이 어떠한 상황하에서 진행되는가를 살펴보자.

1. 당시의 세계

1.1. 유 럽

신대륙 발견시의 유럽은 중세의 신권 중심 사회에서 근세의 절대 왕조 시대로 이양되었다. 왕권은 왕권신수설로 뒷받침되었으며, 각국은 자신들의 민족 언어를 통해 국민의 일체감을 형성했고, 법령과 제도를 확립했다. 경제면에서는 중상주의가 채택되었으며, 무역의 중요성이 부각되었다. 또한 해양술의 발전으로 "지구는 둥글다"라는 사실을 인식하게 되었으며, 13세기 말에 출판된 마르코 폴로(Marco Polo)의 "동방 견문록"은 동양에 대한 동경을 자극하여, 수많은 모험가들이 동방에 이르는 길을 발견하기 위해 항해를 감행했다.

이 모험가들의 하나가 콜롬부스(Cristóbal Colón)이다. 그는, 영국과 포르투갈에의 지원 요청이 거부되어 마지막으로 찾았던 스페인 왕실의 이사벨라(Isabela) 여왕의 후원으로 항해에 나서며, 이때에 우연히 발견한 것이 신대륙의 일부인 서인도 제도이다.

신대륙 발견에서 가장 중요한 나라들은 이베리아 반도에 있었던 스페인과 포르투갈이다. 당시 스페인은, 8세기부터 이베리아 반도의 상당 부분을 장악하고 있던 아랍족(일명 무어인)의 세력이 약화되어 남부 지방만 지배하고 있었으며, 중·북부 지방은 그리

콜롬부스

스도교인들의 수중에 있었다. 그러나 이 지방은 여러 개의 소왕국으로 분열되어 있었다. 이때에 까스띨랴(Castilla)의 이사벨라(Isabel) 여왕과 아라곤(Aragón)의 페르난도(Fernando) 왕이 결혼하면서 두 왕국이 통일되었다.

이들 부처는 이어서 주변의 다른 소왕국들을 통일하고, 아랍인들과 전투를 벌이며, 1492년 무어족이 총집결한 그라나다(Granada)를 함락시킴으로써, 711년부터 이베리아 반도에서 맹위를 떨쳤던 아랍 세력을 반도에서 몰아낸다. 그리고, 카톨릭교로 개종하지 않고 유대인과 아랍인들까지도 축출하여 종교적으로도 반도를 재통일시키는 위업을 달성한다. 교황은 이러한 여왕 부처의 업적을 치하하면서 '카톨릭 군주 부처'(Reyes Católicos)라는 칭호를 부여한다. 여왕은 콜롬부스가 인도로 가는 새로운 항로를 개척하겠다며 자금 지원을 요청하자, 경제적 어려움에도 불구하고 왕실 차원에서 지원을 결정한다.

콜롬부스는 스스로조차 상상도 못했던 신대륙을 발견하게 되고, 이를 계기로 스페인은 2세기 이상에 걸쳐 세계에서 가장 넓은 국토를 소유하는 강대국으로 발전하는 기틀을 마련했다. 이 해는 또한 최초의 스페인어 문법책이 발간되어 당시까지 여러 개의 방언으로 나뉘어 있던 스페인어를 통일시키는 데에 크게 기여했던 해로 기록된다. 한편 포르투갈은 대서양 연안에 있다는 지리적인 이점으로, 해양 진출에 좀더 일찍 눈을 뜬 나라였다. 포르투갈은 1480년에 아프리카를 소유하며, 1488년에는 바스코 다 가마(Vasco da Gama)의 희망봉 발견 및 1498년의 인도 항로 발견으로 동양과의 무역에서 유리한 입장에 있었다.

1.2. 아메리카

15세기말에서 16세기 초에 이르는 기간에 방대한 영토와 찬란한 문화를 자랑하던 아메리카의 아스떼까족과 잉까족이 어떻게 스페인 군대에 쉽게 정복당했는가를 이해하려면, 당시 이들이 어떤 상황에 처해 있었는가를 알아볼 필요가 있다.

아스떼까 왕국의 팽창은 1420년 이스꼬아뜰(Izcoatl)의 치정하에서 시작되었다. 그리고 1500년에는 아스떼까 왕국이 지리적으로 가장 팽창해 있었을 때였다.[8] 왕국의 팽창은 다른 각도에서 본다면 수많은 정복 전쟁이 있었으며, 그 전쟁의 패배자였던 민족들은 아스떼까 왕국을 증오할 수밖에 없었다는 이야기이다. 어느 날인가는 자신들을 구하기 위해 동쪽에서 얼굴이 하얀 神이 오리라는 신화를 믿던 여러 부족민들은, 스페인 사람들이 바로 께짤꼬아뜰이 보낸 사람이라고 여기게 되었으며, 아스떼까 왕국을 무너뜨리고자 이들과 동맹을 맺는다. 정복자 꼬르떼스에 의하면, "멕시코의 포위에 참여한 스페인인의 숫자는 불과 천명이었고, 동맹국 인디오들은 오만명을 헤아렸다"[9]고 한다.

한편 남미의 잉까 제국은 1525년에 와이나까빡(Huayna Cápac) 왕이 죽기 전에 제국을 둘로 분할하여, 에콰도르 지방에는 서자인 아따왈빠(Atahualpa), 남부 지방에는 적자인 와스카르(Huáscar)를 지명하여 제국을 분할 통치하도록 한다. 선왕이 돌아가신 다음에 두 형제는 전쟁을 일으키고, 아따왈빠가 패하나, 와스카르는 동생을 용서한다. 그러나 와스카르가 남부 지방 정복으로 출타한 틈을 타서 아따왈빠는 꾸스꼬를 점령하고, 와스카르가 돌아오자 그를 감옥에 가두어 버린다. 스페인 군대가 아따왈빠가 쉬고 있던 온천지인 까하마르까(Cajamarca)에 도착한 것은 바로 이러한 상황, 즉, 대 잉까 제국민들이 서로를 불신하고 분열되어 있던 때였다.

2. 발 견

신대륙의 발견은 제노아 태생인 콜롬부스의 업적이다. 물론 북유럽 사람들이 북미를 항해했던 사실로 인해 '발견'이라는 용어 자체에는 여러 가지 이론이 많지만, 유럽이 본격적으로 이 지역에 진출하게 된 계기는 콜롬부스의 항해에 기인한다고 볼 수 있다.

제노아, 포르투갈, 영국 왕실의 재정적 지원 요청이 실패로 돌아가자, 콜롬부스는 스페인의 이사벨 여왕을 찾았고, 여왕은 무어족과의 전쟁으로 여

8) 다니엘 꼬시오 비예가스 외 지음, 고혜선 옮김, 앞의 책, pp. 76~77.
9) 위의 책, p. 76.

념이 없었음에도 불구하고, 흔쾌히 콜롬부스를 지원했다. 1492년 8월 3일 세 척의 범선[10)]을 이끌고 스페인을 떠나 그해 10월 12일 현재의 바아마 제도(Islas Bahamas)에 도착한 콜롬부스는 이듬해 3월 귀향할 때에 이곳의 많은 특산물을 여왕 부처에게 드릴 선물로 가지고 간다. 이 특산물에는 유럽에는 없던 신기한 동·식물과 원주민이 포함되어 있었다.

이후 10년에 걸쳐서 세 번의 항해를 더 시도했던 그는 자신이 발견한 곳이 인도인 줄로 착각하고 죽음을 맞는다. 그가 발견한 지방은, 푸에르토 리코(Puerto Rico), 쟈메이카(Jamaica), 버진 아일랜드(Virgin Islands), 기아나(Guyana)에서 온두라스(Hoduras)에 이르는 해안이었다.

신대륙의 이름이 유래된 또 다른 항해가는 이탈리아 플로렌스(Florence) 태생의 아메리코 베스푸치오(Américo Vespucio)이다. 1497년부터 1502년까지 신대륙을 네 번이나 항해했던 그는 콜롬부스의 '인도'가 새로운 대륙임을 밝혀낸 인물이다.

콜롬부스의 항해 지도

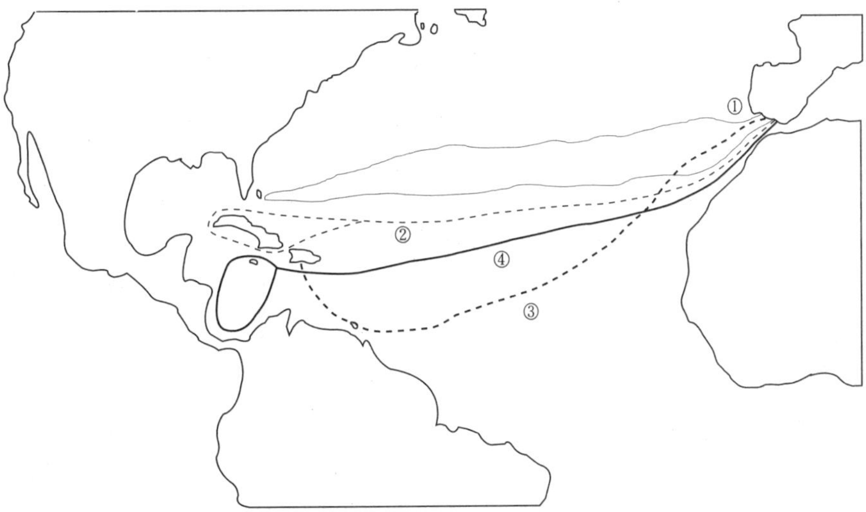

10) 니냐(Niña), 삔타(Pinta), 산따 마리아(Santa María)호.

3. 대륙의 무법자들

이사벨 여왕의 사후에 왕위는 까를로스 5세(Carlos V, 1517~1556)에게 양위되었고, 까를로스 5세의 뒤를 이은 왕이 무적 함대로 유명한 펠리뻬 2세(Felipe II, 1556~1598)로, 이 시기의 스페인은 세계에서 가장 크고 강력한 나라였다.

콜롬부스의 신대륙 발견은 스페인인들에게 신대륙에 대한 꿈을 키우도록 했다. 콜롬부스가 쓴 "항해 일지"는 유럽의 자연과는 전혀 다른 신대륙의 자연, 동물, 식물, 인간을 묘사했으며, 원주민 사회의 전설을 과장해서 기술했다. 특히 황금에 대한 잦은 언급은 스페인 모험가들을 자극했으며, 이후 이들은 약 50년간에 걸쳐 이루어진 신대륙 정복의 주역이 되었다. 새로운 땅을 찾아 때로는 작은 범선으로 몇 달에 걸쳐 항해를 하고, 뭍에서는 몇 달, 몇 년이나 걸어야 했던 이들은 아메리카라는 거대한 대륙을 주인의 허락없이 침입하여 강탈한 무법자들이었다.

아메리카 정복은 스페인 왕국 차원에서 실시된 것이 아니라 왕실 차원에서 이루어졌다. 국왕은 아메리카 정복의 꿈을 갖고 떠나는 사람들과 개별 계약을 맺었다. 이 계약, 혹은 협약에서 국왕은 이들에게 일정한 지위와 권리를 보장했다. 이것이 아델란따도(adelantado)라 불리는 제도로, 새로 발견할 지역의 총독, 총사령관과 같은 지위를 미리 주면서, 정복지의 정부, 토지 소유권, 원주민 소유권, 광산 채굴권 등을 보장했다. 반면, 미래의 총독 혹은 총사령관은 원정대의 총경비를 자신이 책임져야 했다. 이를 위해 이들은 흔히 재력가들을 찾았으며, 부하들에게는 새로운 땅에서의 기득권을 보장해 주었다. 그러나 이 땅은 스페인 왕실에 귀속되었으며, 일정한 세금을 내야 하는 의무를 지녔다.

원주민이 강력한 국가 조직을 정비하지 못했던 지역의 정복은 단순할 정도로 손쉬운 일이었음은 능히 유추할 수 있는 일이다. 그러나 중앙 집권적인 강력한 국가를 형성했던 아스떼까 제국이나 잉까 제국의 경우, 상당한 인구와 군사력을 보유하고 있었음에도 불구하고 자신들의 내분으로 비교적 쉽게 정복당했다. 각 제국의 정복에 대해 상세히 살펴보자.

3.1. 아스떼까 제국의 최후

마야의 본거지였던 유까딴 지방은 당시에는 아스떼까의 세력하에 있었다. 유까딴이라는 지명에는 다음과 같은 일화가 있다. 배를 타고 육지를 찾아 나선 스페인 군대는 유까딴 반도를 발견한다. 이들은 원주민을 발견하자, 이곳의 이름이 무엇이냐고 묻는다. 원주민은 "무슨 소리인지 못알아 듣겠다"라는 말을 자신들의 언어로 "유까딴"이라고 답한다. 스페인 사람들은 이 "유까딴"을 지명으로 여기고, 그때부터 이곳을 유까딴이라고 불렀다는 것이다.

프란씨스코 에르난데스 데 꼬르도바(Francisco Hernándes de Córdoba)는 1517년에 유까딴 해안에 상륙했고, 1518년 후안 데 그리할바(Juan de Grijalva)는 유까딴 해안 지방을 탐험하는 과정에서 내륙의 북서부에 강력한 왕국이 있음을 알게 되었다. 당시 쿠바에서부터 식민지와 새로운 땅의 정복을 지휘했던 디에고 벨라스께스(Diego Velázquez) 총독은 멕시코 정복을 계획했다. 총독은 에르난 꼬르떼스(Hernán Cortés)를 대장으로 하는 원정대를 파견하기로 결정한다.

그러나, 총독이 자신을 직위 해제하려는 것을 알아챈 꼬르떼스는 배 11척, 군인 508명, 말 16필로 구성된 원정대를 서둘러 출발시켜 유까딴 근처의 꼬수멜섬(Isla de Cozumel)에 도착한다. 그리고, 베라끄루스시(Veracruz)를 건설하여 자신들의 심복들로 시의회를 구성한다. 이 시의회는 꼬르떼스가 원정대의 대장임을 결의하고, 이에 반대하는 벨라스께스(Velázquez)의 심복들을 처형한다. 꼬르떼스 일행이 베라끄루스에 있는 동안, 아스떼까의 목떼수마(Moctezuma) 왕은 신하들을 시켜 선물을 보내며, "황금을 원하는 대로 줄테니 이 땅에서 나가 달라"고 간청한다.

꼬르떼스는 이때에, 자신의 여인이었던 마리나(Marina)[11]를 통해 께짤꼬아뜰의 약속에 대해 알고 있었으며, 이 약속에 대한 원주민들의 믿음을 최대한도로 이용한다. 즉, 자신들의 얼굴이 하얀 점을 이용해서 께짤꼬아뜰이 보낸 인물임을 부각시키고, 한편으로는 군사력을 과시함으로써 목떼수마의 신하

11) 일명 말린체(Malinche)라고도 불리우며, 마야족의 일파인 인디오 태생으로, 꼬르떼스의 통역이자 정부였다.

들을 겁에 질리게 한다. 그리고 제국의 수도로 가서 왕을 알현하고 싶다고 한다. 목떼수마는 이 요청을 거절하면서, 다시 한번 선물을 보낸다. 그러나 몇몇 원주민 부족이 아스떼까 제국에서 독립하려는 계획을 도와 달라고 부탁하자, 꼬르떼스는 600명의 군인과 16필의 말을 끌고 진군하여 1519년 11월에 떼노치띠뜰란에 들어간다. 유약한 왕 목떼수마는 이들을 환대했다.

한편 쿠바에 있던 벨라스께스 총독은 꼬르떼스를 토벌하고자 빤필로 나르바에스(Pánfilo Narváez)를 베라끄루스로 보낸다. 이 소식을 접한 꼬르떼스는 떼노치띠뜰란을 황급히 떠나 베라끄루스에 가서 이들을 패배시킨다. 그러나 꼬르떼스가 나르바에스 일행을 격퇴하고 떼노치띠뜰란에 돌아왔을 때, 자신

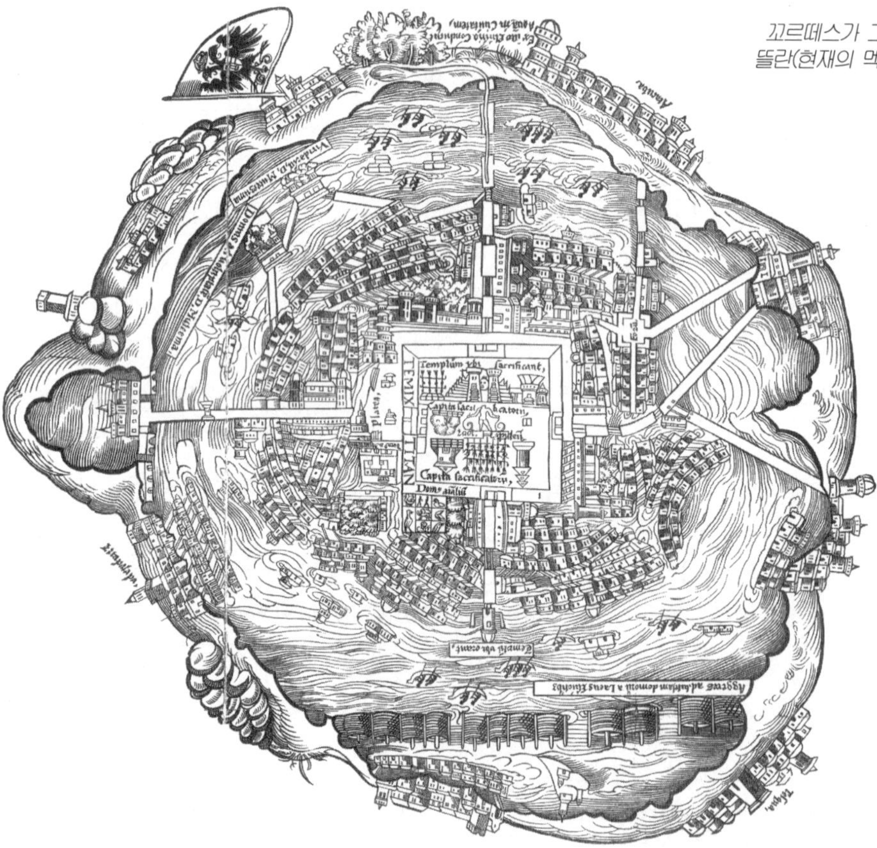

꼬르떼스가 그린 떼노치띠뜰란(현재의 멕시코시) 지도

의 부하들과 아스떼까족 사이에는 갈등이 증폭되고 있었다. 이 와중에 목떼수마왕이 죽고 꾸이뜰라왁(Cuitláhuac)이 그 뒤를 계승하며, 원주민들은 침입자들을 도시 밖으로 쫓아낸다. 이것이 바로 노체 뜨리스떼(Noche triste)로 명명된 밤에 일어난 사건이다.

스페인 군대는 아스떼까족을 증오하는 다른 부족들과 연대하고, 자신의 군대를 보강하여 떼노치띠뜰란을 포위한다. 아스떼까족은 용맹스럽게 대항하나, 숫자면에서 역부족이었다. 결국 이들 모두는 죽음을 맞거나, 포로가 된다. 이때의 아스떼까 왕은 꽈우떼목(Cuauhtémoc)이었다. 꽈우떼목은 타는 석탄 위에 눕힌 상태에서 황금의 소재지를 밝히라는 정복자들의 요구를 거

꼬르떼스의 정복을 묘사한 그림으로, 인디오의 환영 모습이 인상적이다. (디에고 두란의 "누에바 에스파냐 역사")

부하며 죽음을 맞이한다. 왕이 죽고 정복이 완결되자 꼬르떼스는 떼노치띠뜰란을 재건하며, 메히꼬(México)라 개명한다. 1522년, 까를로스 5세는 이 지역을 누에바 에스빠냐(Nueva España)로 명명하고 꼬르떼스를 총독으로 임명한다.

불과 600명의 군인들이 어떻게 손쉽게 강대한 아스떼까 제국을 패망시켰는가에 대해서는 세 가지 원인을 들 수 있다. 첫째는 스페인 군대의 무력의 우수성이다. 이들은 화살로 대항하는 아스떼까인에 맞서서 검, 총, 대포를 지녔었다. 둘째, 이들은 이동이 용이한 말을 소유했으며, 셋째, 유럽인들의 전염병에 원주민들은 면역되어 있지 않았다. 예로, 감기, 홍역같은 병으로 죽어간 원주민들은 상당수에 달했으며, 이러한 생소한 병이 인디오들의 인구 감소에 많은 영향을 미쳤던 것이다.

3.2. 잉까 제국의 최후

잉까 제국의 정복에서 중요한 인물은 프란씨스코 삐사로(Francisco Pizarro)이다. 1525년 삐사로는 파나마(Panamá)를 떠나 남쪽을 향한다. 디에고 데 알마그로(Diego de Almagro)는 그보다 조금 후에 떠나며, 에르난도 데 루께(Hernando de Luque) 신부는 원정대의 경비를 모으기 위해 파나마에 남는다. 이들은 모두 이미 바스꼬 누녜스 데 발보아(Vasco Núñez de Balboa)가 원정했던 '페루'라는 곳을 정복하기로 결의를 했었다.

'페루'라는 이름의 유래에 대해서 페루의 문필가 잉까 가르실라소 데 라 베가(Inca Garcilaso de la Vega)는 다음과 같이 말하고 있다. "원정대는 해안가 가까이에서 항해하다가, 강을 발견한다. 그 강에는 한 원주민 아이가 있었다. 원정대는 이 아이가 도망가지 못하도록 아이를 비밀리에 포위한다. 아이가 원정대를 발견하자, 이들은 이곳의 이름이 무엇인가를 묻는다. 아이는 '베루(Berú)', '펠루(Pelú)'라고 말한다. 즉, 내 이름은 베루이며, 지금 있는 곳은 강, 즉 펠루이다라는 답을 한다. 원정대들은 이것을 혼동하여 이곳의 이름이 페루라고 여긴다."

원정대들이 가요섬(Isla de Gallo)에 도착했을 때 그들을 기다린 것은 파나마에 새로 임명된 총독의 명령이었다. 총독은 이들에게 원정을 포기하라고

명했다. 그러나, 삐사로는 자신을 따르는 13명의 부하들과 함께 원정을 계속하여 뚬베스만(Tumbes)에 도착한다. 그곳에서 그는 잉까 제국의 위대성을 실제로 보게 된다. 1527년 파나마로 귀환한 삐사로는 스페인에 가서, 새로 발견하는 지역의 총독과 군 총사령관이라는 직함을 국왕에게서 미리 부여받는다. 루께(Hernando de Luque) 신부는 뚬베스(Tumbes)의 주교로 미리 임명되며, 알마그로(Diego de Almagro)는 앞으로 건설할 요새의 총독이라는 지위를 부여받는다.

1530년 삐사로와 알마그로는 스페인을 떠나 이듬해에 파나마에 도착한다. 알마그로는 파나마에 남아서 더 많은 원정 대원을 모집하기로 하고, 삐사로는 불과 200명이 안되는 군인들과 말 27필을 세 척의 범선에 싣고 다시 뚬베스에 도착한다. 그리고 그곳에서부터 남쪽으로 항해를 계속한다. 잉까 왕인 아따왈빠(Atahualpa)가 까하마르까(Cajamarca) 온천지에서 쉬고 있다는 소식을 듣고, 삐사로는 왕을 사로잡기 위해 까하마르까로 출발한다.

과망 뽀마 데 아얄라가 그림으로 묘사한 페루의 정복(그림 중앙에 정복자 삐사로, 알마그로의 모습이 보인다)

까하마르까성을 자신의 군대로 포위한 삐사로는 잉까의 왕에게 십자가와 성경을 건네 준다. 왕은 십자가는 신기하게 들여다보지만, 성경은 땅에 내팽개친다.

이것을 신호로 스페인 군대는 잉까의 군대에게 총을 쏘고, 왕은 생포된다. 감옥에 갇힌 아따왈빠는 꾸스꼬의 감옥에 있던 형 와스카르를 죽이도록 명령하고, 삐사로에게 금과 은을 바치는 대신 자신을 풀어 달라고 요청한다. 원하는 만큼의 금과 은을 손에 넣은 삐사로는 형을 죽였고, 반역을 꾀했다는 죄명으로 아따왈빠를 처형한다. 1533년 삐사로는 꾸스꼬를 점령하고, 이어서 스페인과의 교역이 자유로운 해안 지방에 수도를 건설하기에 이르며, 이 도시가 현재의 리마이다.

잉까 제국의 정복도 아스떼까 왕국의 정복과 유사한 점이 있다. 즉, 스페인 군대의 우수한 무기와 말 앞에서 잉까인은 속수무책이었으며, 스페인인들이 왔을 때에는 제국은 사실상 양분되어 있었다. 또한, 와스카르를 지지하던 남부 지방 사람들이, 스페인인들이 자신들을 구하러 온 신으로 착각했다는 것 또한 역사의 아이러니이다. 그러나 와스카르가 죽고, 아따왈빠마저 스페인인들에 의해 처형당하자, 많은 잉까인들은 황금을 싣고 내륙 정글 지방과 산악으로 피신했다.

정복자들은 잉까 제국민들의 지속적 저항과 자신들간의 내분으로, 1538년부터 1548년까지 거의 내란 상태에 있게 된다. 그 내란의 와중에서 알마그로, 삐사로와, 페루의 제1대 부왕인 블라스꼬 누녜스 데 벨라(Blasco Núñez de Vela)가 사망했다.

3.3. 기타 지역의 정복

중미의 정복은 꼬르떼스의 부하들이 이루어냈다. 꼬르떼스는 끄리스또발 데 올리드(Cristóbal de Olid)에게 멕시코와 파나마 사이의 지역을 탐험하도록 한다. 올리드는 1524년에 온두라스에 도착하자, 자기의 대장이 했던 것과 똑같은 방식으로 온두라스를 자신의 식민지로 삼았다. 올리드의 배신을 알게 된 꼬르떼스는 그를 제거하고자 부하들을 온두라스에 보내나, 이들은 오히려 올리드의 편이 되어서 그곳에 정착해 버렸다.

꼬르떼스는 뻬드로 데 알바라도(Pedro de Alvarado)에게 과테말라 지역을 정복하라는 명령을 내린다. 1524년 뻬드로는 끼체(Quiche) 왕국을 점령하고, 그의 동생인 호세(José)는 오늘날의 코스타 리카를 정복한다.

중미의 정복이 꼬르떼스의 부하들에 의해 이루어졌다면, 남미의 정복은 삐사로의 부하들 혹은, 동료에 의해 이루어졌다. 삐사로의 부하 세바스띠안 데 베날까사르(Sebastián de Benalcázar)는 에콰도르와 콜롬비아를 정복했으며, 베네수엘라의 정복은 스페인 왕이 빚지고 있던 독일 사람들이 이루었으나, 스페인 왕실은 1546년에 후안 뻬레스 데 똘로사(Juan Pérez de Tolosa)를 총독으로 임명한다.

페루의 정복이 끝나자, 스페인 국왕은 1535년에 디에고 데 알마그로를 현재의 칠레로 보낸다. 그러나 원정은 실패로 끝나고, 알마그로는 1537년 꾸스꼬로 귀환한다. 그의 귀환은 내란을 야기하며, 이 내란에서 알마그로는 목숨을 잃는다. 내란에서 승리한 삐사로는 1540년, 자신의 부하인 발디비아(Valdivia)를 다시 칠레로 보내지만, 이번에는 원주민인 아라우까노들의 저항에 부딪힌다. 이 소식을 접한 부왕 안드레스 우르따도 데 멘도사(Andrés Hurtado de Mendoza)는 아들을 보내어 전쟁을 승리로 이끈다. 스페인 군대는 안데스 산맥을 넘어 현재의 아르헨티나 및 우루과이까지 정복한다.

브라질은 1500년 뻬드로 알바레스 까브랄(Pedro Alvares Cabral)이 발견했으나, 당시 포르투갈은 신대륙에 대해 큰 관심이 없었다. 1530년경에야 마르띤 알폰소 데 소우사(Martín Alfonso de Sousa)를 중심으로 한 탐험대를 파견하며, 1534년에야 비로소 정복을 완수했다.

3.4. 정복자와 원주민

서로 다른 세계의 인물들이 만났을 때, 이들이 서로에 대해 어떤 생각을 가졌는가를 아는 것은 중요하다. 콜롬부스는 제1차 원정에서 서인도 제도의 한 섬에 도착했다. 그때에 그곳 원주민을 접하고 다음과 같이 기술한다. "그들은 너무도 순수하고 착해서, 내가 선물로 가져간 방울과 거울을 주자 신기하다는 듯이 쳐다보았다. 칼을 보여 주자, 그 칼이 무엇에 사용되는지도 모르고, 칼날을 손가락에 대어 그어서 베일 정도였다."

콜롬부스가 이들에 대해 가졌던 생각은 '선한 야만인', 즉, 착하지만 문명의 혜택을 모르는 존재로 본 것이다. 콜롬부스의 이 견해는 불란서 철학가 몽테스키유(Montesquieu)에게서도 발견이 된다. 반면, 원주민들을 '사악한 영혼의 화신'으로 보는 시각도 있었다. 이것은 그리스도교적인 시각으로, 적지 않은 수의 신부들은 원주민들이 하나님을 모르며 남을 속일 줄만 아는 존재로 파악했다.

이처럼 유럽인의 중남미 원주민에 대한 관점은 '선한 야만인'과 '악령의 화신'이라는 두 가지의 정반대 시각이며, 이 관점의 차이는 스페인의 식민

정책과 밀접하게 연결되어 있다. 즉 '선한 야만인'이라는 관점이 우세했을 때에는 원주민 보호 정책이 추구되어 원주민 탄압을 강력히 단속했고, 반대로 '악령의 화신'이라는 관점이 설득력을 얻게 되면 이들에 대한 탄압은 공공연히 인정되었다.

원주민들이 유럽인들에 대해 어떤 시각을 가졌었나에 대해서는 불행히도 기록된 것이 없다. 그러나 아스떼까족의 멸망과 잉까족의 멸망에서 보았듯이, 이들은 피부색이 다르고 수염을 기른 이방인들이 '신이 보낸 존재', '정의를 위해 하늘이 내린 존재'라는 시각으로 보았을 것은 자명하다. 그러나 이러한 초기의 시각은, 자신들의 동족을 살해하고, 여인들을 능멸하며, 약속을 이해하지 않는 것을 본 다음부터 이들에 대해 불신이 늘어갔고, 급기야는 스페인인들의 발길이 미치지 않는 지역으로 피신했던 것이다.

발견과 정복의 초기 단계에서 왕권이 미치지 않는 지역에 있었던 스페인 사람들은 원주민들을 박해했다. 원주민들의 궁궐과 사원은 철저히 유린되었으며, 이들 건물 위에 자신들의 공공 건물이나 성당, 사원을 신축하기도 했다. 정복과 식민기를 지나면서 원주민들의 인구는 격감했다. 인구 격감의 원인으로는 천연두, 감기같은 아메리카에는 없는 전염병으로 인한 사망을 들기도 하나, 광산에서의 작업, 농장에서의 가혹한 노동도 원인이 되었음은 자명하다. 또한, 정복자들간의 배신, 범죄, 분쟁으로 신대륙에는 영일이 없었다.

4. 문학

4.1. 연대기 문학

식민지의 문학은 발견자, 정복자, 신부, 식민자들이 신대륙, 원주민 문화, 원정, 항해에 대해 기술한 것으로부터 시작한다. 이들 초기 작가들의 작품은 일반적으로 '일지' 혹은 '연대기'라는 이름으로 불리우며, 이들은 자신들이 보고 듣고 경험한 바를 충실히 알리려는 의도로 글을 썼으나, 상당수의 연대기 작가들은 자신들의 직접 경험 혹은 간접 경험을 과장했다. 이 과장은 어떤 의미에서는 이해가 가는 것이다. 섭씨 30°가 연평균 기후인 카리브연안과 적도 연안의 해안 지방, 만년 가을같은 고지 기후, 생전 처음 보는 동식물, 구릿빛의 피부 앞에서 느끼는 경이로움은 과장으로 이어지며, 바로 이 경이성이 20세기 중남미 문학에 마술적 요소, 주술적 요소, 환상적 요소로 이어지는 것이다. 연대기는 공식 기록, 개인 차원의 기록, 종교인에 의한 기록, 비종교인에 의한 기록 등으로 분류될 수 있으며, 가장 유명한 작가들로는 콜롬부스, 바르똘로메 데 라스 까사스(Fray Bartolomé de las Casas) 신부, 베르날 디아스 델 까스띠요(Bernal Díaz del Castillo), 베르나르디노 데 사아군(Fray Bernardino de Sahagún) 신부를 들 수 있다. 아메리카 출신 최초의 작가로는 스페인 장교와 잉까 공주의 아들로 태어난 잉까 가르실라소 데 라베가가 있다.

최초의 연대기 작가는 콜롬부스이다. 그는 "여행 일지"를 통해 자신의 경험을 이야기했으나, 불행히 원본이 전해지지 않고, 다만 라스 까사스 신부가 쓴 "신대륙 역사"(Historia del Nuevo Mundo)에 발췌 기록되어 있을 뿐이다. 식인종에 대한 소문에 대해 콜롬부스는 다음과 같이 적었다. "사람들은 그 섬이 아주 크다고들 했다. 그리고 그 섬에는 이마에 외눈 박힌 사람들이 살았고, 이 사람들이 바로 식인종이었으며, 다른 지역 사람들은 이들을 아주 무서워한다고 했다. 이 길로 지나다닌다고 했는데, 무장을 하고 다니고 사람을 잡아먹어서 말도 걸지 않는다고들 했다."[12)]

바르똘로메 데 라스 까사스 신부

멕시코를 대상으로 쓴 일지 가운데에서 가장 뛰어난 것은 베르날 디아스 델 가스띠요의 "누에바 에스빠냐 정복 眞史"(Verdadera historia de la conquista de la Nueva España)이다. 꼬르떼스 휘하의

12) Veiravé, Alfredo. HISTORIA DE LA LITERATURA HISPANOAMERICANA, KAPELUZ, Buenos Aires, 1976, p. 15.

군인으로 신대륙 정복에 참여한 그는 스페인인들의 영웅적 모습을 묘사하기 위해 이 책을 썼으며, 문체는 세련되지 않으나 정복 과정을 상세히 기술한 것으로 평가받는다. 정복이 끝난 후, 디아스는 과테말라 지역에 있던 대농장을 하사받았다. 이 책에서 디아스는 원주민들이 꼬르떼스의 부하들이 모두 신이 보내 준 이들로 영원히 죽지 않는 불사조라고 생각했으며, 그 까닭에 전투가 끝나면 서둘러서 죽은 동료들의 시신을 매장해야 했다고 적고 있다.

신대륙에서의 정복자들의 행위를 비판적인 시각에서 바라본 사람은 라스 까사스 신부로, 그의 책 "신대륙 파괴 약사"(Brevísima relación de la destrucción de las Indias)에는 이에 관한 자세한 기술이 있다. 라스 까사스 신부는 정복자들이 어떻게 원주민을 학살했고, 여인들을 강간했으며, 마을을 불태우고, 이들을 노예로 삼았는가를 낱낱이 밝히고 있다. 이것이 바로 '검은 전설'의 효시이다. 신부의 말을 보자. "이 선한 어린 양들을 향해 스페인 사람들은 굶주리고 사나운 이리, 승냥이, 호랑이, 사자처럼 달려들었다. 오늘날까지 40년간 이네들이 줄기차게 해온 일이라고는 이 어린 양들을 찢고, 죽이고, 괴롭히고, 고통을 주고, 파괴하는 것밖에는 없었다. 이네들이 사용한 잔인한 행위는 일찍이 본 적도, 들은 적도, 읽은 적도 없는 것이었다." "한 번은 너댓명의 원주민 지도자를 화형에 처한 적이 있었다. 원주민들이 화형의 고통으로 신음하고 소리를 지르자, 대장은, 자신의 잠을 방해한다면서 이들 모두를 목 졸라 죽이라고 명령했다."[13)]

연대기 작가들과 역사가들 중에서 가장 주목할 만한 이가 잉까 가르실라소 데 라 베가이다. 그이 모친은 아따우알빠 왕의 사촌이었던 잉까 공주였으며, 아버지는 스페인 정복 군대의 일원으로 귀족 출신이었다. 고향인 꾸스꼬에서 어렸을 때에 스페인어와 라틴어를 배웠으며, 집에서는 께추아어를 배웠다. 아버지의 사후 스페인에 갔으나, 스페인 친척들에게서 냉대를 받는다. 군에 입대하여 몇몇 전투에 참가하나 곧 제대를 하고 인문학과 철학을 공부한다.

잉까족 출신의 유모에게서 들은 잉까족에 대한 이야기들은 후일 "정사"

(Comentarios reales)를 쓰는 밑거름이 되었다. 이 책에서는 잉까 문화를 설명하고, 잉까족의 위대성을 예찬하나 동시에 스페인의 발견과 정복을 미화하는 메스티소로서의 정체성을 보여준다. 이 책은 엄밀한 의미에서 볼 때에 역사서는 아니다. 이것은 신대륙인이 쓴 최초의 산문이며, 예술적으로 승화되고 상상력이 풍부한 작품으로 간주된다. 페루 원주민 태생 史家인 과망 뽀마 데 아얄라(Guamán Poma de Ayala)의 "신 역사와 훌륭한 정부"(Primer bueva corónica y buen gobierno)는 총 400여장의 그림과 해설을 곁들인 역사서이다. 이것은 1908년에 발견되어서 1936년에야 비로소 출판되었다.

4.2. 서사시

많은 스페인 군인들은 문학을 알고, 르네상스 시대의 교육을 받았던 자들이었다. 그들 중의 하나였던 알론소 데 에르시야 이 수니가(Alonso de Ercilla y Zíñiga)는 귀족이었다. 그는 신대륙에 관한 서적을 듣고 호기심으로 페루에 와서 아라우까족 토벌전에 합류한다. 에르시야는 휴식 시간을 이용해서 종이 조각, 편지지 뒷면, 가죽 조각 등에 이 전투에서 용맹히 싸운 스페인 군인들을 기리기 위해 시를 썼다.

알론소 데 에르시야

스페인에 돌아와서 완성한 이 서사시의 제목은 "라 아라우까나"(La araucana)이며, 여기에서 칠레의 자연을 묘사하고, 아라우까족(araucano)의 관습을 설명하고, 정복 전쟁에서 훌륭히 저항했던 인디오 부족의 추장들인 까우뽈리깐(Caupolican), 꼴로꼴로(Colocolo), 라우따로(Lautaro), 렝고(Rengo)들을 묘사했다. 그러나 에르시야가 실제로 말하고 싶었던 것은, 그처럼 용맹한 투사들에 맞서서 이 정복전을 승리로 이끈 스페인 군인들의 위대성이었다.

다음은 그의 걸작 "라 아라우까나"의 일부이다. 사로잡힌 인디오 추장 까우뽈리깐은 자신이 없더라도 아라우까족을 지휘할 사람들은 수없이 많으며, 자신이 사로잡히는 신세가 되었다고 다른 사람도 그러리라고 기대하면 오산이라고 스페인 장교에게 경고하고 있다. 마지막 남은 한 사람까지도 항복 대신에 죽음을 택했다는 아라우까족의 용맹성은 스페인 군인들의 찬탄의 대상이었다.

No pienses que aunque muera aquí a tus manos
ha de faltar cabeza en el Estado,
que luego habrá otros mil Caupolicanos,
mas como yo ninguno desdichado;
y pues conoces ya a los araucanos,
que dellos soy el mínimo soldado,
tentar nueva fortuna error sería
yendo tan cuesta abajo ya la mía.

내가 여기서 그대의 손에 죽는다 해서
이 나라에 우두머리가 없다고는 생각마라.
수천의 까우뽈리깐이 내 뒤를 이을 것이나,
나처럼 불행한 까우뽈리깐은 없으리라.
그대는 이미 아라우까족을 잘 아느니,
나는 이 종족의 일개 군인이었을뿐.
내 운이 벼랑 끝으로 떨어진다고
그런 운이 또 있으리라 기대하지마라.[14)]

14) Ercilla y Zúniga, Alonso, ARAUCANA, 2권, Clásicos Castalia, Madrid, 1983, p. 350.

IV

IV 해가 지지 않는 나라 (16세기 초~19세기 초)

정복이 완결되는 16세기 초부터 19세기 초의 독립까지 이베리아 반도의 스페인과 포르투갈은 강력한 식민 정책으로 이 지역을 다스렸다. 이 3세기 동안 스페인은 중남미의 母國으로서 세계에서 가장 큰 영토를 가진 대국이 되었으며, 신대륙의 금은보화 유입으로 단시일에 경제 대국으로 등장할 수 있었다. 그러나, 서서히 쌓아 올린 부와는 달리, 단기간에 예상치 못했던 재화를 손에 넣은 왕실과 귀족들은 사치와 향락을 일삼았으며, 가난한 이는 더욱 더 가난해지는 빈익빈 부익부의 현상이 등장했다. 농업에 종사하던 무어인들과 상업에 종사하던 유대인의 추방으로 15세기 말부터 산업 기반이 무너졌으며, 나날이 커지는 빈부 격차로 도덕은 땅에 떨어졌다. 16세기 말에는 스페인의 무적함대가 영국에 격침당하는 수모를 겪을 정도로 국력이 약해졌다. 스페인은 식민지의 상권을 독점하고, 과다한 세금을 징수함으로써 중남미에 살고 있던 스페인인들의 원성을 샀으며, 이들 스페인인들은 세수 증대를 위해 인디오와 혼혈인인 메스티소를 착취하는 악순환의 고리가 형성되었다. 스페인의 식민지 통치 정책과 통치 기구 등을 살펴보자.

1. 식민지 통치

스페인은 정복하는 순간부터 중남미의 식민을 획책했다. 신대륙에 있던 모든 생물과 무생물까지도 스페인의 재산으로 간주했으며, 1534년에는 발견된 토지의 사유재산화를 실시했다. 그러나 많은 이들이 땅을 차지하기 위해 탐험을 나가면서 서로 충돌하는 등의 문제점이 제기되자, 1573년에는 그 어떤 사람도 왕의 허락 없이는 '새로운 땅의 발견'에 나설 수 없고, 원주민이 사는 지역에 마음대로 출입할 수 없었으며 도시 건설도 금지되었다.

정복자들이 자신들의 권한을 남용했음은 주지의 사실이나, 스페인 왕들도 이러한 권력 남용을 보고받으면 이들을 직위 해제한다거나 재산을 몰수하고 또 때로는 쇠사슬로 묶어 소환해서 가차없이 벌주었던 것도 사실이다. 일례로, 이사벨 여왕은 유언에서 이렇게 명령하고 있다. "신대륙, 이미 정복한 땅이나 앞으로 정복할 땅에 거주하는 모든 원주민들은 재산상이나 신체상의 어떤 불이익도 받게 해서는 안된다. 원주민들은 정당하고 바르게 대접받아야 하며, 불이익을 받았다면, 원상 복구시켜야 한다."[15] 여왕의 뒤를 이은 까를로스 5세는 라스 까사스 신부의 지속적인 탄원으로, 엔꼬미엔다[16]의 현황 파악 연구 위원회를 만들 것을 명령하고, 1542년 "새로운 신대륙 법령"을 제정하여, 원주민들을 광산에 보내는 것, 진주 채취에 동원하는 것, 짐꾼으로 부리는 것 등을 금지한다. 또한, 부득이한 경우 원주민에게 일을 시킨다면, 정당한 대가를 지불하도록 명하면서, 동시에 원주민이 부담해야 할 세금을 명확히 정하도록 명한다. 한마디로 왕의 칙령이 내포하는 것은, 원주민도 스페인인과 똑같은 왕국의 국민이라는 점이었다. 그의 아들인 펠리뻬 2세는 1567년 위의 법령을 좀더 발전시킨 "신개정 법령"을 공포했다.

스페인 왕실은 신대륙에 가있는 명망있는 스페인인들에게 부락 단위, 농장 단위로 원주민을 '분배'하고 '맡겼으며' 이들의 영혼을 구하기 위해 그리스도교 교리를 가르치고 종교 관습을 익히게 했고 일을 '주었고' 이들을

15) Pereyra, Carlos: "Breve historia de América" Santiago de Chile, Zig-Zag, 1938, p. 241.

16) 엔꼬미엔다(encomienda) : 스페인 왕은 정복 기간 중에 공을 세웠던 인물이나 자신이 총애하는 신하에게 원주민들의 그리스도 교화를 위해 일정수의 원주민을 맡겼던 제도로, 엔꼬미엔다의 덕분에 '하나님을 알게 되어 영혼을 구제받는' 것에 대한 반대 급부로, 원주민들은 엔꼬멘데로인 스페인인에게 세금을 바치고 노동을 제공해야 했으며, 이것은 세습제였다. 제도상으로 볼 때에 이 원주민들이 스페인인의 사유 재산은 아니었으나, 실제로는 노예 취급을 받았다.

'악인'들로부터 '보호하도록' 명했다. 잉카 제국이 있던 지역에서는 몇 주, 몇 달에 걸쳐 노동에 종사하도록 분배받은 미따요(mitayo), 스페인인들의 집이나 농장에서 사용되도록 맡겨진 야나꼬나(yanacona)가 있었다. 그러나 이들 모두는 사실상의 노예였으며, 이 덕분에 스페인은 이 방대한 지역을 식민화시킬 수 있었다.

총독들은 발견이 더 진행될 지역의 인구, 종교, 경제 상태 등에 대해 모든 것을 미리 조사해야 했으나, 군인들을 이 조사에 투입시키는 것은 금지되었다. 조사 후에는 이 지역을 스페인 왕실에 귀속시키는 의식을 성대하게 거행했고, 지역 이름, 산, 강, 계곡에 대한 명명식도 있었다. 새로운 도시의 건설은 여러 가지 원칙에 따라 이루어졌다. 일례로, 맑은 하늘, 신선한 공기, 춥지도 덥지도 않은 기후가 그것이며, 다른 지역, 특히 스페인과의 교역을 위해, 육로와 해로가 용이한 지역이 선호되었다. 도시의 건설은 우선 광장을 중심으로 설계되었다. 중앙 광장에서 여러 곳으로 길을 내어 주요 도로와 연결이 되어야 했으며, 해안 도시의 경우에는 이 광장이 부두 근처에 있거나, 부득이한 경우에는 도시의 중앙에 있어야 했다. 중앙 광장 주변에는 교회, 관공서, 시의회, 상점 등이 있었으며, 개인 주택 건축은 규제되었다.

스페인이 건설한 여러 개의 도시 중에서 가장 으뜸가는 것은 떼노치띠뜰란에 세운 멕시코시, 페루의 뽀또시(Potosí)와 리마였다. 멕시코시는 19세기 초까지도 전 대륙내에서 가장 크고 아름다운 곳이었으며, 뽀또시는 세계에서 가장 큰 은광이 위치한 곳이었고, 리마는 해안 지방에 건설한 가장 큰 도시였다.

전형적인 중남미 도시
(도시 중앙에 광장이 있고
광장 주변으로 성당, 공공건
물이 있으며, 그 뒤쪽으로
주거지가 자리잡았다)

2. 총독, 부왕, 기타 조직

스페인 왕실은 스페인 본토와 '해가 지지 않는' 광대한 정복지를 강력한 절대주의의 원칙으로 통치했다. 식민 시대 초기에 왕은, 신대륙의 발견과 정복에 기여했던 아델란따도(adelantado)라 불리우던 군인 출신 총독과 민간 출신 총독에게 통치권을 위임했으나, 후에는 부왕과 총감을 임명하여 통치했다.

부왕국 지도

군인 출신 총독들은 정복시의 원정에 드는 비용을 직접 조달하는 대가로 토지와 광산 등의 채굴권을 보장받았다. 민간 출신 총독들은 각 지역의 관할권을 위임받은 자들로, 자신의 관할 지역을 다시 여러 지방으로 분리하여 그 지방의 관할을 우리의 치안관에 해당하는 꼬레히도르(corregidor)에게 위임했다. 그러나 발견 후 약 50년이 되면서 멕시코의 정복자 꼬르떼스와 그 일행의 권력 남용이 심각한 상태에 이르자, 왕은 멕시코 지역에 1535년 누에바 에스빠냐(Nueva España) 부왕국을 설치했고, 1544년에는 삐사로와 알마그로 사이의 알력으로 내란 위기에 빠진 페루에도 부왕국을 설치했다. 부왕국이란 말 그대로 스페인 국왕의 대리인인 副王이 다스리는 곳으로, 국왕의 통제권이 강화되었다.

이들 두 부왕국은 18세기까지 국왕을 대리해서 전 식민지를 통치했다. 1739년에는 페루 부왕국의 일부인 현재의 콜롬비아를 분리하여 누에바 그라나다(Nueva Granada) 부왕국을 설립했으며, 1776년에는 아르헨티나와 우루과이 지역을 관할권에 두는 리오 데 라 플라타(Río de la Plata) 부왕국을 설치했다. 식민 기간 전반에 걸쳐서는 단지 4개의 총감부가 있었다. 쿠바, 과테말라, 베네수엘라, 칠레가 그것으로 이곳의 정치는 식민지 이사회나 왕에게 의존했다. 그러나 쿠바와 과테말라는 사실상 누에바 에스빠냐 부왕국의 관할하에 있었으며, 베네수엘라는 초기에는 페루 부왕국, 후에는 누에바 그라나다 부왕국에 소속했으며, 칠레는 페루 부왕국의 관할권 안에 있었다.

아우디엔시아(audiencia)는 약 8인으로 구성되었으며 부왕국의 재무, 국방, 전쟁에 대한 감독, 고언, 협조를 담당했다. 식민지의 주요 도시마다 설치했던 이 기구는 부왕의 유고시에 부왕을 대리해서 제반사를 결정했다. 최초의 아우디엔시아는 1524년에 현재의 도미니카 공화국에 설립된 산또 도밍고(Santo Domingo) 아우디엔시아였으며, 추후로 약 13개가 더 설치되었다.

식민지의 부왕들이 독립을 획책하는 것을 미연에 방지하고 부왕들의 업무를 감사하도록 스페인 왕이 파견했던 관리가 감사에 해당했던 비시따도르 헤네랄(Visitador General)이었다. 이들은 감사가 종료되는 대로 부왕의 행정에 대한 상세한 보고를 올렸다. 비시따도르 헤네랄의 역할에 힘입어 스페인 왕실은 식민지의 여러 지역을 효율적으로 감독할 수 있었다. 이들 외에도,

각 부왕이나 총감의 재임 만료시에는 재임 기간 동안의 업무에 대한 감사를 실시하여 상벌을 엄밀히 적용했다. 그러나 이러한 감사는 때때로 개인적인 감정이 개재되어 부작용을 낳았다. 신대륙을 발견하여 스페인에게 영광을 가져왔고, 이어서 국왕에게서 총독의 지위를 부여받았던 콜롬부스가 비시따도르 헤네랄의 보고로 쇠사슬에 묶여서 스페인으로 이송된 경우가 그 좋은 예이다.

이사벨 여왕 부처는 신대륙의 법률 문제를 다루기 위해 신대륙 자문회의(Consejo de Indias)를 1509년에 창설했다. 이 기구는 경제를 제외한 전 부문을 감독하고 통제하는 기능을 담당했으며, 행정 기관의 청원, 법률, 형사·민사 소송, 특권 부여, 분쟁, 신대륙 정책, 왕의 자문 등을 다루었던 명실상부한 신대륙 담당 부서였다. 그러나, 공정을 자랑해야 할 법률 분쟁은 부패라는 적을 만나게 된다. 특히 스페인 왕실을 합스부르그 왕가가 지배하던 17세기 동안에는 돈있는 자, 영향력이 많은 자, 고위층에 지인이 있는 자들은 무소불위의 권력을 휘둘렀다. 결국, 법률은 있었으나 지키는 사람이 없는 상황에 이르르게 되며, 1717년 이후에는 단순한 자문 기구로 전락했다.

이밖에도 도시 지역에는 의회(cabildo)를 구성하여, 중요 물품의 공급, 공공 기관의 건축, 위생, 초등 교육, 경찰 업무를 관장시켰으며, 이 의회는 후에 중남미 연방주의의 초석이 되었다.

3. 소수 독점의 경제

3.1. 상 업

스페인 사람들은, 정복과 식민이 야만인들을 문명화시키고 그리스도교인으로 만들며 조국의 명예를 위한 것이라는 말로 정당화했다. 그러나 정복의 사실상 이유는 경제적인 것이었다. 많은 스페인인들은 황금을 찾아 부자가 되기 위해, 또한 재정복 전쟁과 과소비로 피폐해진 스페인 왕실을 돕기 위해 아메리카로 향했다. 이것은 스페인이 식민 통치에 필요한 여러 가지 조직이나 기구들 가운데에 왜 제일 먼저(1503년) 무역관을 설치했는가에서도 볼 수 있다. 반도의 남부 지방 세빌랴(Sevilla)에 설치되었던 이 무역관은 1717

년에 까디스로 옮겨졌으나, 1790년에 폐지되었다.

무역관의 설립 목적은 스페인에서 아메리카로 오가는 사람과 물품을 통제하는 것이었다. 이 무역관은 세관, 물품 보관 창고, 출입국 관리 사무소, 해양학 연구소, 무역 분쟁, 해상 분쟁을 조정하는 업무를 수행했다. 스페인은 정치면에서는 절대주의 원칙에 의한 통치, 경제면에서는 엄격한 독점주의를 적용했으며, 이것은 영국, 프랑스, 네델랜드, 포르투갈과 같은 주요 국가의 경우와 마찬가지다. 스페인 왕실은 모든 상행위에 세금을 부과함으로써 세수 증대를 꾀하고자 했으며 이를 위해 상선대의 출발지를 한 군데로 제한했던 것이다.

이때에, 물건이 스페인 생산품이 아니라 해도, 물품 선적지는 스페인이었으므로, 외국의 물품들에도 세금이 부과되었으며, 따라서 이들 물건들이 아메리카에 도착하면, 그 값은 원가의 몇 배가 될 수밖에 없었다. 상선대는, 일년 중 봄과 여름에 라가 한 번씩 아메리카를 향해 출발했으며, 중무장한 전함대의 호위를 받았다.

상선대는 카리브 해안에 도착해서, 두 그룹으로 나뉘었다. 하나는 현 콜롬비아의 까르따헤나(Cartagena), 파나마의 뽀르또벨로(Portobelo)를 향했으며, 또 다른 하나는 멕시코의 베라끄루스(Veracruz)로 갔다. 뽀르또벨로에 내린 물건은 태평양 연안으로 수송되어 그 곳에서 리마로, 다시 리마에서 육로로 아르헨티나의 부에노스 아이레스(Buenos Aires)와 우루과이의 몬떼비데오(Monte-video)로 운반되었다. 멕시코에서는 베라끄루스에서 멕시코시로, 태평양 연안의 아까뿔꼬(Acapulco)로 운반되었고, 아까뿔꼬에서는 다시 필리핀행 선박인 갈레온 데 마닐라(Galeón de Manila)에 옮겨 실었다. 귀환 길에 상선들은 쿠바의 아바나를 경유했다. 또한 이러한 항해 원칙은 1565년까지는 비교적 잘 지켜졌다.

그러나 호위 전함 유지에 많은 비용이 들어서 상선대의 항해는 점점 더 불규칙적으로 운영되었다. 또한 스페인의 전통적인 적국이었던 영국, 프랑스, 네델랜드와 아메리카의 직접 교역이 엄격히 금지되자, 물품의 품귀 현상이 나타나게 되며 밀수가 성행하기 시작했다. 한 번의 항해로 많은 이윤이 남는다는 것을 알자 많은 이들은 아메리카와의 무역에 나섰다. 이것은 물론 불법이었으나, 모험이 따르더라도 수지 맞는 장사였다. 그러나, 이들은 영국, 프랑스, 네델랜드 해적선의 공격 목표가 되었다. 해적 문제는 식민지 3세기 동안 끊이지 않는 골치덩이였다. 해적은 자기 나라 정부의 비호를 받았으며, 해안 도시를 침략한다든가, 상선대까지도 공략했고, 자기 정부에는 훔친 물건을 바치기도 했다. 해적과의 싸움은 사실상 해적이 소속한 나라와의 전쟁을 뜻했다.

해적들은 또한 아프리카 노예 매매에도 관여했다. 어떤 이는 노예 사냥을 하다가 해적이 되었으며, 카리브해의 섬을 근거지로 해서 그곳에서부터 상선대를 공격했다. 이들 해적들의 활동으로, 카리브해의 쟈메이카, 아이티, 대서양 연안의 수리남, 기아나, 불령 기아나 등이 영국, 불란서, 네델랜드의 영토로 굳어지게 된 것이다.

18세기 중엽, 식민지 경제의 독점과 해적선에 대항하기 위해 고안되었던 반경제적 상업 규제는 폐지되었다. 선박들은 자유로이 아메리카로 향했고,

상선대의 지도

스페인과 아메리카에는 많은 교역 항구가 생겨났다. 경제와 무역 업무를 관장하던 사무소는 꼰술라도(consulado)라 명명되었다.

3.2. 산 업

식민지 경제 정책의 목표는 토지의 최대 이용이었으며, 이 원칙에 따라 광업과 농업이 장려되었다. 광산의 소유자는 왕실이었다. 그러나 광산의 채굴은 자유였으며, 1인당 최대 6개의 광산 채굴권이 주어졌다. 광맥의 발견과 광산의 채굴에는 스페인인이든, 외국인이든 또는 원주민이든 차별을 두지 않았으나, 반드시 사전 허가를 받아야 했으며, 채굴 작업에 대해서는 미리 정해진 세세한 규칙을 따라야 했다. 광산 채굴에 노동자로 동원된 이들은 원주민이었다.

멕시코의 경우, 1545년에 시작된 광산 붐은 1570년대에 정점에 달하며, 17세기 초에 사양길에 접어든다. 주로 銀이 많이 생산되었으나, 페루의 광산품과 비교할 때에 경쟁력이 떨어졌다. "광부들의 생활은 농장의 노동자나 공장의

(좌) "금과 은을 내놓지 않으면 불태워 죽이겠다"고 위협하는 정복자(과망 뽀마 데 아얄라)

(우) 정복자들이 인디오들을 때리고 짓밟으며 학대하는 장면(과망 뽀마 데 아얄라)

도시 노동자와는 달리 늘 활동의 자유를 누렸다. ……광산의 월급은……높은 편이었다. 그리고 부스꼬네스(buscones)라 불리우는 제도로 인해, 광맥의 개발에서는 광산주와 동업자적 위치까지 격상될 수 있었다. 즉, 광맥을 발견하게 되면, 자기가 채굴하는 광물의 양에 비례해서 급여를 받을 수 있었다."[17)]

페루에서는 70개의 금광과 834개의 은광이 개발되었으며, 1545년에 발견된 뽀또시 은광은 당시 최대 생산량을 자랑했다. 1566년에 발견된 왕까벨리까(Huancavelica) 수은광은 대단히 유명했다.[18)]

유럽의 다른 나라에서는 중세의 유산인 봉건제가 청산되어 국왕을 중심으로 한 절대주의 체제가 확고히 확립된 반면, 스페인은 15세기까지도 봉건 체제를 벗어나지 못하고 있었다. 이러한 상황에서 신대륙이 발견되자 왕실은 봉건 제도를 이용하여 식민지를 다스리고자 한다. 식민 초기, 이사벨 여왕은 식민지의 모든 토지를 왕실에 귀속시키는 대신에 엔꼬미엔다라는 제도를 통해 식민지의 광대한 토지를 아시엔다(hacienda), 에스딴시아(estancia), 란초(rancho)라는 이름의 대농장 형태로 정복자들에게 위탁했다. 정복자들은 중세 봉건제의 영주와 같은 존재로서 자신들의 대농장 안에서는 무소불위의 권력을 휘둘렀다.

자신의 농장 안에 있던 인디오들을 '문명화' 시키고 '그리스도의 어린 양'으로 만드는 대가로 이들에게 턱없는 저임금을 제공하거나, 임금을 지불하지 않으면서 농장을 경작하도록 했다. 땅이 부의 원천이라고 굳게 믿었던 부왕청의 정책은 여타 산업의 발전을 저해했으며, 토지의 소수 독점 현상으로 상당수의 사람들은 농사지을 땅이 없어 고통받았다.

당시의 경작물은 스페인인들이 가져온 곡식, 일례로 밀같은 것, 원래 아메리카산인 옥수수, 감자, 땅콩, 사탕수수, 파파야, 망고, 바나나같은 열대 과일 그리고 아프리카에서 가져온 커피 등이었다. 유럽인들은 이때 처음으로 아메리카산 농작물을 맛보게 되며, 브라질과 콜롬비아의 커피는 호평받기 시작했다.

---

17) 다니엘 꼬시오 비예가스 외 지음, 고혜선 옮김, 앞의 책, p. 91.

18) 민만식 외, 『중남미사』(서울 : 민음사, 1993), p. 51.

3.3. 세 금

스페인은 식민지에 과다한 세금을 부과했다. 이로 인해 식민지 경제는 피폐해졌으며, 이에 대한 불만은 원주민뿐만 아니라 아메리카에서 태어난 스페인인의 후예들도 공통적으로 느끼는 것이었다.

"식민 시대에 징수한 주요 세금은 ① 수출입 상품에 대한 부과세 ② 18~50세 사이의 원주민 남자들이 지불하던 공물세 ③ 동산 및 부동산 판매세 ④ 성직 유지를 위해 토지 소유주들로부터 징수하던 성직세 ⑤ 금과 은광을 개발하는 광산주들로부터 징수하던 2할세 ⑥ 무게와 측정의 종량세 ⑦ 관리들로부터 징수하던 특수세 ⑧ 해적과 외국의 침략으로부터 항구의 방어 기금으로 활용하고자 생활 필수품의 판매에서 징수하던 특소세 등이 있었다. 이외에도 국가는 일용 상품의 판매와 구입권을 갖고 담배, 술, 소금, 육류 등의 산물을 통제했다. 세금의 징수는 강압적이고 잔인했다. 주민들은 체납으로 자주 재산을 압류당하고, 세리들이 부패하여 세금이 증발당하기도 했으며 세금 징수관이 방문하면 주민들이 거주지에서 집단으로 도주하는 사태가 발생하기도 했다."[19]

4. 사 회

4.1. 피부색에 따른 사회 계급

식민지 사회는 인도의 카스트 제도와는 좀 다르기는 하지만, 엄격한 카스트 제도로 구성되었다고 볼 수 있으며, 이 사회 계층의 구성은 피부색과 밀접한 연관을 가졌다.

식민지 사회의 상층부를 구성하고 있던 인종은 백인이다. 그러나 이들은 반도에서 건너온 뻬닌술라르(peninsular)와, 아메리카에서 태어난 백인의 후손인 끄리오요(criollo)로 구별되었다. 정복자들의 후예, 혹은 스페인에서 파견된 관리들은 뻬닌술라르로 사회 계층의 최상부에 위치했으며, 그 뒤를 잇는 것이 끄리오요였다. 그러나 식민 기간이 진행되면서, 끄리오요들의 숫자

19) 위의 책, p. 51.

가 증가하게 되고, 외국 유학의 기회가 많았던 이들은 유럽의 새로운 사상에 접할 수 있었으며, 19세기에는 모국인 스페인에 대항하여 독립 투쟁을 일으켜 성공시킨다. 그러나 이들 백인들이 사회적으로는 상층부를 구성한다 해도, 그들의 경제적 지위는 한결같지 않았다.

정복기에 아메리카에 온 스페인인들 중에서, 귀족이나 군대의 장교를 제외한 상당수는 중산층 출신이었으며, 도시 지역에서 자영업에 종사하고 있었다. 이들은 경제적으로 윤택한 생활을 누릴 수 없었으나, 교육을 받을 수 있었기 때문에 그들의 자손들은 변호사나 교수, 의사와 같은 전문직에 종사할 수 있었고 독립 후에는 자유주의 세력의 구심점을 이루었다.

이베리아 반도는 기원전부터 시작된 그리스, 페니키아, 로마인의 침입, 게르만, 아랍, 유대인 등의 침입과 이주로 인해 일찍이 이민족과의 결합이 하나의 전통으로 남아 있는 지역이었다. 따라서 백인들과 아메리카 원주민과의 혼혈은 당연시되었다. 신대륙 법은 결혼의 자유를 보장했으며, "원주민들이 스페인인과 혼인하는 것을 아무도 금지할 수 없다."[20]고 못박았다. 특히 정복 초기에는 여자들이 신대륙에 올 상황이 아니었으며, 이때부터, 스페인인들과 원주민들간의 사생아가 태어나게 되었고 이들은 메스띠소(mestizo)라 불리웠다. 식민이 진행되며, 합법적인 결혼이 증가하자 혼혈인들의 숫자도 증가했으며, 식민 시대 말에 이르러서는 가장 두터운 사회 계층을 형성했다.

원주민은 사회적으로 혼혈인 다음에 위치한다. 식민 초기에 전 중남미에서 약 천만 명으로 추정했던 원주민들은 식민 말기에는 그 숫자가 육백만으로 격감했다. 이것은, 약 300년간 진행된 식민 시대에 상당한 인구 감소를 겪었음을 뜻하며, 이의 원인으로는 질병, 강제 노동, 영양 부족을 들 수 있다. 원주민 중에서도 아스떼까나 잉까의 왕족 혹은 귀족들은 우대받았다. 이들은 일정량의 토지를 소유할 수 있었으며, 하인들도 소유했었으나, 식민이 진행되면서 이들의 소유지는 점점 축소되었다. 그러나 절대 다수 원주민들은 농장과 광산에서 노예처럼 살았다.

이들의 뒤를 잇는 이들은 흑인이다. 아메리카에는 원래 흑인이 없었다. 그

20) Levene, Ricardo, Historia de América (Buenos Aires: W.M. Jackson, Inc., 1947), p. 269.

러나 이베리아 반도인들은 육체 노동을 전통적으로 천시해 왔으며, 충분한 원주민이 확보되지 않은 농장에서는 경작자가 부족했다. 그들은 부족한 노동력을 메우기 위해 아프리카의 흑인을 사냥하여 카리브 연안의 섬의 노예 시장에 팔았다. 이들 흑인들은 아프리카와 유사한 기후 지역에서는 적응에 큰 어려움을 겪지 않았으나, 추운 지방에서는 적응에 실패한다. 미국의 남부 지방, 카리브 연안의 섬, 브라질의 해안 지방, 리마, 콜롬비아의 카리브 연안

(좌) 꾸스꼬의 성당 및 수도원(성당의 종루 부분의 장식이 화려하다)

(우) 스페인의 전통적 건축 양식으로 지어진 꾸스꼬의 수도원 내부

스페인인들은 잉까의 궁궐 위에 성당이나 수도원을 지었다. 아랫부분은 궁궐의 일부이며 윗부분은 성당의 일부이다.

일대의 농장들은 흑인들이 경작했다 해도 과언이 아니다.

식민지 사회의 하부 계층은 흑인 및 흑인과 다른 인종의 혼혈인 물라또(mulato), 삼보(zambo)가 점유했다. 그러나 최근 이에 대한 반론이 제기되고 있어 우리의 관심을 끈다. 이 반란에 의하면, 원주민은 흑인보다도 더 열등한 지위를 차지했으며, 더욱 열악한 상태에서 생활했다는 것이다.

4.2. 생활상

스페인의 정복자들 및 식민자들이 원주민을 가혹하게 대했으며, 신대륙이 발견되지 않았더라면 더 나았을지도 모른다는 주장이 없는 것은 아니다. 정복자들이 원주민 사회에 반드시 부정적인 영향만을 준 것은 아니다. 정복자들이 신대륙에 이식한 것은 물질적인 것과 정신적인 것으로 나누어 생각할 수 있다. 물질적인 것에는 우선 철기와 바퀴를 들 수 있다. 원주민들은 이들을 통해 철기 문화를 접했으며, 바퀴를 통해 운송 수단을 혁신적으로 바꿀 수 있었다. 또한, 이들이 가져온 말, 소, 양, 기타 가축은 신대륙에는 존재하지 않던 것들이었으며, 밀, 보리, 포도, 무화과, 오렌지 등은 원주민의 식생활에 상당히 기여했고, 나아가서는 이들의 주요 수출품이 되었다.

식민 기간 동안 아메리카에서의 생활은 단순하고 큰 변화가 없는 것이었다. 해적의 침입, 원주민의 봉기, 스페인 왕실의 새 국왕 취임, 새 신부 부임, 전염병, 축제 등이 큰 뉴스 거리였을 뿐이다.

스페인인들은 대개 도시에서 살았으며, 그들의 저택은 넓고 두터운 벽, 대문에 거의 면한 정원, 가옥 뒤의 후원, 주인 가족, 하인, 노예, 손님들의 거처로 구성되어 있었다. 거실에는 흔히 기도실이 딸려 있었으며, 가구와 유화 그림 등이 걸려 있었고, 오후나 밤에는 모임이나 파티 장소로 사용되었다. 로사리오 기도는 엄밀히 지켜졌으며, 기도시에는 집주인과 하인, 노예들이 모두 참석했다. 높은 사람의 집은 대개 도시의 중심에 있었고, 일반 사람들의 집은 도심에서 떨어진 곳에 위치했다. 원주민, 혼혈인들은 시골에서 거주했으며, 스페인인들은 자신들의 광산, 목장, 농장에 저택을 한 채 더 마련하고 살았다. 모든 생활은 가족 중심이었으며, 어머니는 가장 중요한 위치를 차지했다. '여성은 성스런 어머니' 이고 '보호받아야 할 대상' 이라는 관점은 현재까지도 존속하며, 남성은 '남성 우월주의'(machismo)[21]에 따라 처신하고 있다. 종교 축제는 가장 중요한 축제였으며, 그 중에서도 부활절과 성탄절 축제가 중요했다. 축제에는 성극이나 연극 공연이 있었다.

스페인과 포르투갈은 자신들의 통치 기구, 언어, 인종, 종교, 가치관을 식민지에 이식시켰다. 이들이 지향했던 상업, 광산, 농업의 독점은 역사가나 경제학자들에 의해 하나의 실패작으로 간주되지만, 정신적 정복만은 예외였다. 중남미의 종교는 거의 카톨릭이며, 그들의 언어는 서반아어와 포르투갈어이다. 스페인은 식민 초기에는 모든 원주민에게 서반아어를 강요했으나, 얼마 가지 않아 이 정책을 포기하고, 반대로 원주민 언어를 배우려 시도하기도 했다. 언어 정책은 완벽하게 성공하지 못했지만 원주민들의 그리스도교인화 작업만큼은 포기하지 않았다. 생활 양식, 습관, 심리, 건축 등에서는 중남미는 이베리아 반도와 유사하다 할 수 있다. 독립후에도 스페인의 영향은 지속되었으나, 19세기 후반부터는 스페인의 영향에서 벗어나기 시작했다.

5. 교육과 학문

1506년에 카리브의 섬 산또 도밍고에 최초의 초등 학교가 설립되었다. 식민 기간 동안 교육을 담당했던 것은 교회였다. 공립 학교와 사립 학교도 있기는 했으나, 거의 전부는 수도원 부속 학교였다. 식민지에서의 교육은, 반도와 마찬가지로, 스콜라 철학에 기초를 둔 중세 교육의 연장이었다.

중세를 지배했던 스콜라 철학은 아리스토텔레스(Aristóteles)의 자연관, 즉, 영광으로 이르는 은총의 길은 예수께서 가르치신다는 사고에 기초하고 있으며, 신에 대한 인간의 복종, 모든 인간이 평등한 것이 아님을 원칙으로 하고 있었다. 신대륙에서의 교육은 이러한 중세적 전통 위에 종교, 문학 예술을 가르쳤으며, 아리스토텔레스적인 인간관으로 지배 계급인 스페인인들의 우월성은 자연스럽게 자리잡아 갔다. 학교는 초기에는 이베리아 반도인의 후

21) 마치스모는 남성이 가지고 있는 남성적인 요소, 즉 마초(macho)적인 요소를 강조하는 것이다. 이 '남성주의' 혹은 '남성 우월주의'는 중남미인들의 확고한 가치관으로 고착되어 모든 행동 양식에 이 사고 방식을 적용한다.

예들을 교육하고자 생겼으나, 나중에는 혼혈아들에게까지 문호를 개방했다.

초등 학교에서는 읽기, 쓰기, 산수, 종교를 가르쳤으며, 학교가 없는 지역에 사는 스페인인들은 집에서 아이들을 가르치거나, 교사를 초빙해서 가르쳤다. 이 시절의 많은 선생님들은 교사 자격증이 없었다. 엄밀한 의미에서 중등 교육은 존재하지 않았다. 중등 교육은 초등 학교가 있던 특정 학교에서 시행했으며, 라틴어, 문법, 수사학, 자연과학, 윤리학을 가르쳤다. 상당히 엄한 교육을 시켰으며, 부득이한 경우에는 체벌도 마다하지 않았고, 종교 교육을 중시했다. 중등 교육 수준이 만족할 만하면 대학을 설립했다.

그러나 어떤 지역에서는 마땅한 중등 교육 기관이 없었음에도 불구하고 대학교만 설립한 경우도 있었다. 그것은 신대륙의 교육이 정부의 요직과 교회에 봉사할 소수의 엘리트 양성을 지향했기 때문이다. 대학은 사실상 상당히 일찍 설립되었다. 아메리카 최초의 대학은 산또 도밍고의 산또 또마스 아끼노(Santo Tomás Aquino) 대학으로 그 설립 연도는 1538년이다. 1551년에는 당시 가장 중요했던 양대 도시인 멕시코시에 UNAM(Universidad Nocional Autónoma de México)을, 리마에는 산 마르꼬스(San Marcos) 대학을 설립했으며, 이들은 현재까지 지속하는 아메리카 最古의 대학으로 간주된다. 17세기 말엽에는 아메리카 전역에 26개의 대학이 설립되었다.

이들 대학들이 본보기로 삼았던 대학들은 스페인의 살라망까 대학과 알깔라 데 에나레스 대학이었으나, 교육 내용은 달랐다. 아메리카의 대학에서는 주로, 인문학, 신학, 법학(종교법, 민법), 의학을 가르쳤으며, 몇몇 대학은 원주민 언어도 가르쳤고, 나중에는 수학과 물리학도 가르쳤다. 초기 약 100년간, 대학의 교수들은 신부나 수사였다. 그러나 17세기 중반에는 상당수의 일반인들도 교수로 재직했다. 18세기에 계몽주의가 유입되면서, 중남미 대학인들의 관심은 콜롬부스 이전의 아메리카로 쏠렸으며, 연구 자세도 과학적 사고 방식, 실증적 규명 방법으로 변모되었다.

당시의 대학이 수여하던 학위는 바치예르(bachiller), 리센시아도(licenciado), 박사(doctor)였다. 강의는 주로 교수의 강의를 중심으로 이루어졌으며, 기말 시험이 있었다. 박사 학위는 종합 시험을 통과한 자들에게만 수여되었으며, 식민지의 대학 발전은 예수회의 활동과 불가분의 관계에 있다.

원주민과 흑인은 교육받을 기회조차 없었다. 그러나 종교 단체에서 일하던 원주민과 자유 신분에 있던 몇몇 흑인은 읽고 쓰는 법을 겨우 터득할 수 있었다. 원주민 귀족에게 학교의 문을 개방하라는 칙령까지 있었으나, 실제로 이들에게 문을 개방한 학교는 거의 없었다.

인쇄는 1536년의 멕시코에 설립된 인쇄소를 시작으로, 1584년에는 리마에도 인쇄소가 설립되며, 식민 말기에는 총 25개의 인쇄소가 주요 도시에 설립되었다. 초기에는 성경, 교리, 원주민 언어 문법, 사전 및 과학 서적이 출판되었으나, 스페인에서 책을 인쇄하는 것이 더 경제적이었으므로, 많은 중남미 작가들의 서적은 스페인에서 출판되었다.

신문은 유럽에서 간행된 지 얼마 안되어 식민지에서도 간행되었다. 처음에는 간행 일자도 명기되지 않은 채 몇 장만 인쇄되었으며, 세계의 주요 소식을 요약하고 상업이나 상선대에 관한 내용을 담았다. 멕시코의 가세따(Gaceta)지는 1722년부터 정기적으로 발행되기 시작했으며, 그 뒤를 이어 과테말라, 리마, 부에노스 아이레스에서도 간행되기 시작했다.

스페인에서는 인쇄와 책 판매에 대한 엄격한 법률이 있었다. 인쇄에 대한 허가는 왕이 내렸으며, 그 목적은 그리스도 교리에 어긋나는 이단적인 것과 올바르지 못한 내용의 문학 서적 유포를 금지하고자 하는 것이었다. 종교 재판에 의해 불합격 판정을 받은 책들은, 설혹 인쇄가 되었다 해도, 모두 거두어서 불태워 없앴다. 이 점에 있어서 식민지도 예외는 아니었다. 신대륙의 문제를 다룬 책들은 식민지 이사회나 교회 당국들의 허가 없이는 출판될 수 없었다. 식민지 작가들이 책을 출판한다는 것은 상당히 어려운 작업이었다. 왜냐하면, 적지 않은 경비를 들여 원고를 스페인에 보내어 승인을 얻어야 했고, 그 과정에서 상당수는 승인을 얻지 못해 돈을 헛되이 사용하는 결과를 낳았기 때문이다.

까를로스 5세는 1543년, 원주민이나 스페인인들의 정신적 건강을 해칠 위험이 있는 이교도적인 내용의 소설이나 황당한 공상적 작품의 식민지 유포를 칙령으로 금지했다. 이에 따라 무역관은 신대륙에 보낼 물품을 미리 개봉하여 이러한 책의 비밀 유통을 근절시켰다. 그러나 이 금지 대상의 하나였던 세르반테스(Miguel de Cervantes Saavedra)의 "동 끼호테"(Don Quijote)가 스페인에서 출판된 지 얼마 후에 신대륙에 소개되었다는 사실은 이 법이 엄격히 지켜진 것은 아니었음을 보여 준다. 식민지 사회의 많은 원고들은 항해 중에 사라졌거나 스페인과 아메리카 문서 보관소의 먼지 속에 묻혀 버렸다. 그러나 이러한 원고들이 최근에 발견되어 신대륙 지식인들의 활동이 결코 미미했던 것이 아님을 실제로 증명해 주고 있다.

주요 도시에는 훌륭한 도서관이 있었으며, 그들 중의 몇몇에는 수천 권의 장서가 있었다. 대학, 중등 교육 기관, 저명 학자들은 상당한 수준의 장서를 자랑했으며, 이 장서들은 당시의 문화인들이 무엇에 대해 관심을 기울였나를 우리에게 보여 준다.

18세기에는 자유주의 성향 작가들의 작품이 유포되기 시작했다. 베이컨, 데카르트, 라이프니츠, 록크, 루소, 몽테스큐, 볼테르들의 저서들은 서반아어와 포르투갈어뿐만 아니라, 라틴어, 이탈리아어, 프랑스어로도 읽혔다.

과학에 대한 관심은 그다지 크지 않았다. 그러나 당시 스페인이 지리학과 지도 제작에 기여한 바는 상당하다. 해양 지도의 상당 부분은 스페인 왕실의 녹을 먹는 사람들이 해낸 일로, 일례로 당대 최고의 지도 작성가 후안 데 라 꼬사(Juan de la Cosa)는 콜롬부스의 1차 항해시에 그를 동반했던 인물이다. 멕시코에는 식물원이 설립되었으며, 과테말라에는 자연과학 박물관이, 보고타에는 천문대가, 부에노스 아이레스에는 항해 학교가 건립되었다.

인문과학에서는 언어학과 인류학이 상당한 발전을 이룩했다. 라틴어를 모체로 하는 스페인어나 포르투갈어와는 전혀 다른 원주민들의 언어는 비교언어학의 토대가 되었다. 특히 인도 · 유럽어의 일반적인 어순은 주어 다음에 동사, 그리고 보어로 이루어진다. 반면 원주민 언어들은 동사를 문장의 맨 끝에 두었으며, 이것은 서구인들의 호기심을 자극하기에 충분했다. 또한 인류학은 다양한 인종과의 만남에서 자연스럽게 연구 풍토를 제공했으며, 원주민과 늘상 접촉했던 학구파 신부들, 특히 예수회 신부들의 관심을 이끌었다. 예수회 신부들은 우선 원주민들의 언어를 배운 다음에, 그들의 풍습, 가치관, 세계관 등을 연구했다. 뿐만 아니라, 세계 각지에 있었던 수도회를 십분 활용하여 타국 출신 신부들을 식민지에 보내기도 했으며, 이러한 정책은 특히 18세기에 두드러졌다.

6. 종 교

정신적 정복에서 그 어느 분야도 종교적 정복을 앞지르지 못한다. 원주민들을 그리스도교화시킨다는 것은 참으로 어려운 작업이었다. 특히 언어가 통하지 않는 이민족에게 성경을 읽어 주고 그것이 뜻하는 것을 설명한다는 것은 쉬운 일이 아니었다. 이들은 원주민들이 성경을 쉽게 이해하도록 시각적인 방법을 동원하여 설명했다.

어떤 신부는 바이올린을 동원하여 포교 활동을 했으며, 또 어떤 신부는 40여년에 걸쳐 멕시코에서 니카라과까지 돌아다니면서 수도원을 설립하고 교리를 가르치고 책을 저술하고 정복자들로부터 원주민들을 보호했고 이름까지 원주민 이름으로 바꿨다. 많은 수도자들이 순교당했으며, 카톨릭 교회는 이들 중의 상당수를 복자, 성인으로 시성했다. 선교사들은 사실상 아메리카 전역을 무대로 수도회와 마을을 세웠으며, 이들 중에서도 두드러진 활동을 했던 수도회는 예수회와 프란씨스코회였다.

이 수도회 신부들은 원주민들을 모아 교리를 가르치고, 문화 생활을 가르쳤으며, 공동 작업을 시켰다. 이들 수도회 가운데에서 가장 유명했던 것은 파라과이의 예수회로, 1639년 과라니 원주민이 사는 지역에 전교원을 창설했다. 이 전교원은 참된 의미의 교회 공동체를 형성했으며, 스페인 왕실의 지배를 벗어나 독자적으로 운영되었다. 그러나, 식민지에서의 예수회 권한이 지나치게 강대해지는 것에 위협을 느끼던 유럽 왕실들은 예수회를 견제하기로 결정한다. 1767년 스페인의 까를로스 3세는 스페인과 식민지에서 예수회를 추방하고 포르투갈 왕 조세 1세도 브라질에서 예수회를 1760년에 추방했다. 예수회의 추방은 상당히 논란이 많은 사건이었다.

카톨릭 교회는 발견된 땅을 점유할 수 있는 권리와 원주민들을 카톨릭 신자로 만드는 권한을 스페인 왕실에 부여했으며, 또한 왕이 교회까지 관장할 수 있도록 했다. 이에 따라 스페인 왕들은 교회의 몇몇 사안을 직접 관장할 수 있었다. 일례로, 주교 관구 설치, 신부의 임면권, 교회와 수도원 신축, 교회 건물의 건축에 필요한 경비 조달을 위한 십일조 징수, 신대륙에 보낼 교황의 문서나 교칙 승인권은 스페인 왕이 가졌다. 자신의 영토 내에서 교권보다 왕권이 강했던 스페인 왕실이었지만, 교황과의 마찰은 거의 없었던 것이 특징이다. 그러나 예수회의 추방은 밀월 관계를 유지하던 왕실과 교회가 마찰을 빚는 계기가 되었다.

종교재판은 신앙의 순수성을 유지하기 위해 신대륙 발견 이전부터 스페인, 포르투갈 및 몇몇 유럽나라에서 실시되고 있었다. 신대륙에서는 리마, 멕시코시등지에 종교재판소를 건립했다. 이들 재판소들은 이단, 신성모독, 일부이처, 마술, 주술 및 종교의 통일성을 저해하는 인물들을 재판했으며, 서적을 사전에 검열하였다. 이 재판의 대상에서 예외가 되는 존재들은 원주민이었다. 그 까닭은 원주민들은 새로이 종교에 입문하는 자들이었으며, 종교면에서는 책임질 위치에 있지 않다고 간주되었기 때문이다. 죄인이 용서를 빌면 문제는 간단했다. 죄인은 두 번이나 용서받을 수 있었다. 육체적인 형벌을 가하는 자는 종교인이 아닌 재판장들이었으며, 신대륙에서의 종교 재판소는 유럽에서보다 덜 활성화되어 있었다고 말할 수 있다.

7. 바로크 예술

정복이 16세기 중엽에 완결되자, 식민 사회는 안정기에 돌입한다. 대도시에는 귀족적인 사회 분위기가 형성되며, 문학 모임도 활발해진다. 시낭송회가 열리며, 연극 공연, 학문 연구 모임이 개최된다. 식민지 사회에서 이러한 문화적 분위기를 선도하던 도시는 멕시코시와 리마였다.

많은 스페인 예술가들이 식민지에 오면서 자신들의 관습, 생활 방식, 예술 취향을 식민지 사회에 이식하고, 사회 전체에 걸쳐 품위있게 말하는 것이 유행으로 자리잡아 중남미인의 특징적 수사법으로 확고히 자리잡았다. 형용사의 적절한 사용, 우회적 · 간접적 의사 표시, 그리스 라틴의 고전 인용은 지금까지 중남미인들이 즐기는 수사법이며, 명 연설문 작성에 심혈을 기울일 정도로 문학적 감각이 발달되어 있다.

신대륙 예술은 이베리아 반도 예술 경향의 연장이었다. 스페인에 바로크 예술이 맹위를 떨치던 16, 17세기에는 중남미의 식민 사회도 바로크풍의 예술이 꽃피웠으며, 18세기 말엽부터 스페인에 프랑스에서 출발한 신고전주의가 유행하자 신대륙에서도 신고전주의가 유행되었다는 사실은 이것을 증명한다.

바로크 문학은 16세기에서 18세기에 이르는 식민 기간 동안 가장 맹위를 떨쳤다. 이 문학은 복잡한 은유, 신화적 요소 삽입, 라틴어 사용, 신조어, 많은 장식이 특징이다. 중남미인들이 가장 선호했던 스페인 문인들은, 바로크의 거장이었던 시인 공고라(Luis de Góngora), 께베도(Francisco de Quevedo), 극작가 로뻬 데 베가(Lope de Vega), 깔데론 데 라 바르까(Calderón de la Barca) 등으로, 이들의 작품은 중남미 문인들에게 상당한 영향을 주었다.

공고라의 이름을 따서 공고리스모(gongorismo), 혹은 교양인을 대상으로 한 문학이라는 의미에서 꿀떼라니스모(culteranismo)라 불리우는 바로크 스타일은 "머리에 터번을 두르고, 연인들을 거느리며 고고한 울음을 터뜨리는" 이라는 많은 수식어를 사용해서 '수탉'을 표현하는 식으로 과다한 장식을 하는 것이 특징이다. 지칭하는 대상을 하나의 단어로 표현하지 않고 많은 말을 사용해서 감추어 주는 이 기법은 상당한 수준의 독자층이나 이해할 수 있었다. 께베도의 경우에는 의미가 여러 가지인 어휘를 즐겨 사용하는 것이 특징으로, 그의 이름을 따서 께베디스모(quevedismo), 혹은, 개념을 중시한다는 의미로 꼰셉띠스모(conceptismo)라 불리운다. 이 기법은, 몸에 든 '멍'(cardenal)과 '추기경'(cardenal)이 같은 단어임을 이용해서, "아버지께서 출옥하셨을 때, 많은 추기경이 경의를 표했다"라고 표현함으로써 독자들을 곤경에 빠뜨린다.

당시의 중남미 문인들 중에서 우리의 관심을 끄는 인물들은 멕시코 시인 후아나 이네스 데 라 끄루스(Juana Inés de la Cruz) 수녀와 역시 멕시코 출신 희곡 작가인 후안 루이스 데 알라르꼰(Juan Ruíz de Alarcón)이다. 후아나 데 라 끄루스 수녀는 신동이었다. 3세 때에 벌써 읽고 쓸 줄 알았으며, 라틴어를 배웠고, 외할아버지 댁의 서재에서 닥치는 대로 책을 읽었다. 그녀의 지식은 과학, 철학, 역사학, 신학, 문학 등에 걸친 방대한 것이었다. 멕시코 부왕은 데 라 끄루스 수녀의 재주에 대해 소문을 듣고 그녀를 불러 궁궐에서 살도록 한다. 대학 교수들이 그녀의 지식을 공개적으로 시험하고 그 실력을 인정했다는 일화는 유명하다. 그러나 당시의 사회 풍조가 여자를 지식인으로 인정하지 않고, 반대로 지식인이 되는 것을 막는다는 것을 절감한 데 라

끄루스는 수녀원으로 들어간다. 이 결정을 하기까지에는 속세 생활에 대한 환멸, 아버지가 누구인지 확실하지 않은 출생에 대한 컴플렉스, 허영으로 가득찬 궁궐에서의 삶에 대한 실망도 작용했다. 수도원에서는 교육에 종사하면서 많은 시작품을 썼으며, 성경을 소재로 한 희곡 작품을 써서 학생들에게 공연시켰다. 그러나 부왕 부처들과 친구로 지내던 그녀에 대한 수녀원장의 시기심은 그녀의 글이 수녀가 쓸 글이 아니라는 수녀회 담당 신부의 인정을 이끌어 내게 되고, 수녀는 절필을 선언한다. 자신의 모든 재산을 팔아 가난한 이들에게 물려주고, 수녀는 수도 생활에 몰두하나, 멕시코 전역을 휩쓴 전염병의 희생물이 되어 죽는다.

희곡은 16세기에는 성극을 중심으로 씌어졌고 공연되었다. 그러나 17세기부터는 다른 주제의 작품들이 출현하기 시작했으며, 후안 루이스 데 알라르꼰의 "벽들이 듣는다"와 "의심스런 진실"(La verdad sospechosa)은 스페인 본토에서도 갈채를 받은 작품들이며, 특히 "의심스런 진실"은 불란서 희곡 작가인 몰리에르의 "거짓말쟁이"(Le menteur)에 영향을 주었다.

식민 시대 말기에는 신고전주의가 대두된다. 멕시코의 호아낀 페르난데스 리사르디(Joaquín Fernández Lizardi)의 소설 "엘 빼리끼요 사르미엔또"(El Periquillo Sarmiento)는 주인공인 빼리끼요의 인생 역정을 그리고 있다. 멕시코의 여러 지역과 여러 사회를 거치면서 빼리끼요가 겪는 갖가지 사건들과 여러 유형의 인물들은 당시의 멕시코를 여실히 보여 주는 작품으로 스페인에서 유행했던 '악자 소설' 계열에 속한다.

후아나 이네스 데 라 끄루스

후아나 데 라 끄루스(1651~1695) 수녀는 서간문, 소네트,[22] 레돈디야,[23] 로만세,[24] 10행시, 성극 등을 썼으며, 이 작품들은 국경일, 종교 축일, 부왕 부처의 이임식과 취임식 등에서 낭송되거나 공연되었다. 그녀의 작품은 여성으로서의 섬세한 감수성, 그리고 남성 중심 사회에 대한 반발 및 신랄한 비판이 특징이며, 바로

---

22) 소네트 형식은 두 연의 4행시와 두 연의 3행시로 구성되며, 한 행당 9음절 이상이 있으며, 운율은 ABBA ABBA CDC CCD이다.

23) 레돈디야 형식은 8음절 미만의 4행시로 운율은 ABBA이다.

24) 로망세는 각 행 8음절, 운율은 짝수 행만 맞는 시형식이다.

크 영향을 많이 받았다. 부왕 부처들은 이임 때에는 그녀의 시들을 모아 스페인에 가져가서 그곳에서 출판했다. 그녀의 시를 보자.

Romances

Si es causa amor productiva
de diversidad de afectos,
que, con producirlos todos,
se perfecciona a sí mesmo;
y si el uno de los más
naturales son los celos,
¿cómo, sin tenerlos, puede
el amor estar perfecto?
Son ellos, de que hay amor,
el signo más manifiesto,
como la humedad del agua
y como el humo del fuego.[25)]

사랑이 모든 감정의
원천이라면,
사랑을 함으로써
인간은 완벽해지는 법,
가장 자연스런 것이
질투일진대,
질투 없이
어찌 완벽한
사랑이 있으리오.
사랑이 있어야

후아나 이네스 데 라 끄루스

25) Cruz, Juana Inés de la. OBRAS COMPLETAS, Tomo I., Biblioteca Americana, FCE, México, 1988, p. 9.

질투도 있는 법
그것은 마치 물의 수분이요
불의 연기와도 같다네.

Redondillas[26)]

Hombres necios que acusáis
a la mujer sin razón,
sin ver que sois la ocasión
de lo mismo que culpáis:

Siempre tan necios que andáis
que, con desigual nivel,
a una culpáis por crüel
y a otra por fácil culpáis.

¿Cuál mayor culpa ha tenido
en una pasión errada:
la que cae de rogada,
o el que ruega de caído?

이유없이 여인들을 질타하는
어리석은 남자들아!
그대들은 그대들 자신이
이 모든 것의 원인임을 모르는가?

그대들은 항상 바보같구나.
이 여인은 잔인하다고
저 여인은 너무 쉽다고

---

26) 위의 책, pp. 228~229.

다른 잣대로 여인들을 질타하나니.
방황하는 열정에서
누구에게 더 큰 잘못이 있을까?
간청에 불쌍해 쓰러진 여인일까!
그니께 간청하는 남자일까!

미술과 건축, 조각에서도 바로크풍이 유행했다. 선을 중시하고, 소박, 단순, 간결, 단일 주제, 밝은 분위기를 특징으로 하는 르네상스 풍에 반해서, 바로크 예술은 선보다는 면, 복합 구조, 복합 주제, 어두운 분위기, 지나친 장식, 기교를 특징으로 했다. 건축에서는 장식, 곡선이 주조를 이루며, 미술에서는 어두운 색깔, 장식, 왜곡된 선이 등장한다.

(좌) 꾸스꼬파의 회화

(우) 바로크 양식의 화려한 성당 내부

식민지의 건축 양식은 이베리아 반도와 흡사했다. 다라서 고딕식, 무데하르식(Mudéjar, 스페인식과 무어식의 혼합), 바로크식이 중남미 전역에서 발견되며, 어떤 경우에는 한 건축물에 이 모든 양식이 공존하기도 한다. 17세기와 18세기에는 특히 바로크 양식이 선호되었다. 신대륙에서 서식하는 동식물로 건물의 외관을 장식했으며, 원주민의 문화 또한 많은 장식을 하는 것이 특징이었으므로, 바로크는 거부감 없이 받아들여졌다.

회화에서는 유럽의 바로크 양식을 아메리카적인 요소와 결합함으로써 색채면에서는 바로크의 어두운 분위기와 강렬한 원색이 조화를 이루고, 인물들의 얼굴은 아메리카 원주민과 메스티소의 특징을 드러낸다. 이러한 예술의 중심지는 에콰도르의 키토와 페루의 꾸스꼬로 각기 키토파(Escuela de Quito), 꾸스꼬파(Escuela de Cuzco)를 형성했다.

조각에서도 역시 이베리아 반도의 바로크 양식을 이용해서 다양한 색채를 입힌 나무에 조각하는 것이 특징이었다.

V

V 모국보다 큰 식민지 (16세기 초~19세기 초)

1. 염료나무의 땅

1494년 스페인의 이사벨 여왕 부처와 포르투갈의 주안 2세(Juan II) 사이에 체결된 또르데시야스 조약(Tratado de Tordesillas)은 북극과 남극을 잇는 가상의 선을 설정하여 그 선의 서쪽 발견 지역은 스페인의 영토, 동쪽은 포르투갈의 영토로 규정했다. 이 조약에 의거하여, 브라질이 발견되기도 전에 이미 그 땅은 포르투갈의 영토로 자리잡았다.

1500년에 바스코 다 가마(Vasco da Gama)가 개척한 인도를 향해 출발한 뻬드로 알바레스 까브랄(Pedro Alvarez Cabral)이 지금의 바히아(Bahía) 주 남쪽 뽀르또 세구로(Porto Seguro)에 우연히 닻을 내렸고, 이때부터 브라질은 명실상부한 포르투갈의 영토가 되었다. 브라질은 식민 종주국인 포르투갈의 92배가 넘는 광대한 영토를 자랑했다.

이듬해, 아메리코 베스푸치는 이 곳을 방문하고, 이 지역이 섬이 아님을 밝혔다. 베스푸치는 전 해안을 방문하고 염료의 원료가 되는 브라질 나무를 발견하며, 이 이름이 나라의 이름으로 정착된다. 이 소식을 접한 유럽의 상인들은 앞을 다투어 브라질로 항해하여 원주민들에게서 이 나무를 산다. 그 때까지 큰 관심을 보이지 않던 포르투갈은 이 지역의 값어치를 알게 되었고 이때부터 식민이 본격화된다.

포르투갈인들이 도착해서 만난 사람들은 뚜삐족(Tupi)이었다. 식민이 본격화되면서 이들은 내륙으로 이주하여 아마존강 연안으로 숨어들어 갔다. 이들 외에도, 제스족, 지금의 기아나를 중심으로 살았던 아라와꼬족(Arahuaco)도 있었으나, 가장 많이 사용되던 언어가 뚜삐인 것으로 보아 뚜삐족이 으뜸가는 부족으로 간주된다.

2. 식민 사회

아름다운 색깔을 가진 앵무새, 금, 보석에 얽힌 전설이 많았던 브라질은 유럽인들의 호기심을 자극하기에 충분했다. 포르투갈 왕은 식민지에 대한 권한을 확실히 하기 위해 1530년 마르띤 알폰소 데 소우자(Martín Alfonso de Souza)를 파견하여 프랑스인들을 영토에서 추방하고 마을을 건설하여 포르투갈의 지배를 공고히 했다. 그리고 1534년에는 식민화를 가속시켜, 방대한 영토에 15개의 총감부를 설치하고 자신이 신임하는 인물들을 임명한다.

총감직은 세습제였으며, 이들은 중세 장원의 영주와 같은 지위를 누렸으니, 일례로 판사를 임명하고, 공무원을 임명했으며, 세금을 걷고, 원주민을 노예화시켰으며, 산업을 독점했다. 많은 귀족들은 파센타(fazenda)로 불리우는 대농장을 경영하며 원주민을 동원해 생산을 독려하나, 원주민의 감소로 흑인을 노예로 들여왔다. 또한 당시 세계 금 생산 1위국에 걸맞게 광산을 개발하기도 했다. 그러나 이들의 강압적인 정책으로 북쪽의 뻬르남부꼬(Pernambuco)와 남쪽의 산 비센떼(San Vicente) 총감부를 제외한 기타 총감부에서는 경제 발전이 미미했다.

지방 분권적이었던 포르투갈의 식민 정책은 효율적인 통제를 할 수 없다는 문제점을 갖고 있었으며, 또한 해적과의 싸움에서 불리한 제도로 판명이 되었다. 왕은 1548년 바이아(Bahía) 총감부를 도로 사들여서 그곳에 중앙 정부를 설치했으며, 1549년에는 이 총감부를 또메 데 소우사(Tomé de Souza) 장군의 손에 넘긴다. 또메 데 소우사 장군은 브라질에 수백명의 군인과 해방된 죄수들 그리고 여섯명의 예수회 신부들과 함께 왔으며, 이들 예수회 신부들은 브라질 최초의 교육가들이었다. 장군은 북부 지방인 또도스 로스 산또스(Todos los Santos)에 도착하여 그곳에 살바도르(Salvador = Bahía) 시를 세워 식민지의 수도로 삼았다.

브라질에 도착한 초기의 포르투갈인들은 가족이 없이 왔으므로, 이들과 원주민간의 혼혈이 이루어졌다. 그러나 많은 원주민들은 식민주의자들을 위해 일하지 않으려고 내륙으로 도망했다. 일손이 딸린 농장주들은 아프리카의 흑인 노예를 고용하며, 이들은 이곳의 기후에 탈없이 적응하였다. 19세기까지 브라질에 살았던 흑인은 약 600만명이었다 하며, 따라서 원주민과 백인의 혼혈보다는 흑인과 백인의 혼혈이 더 많이 발생했다. 인종적으로 볼 때에는 백인, 흑인, 흑인과 백인의 혼혈인, 인디오와 백인의 혼혈인, 인디오로 구성되어 있었으며, 소수 백인들이 정치, 경제, 군사, 교회에서 중요한 위치를 독점하고 있었다.

포르투갈의 식민지 정부는 스페인의 중남미 식민지 정부와 흡사한 형태였으나, 봉건 지주들이 자신의 영지 안에서 누리는 권력은 거의 절대적이었다는 점이 큰 차이점이다. 포르투갈 왕실은 브라질 남부 지방에서 생산되는 광물의 교역을 용이하게 하기 위해 바이아에 있던 수도를 1763년에 항구 도시인 리우 데 자네이루(Río de Jameiro)로 옮긴다.

3. 다른 유럽국들의 침입

브라질 땅에 대해 욕심을 낸 유럽 국가는 프랑스, 네델랜드, 스페인이었다. 프랑스의 모험가인 빌레가농(Villeganon)은 프랑스 국왕과 한 제독의 인지하에 브라질에 프랑스 영토를 세웠다. 그는 과나바라만(Guanabara)에 있던 섬을 점령하고 그곳에 칼빈파와 루터파 신봉자들을 살게 했다. 1555년에는 리우 데 자네이루 만에 도착해서 한 섬을 정복하고 그곳에 요새를 세웠다. 그리고 그 섬에 있던 염료 나무인 브라질 나무를 벌목하고 농사를 짓도록 했다. 그러나 당시의 브라질 총독의 수장이었던 멤 데 사(Mem de Sá)가 이들을 토벌하였다.

스페인과 포르투갈에 적대적이었던 네델랜드인들은 1624년에 바이아에 도착하여 그 시를 점령했다. 그들은 종교의 자유, 노예의 자유를 선포했으나 이듬해에 쫓겨났다. 몇 년 후에는 뻬르남부꼬를 점령하고 브라질의 북부 지방을 정복했으나, 1654년에 쫓겨났다.

1580년 스페인왕 펠리뻬 2세(Felipe Ⅱ)가 포르투갈의 왕위마저 계승한 후 약 60년간 두 나라는 한 국가를 형성했다. 따라서 브라질은 스페인의 영토로 편입되었다. 양국간의 경쟁은 사라졌고, 브라질인들은 또르데시야 협정을 무시하고 남미 대륙의 내륙으로 이주할 수 있었으며, 이때부터 그들은 내륙으로 도망간 원주민들을 사냥했다. 1640년 포르투갈이 스페인으로부터 독립하자, 브라질은 다시 포르투갈의 영토가 되었다.

포르투갈인들이 본격적인 내륙 지방 공약에 나선 것은 18세기였다. 1695년에는 현재의 미나스 제라이스(Minas Gerais)에서 금광과 다이아몬드, 에메랄드, 자수정 등의 보석을 발견했다. 이때부터 '깃발 부대'[27]가 조직되며, 이들은 대장과 부하들이 한 조를 이루어 깃발을 들고 금과 다른 보석을 찾아 내륙 지방의 탐험에 나섰다.

이들은 짐 운반용 동물에 음식을 싣고, 나침반과 별자리에 의존하여 몇 달씩이나 들판에서 생활했다. 그리고, 필요하다고 여기면 옥수수를 경작했고, 인디오들과 싸웠으며, 마을을 세웠다. 개인적인 욕심에서 출발한 탐험대였으나, 이들이야말로 포르투갈 정복의 선봉자들이었으며, 국익에 절대적인 존재였다. 즉, 이들이 탐험한 내륙 지방은 그 즉시 포르투갈의 영토로 편입되었던 것이다. 이들의 활약으로 남으로는 미나스 제라이스까지, 그리고 그곳에서 북동쪽을 향해 정글을 지나 남동쪽의 마또 그로소(Mato Grosso)와 파라과이(Paraguay)까지가 브라질 영토로 되었다.

18세기 초반 포르투갈의 식민지 경영 책임자는 뽐발(Pombal) 후작이었다. 그는 계몽 정책을 폈고, 사회 복지, 경제 발전을 이룩했으며 노예 제도를 폐지하고자 했다. 그러나 지방의 수장들은 왕가의 감시로부터 떨어진 점을 이용해 권력을 남용하는 경우가 많았으며, 이에 일반 국민의 독립에 대한 열망이 서서히 움트기 시작했다.

19세기 말엽 조아킴 조세 다 실바 사비에르(Joaquim José da Silva Xavier)

---

27) bandeirantes : '깃발 든 사람'이라는 뜻으로, 광맥을 찾아 구성되기 시작한 모험가들을 일컫는 말이다.

가 최초로 혁명을 시도했을 때에는, 유럽 태생의 주민과 브라질 태생 주민 간의 갈등이 이미 시작된 때였다. 전투가 가장 심했던 곳은 미나스 제라이스였다. 그 지역은 왕이 20%의 세금을 부과하던 주였다. 즉, 생산된 금의 오분의 일이 왕의 몫이었던 것이다. '광원의 의혹'(Inconfidencia Mineira)이라 명명되는 이 혁명 운동에는 예술인, 시인, 인본주의자, 신부, 심지어 군인까지도 동참했다. 그러나 이 혁명은 배신자로 인해 실패한다. 반란자 색출은 2년이나 걸렸으며, 실바 사비에르는 처형된다.

4. 문 화

식민지의 문화는, 스페인 식민지들과 마찬가지로, 포르투갈의 문화를 답습하고 모방하는 수준에 그쳤다. 예수회는 식민지 문화에서 중요한 역할을 한다. 이들은 훌륭한 교육자들이었으며, 학교를 세워서 읽고 쓰는 법, 인문학

브라질 지도

등을 가르친다. 문학의 경우, 서경적인 시와 바로크 스타일의 시를 유행시켰다. 이들 가운데에서 특히 활약이 돋보인 인물이 죠세 데 안치에따(José de Anchieta) 신부이다. 그는 인디오들의 보호자였으며, 성가, 문법책, 가요, 성극을 지었으며, 서반아어, 포르투갈어, 라틴어 및 원주민의 언어인 뚜삐어와 다른 인디오 언어에도 능통했다. 안치에따 신부는 가난 속에 살았으며, 이웃사랑을 몸소 실천했다.

17세기 문인 가운데에서 가장 유명한 사람은 마또스 게라(Gregorio de Matos Guerra)이다. 그의 작품에 깃든 풍자와 신랄한 비판은 '지옥의 입'(Boca del Infierno)이라는 별명을 낳았으며, 관능적인 시와 서정시, 성시를 썼다. 그는 방랑자적인 삶과 그 사회의 부패한 현실에서 소재를 구해, 그들을 신랄하게 비판했다. 그의 이러한 태도는 교회와의 갈등을 낳기도 했다. 18세기 작가들은 바로크풍의 시를 선호했으며, 그들이 스승으로 삼았던 시인은 스페인의 공고라와 이탈리아의 마리니(Marini)였다. 극작가로는 다 실바(Antonio José da Silva)를 꼽는다. 그는 당시 사회를 풍자하는 시와 희곡을 썼다.

식민지 예술 중에서 단연 두각을 드러내는 것이 건축이다. 당시의 성당과 수도원은 포르투갈의 바로크풍으로 건축되었으나, 포르투갈보다 장식을 덜 했다는 것이 특징이다. 이 시대의 건축가 중에서 가장 훌륭했던 이가 꼬스따 리스보아(Antonio Francisco da Costa Lisboa)였다. 그는 병으로 지체 부자유자가 되었으며, 미나스 제라이스에는 그의 손이 미치지 않은 건축물이나, 가구, 분수대가 없을 정도였다.

VI

VI 백인이 이끈 독립 투쟁

1. 당시의 상황

1.1. 이베리안 반도

16세기에 세계에서 가장 영토가 넓었고, 강력한 나라로 군림했던 스페인은, 1588년 펠리페 2세의 무적 함대가 영국의 엘리자베스 1세에게 패하면서 세계 최강국의 위치에서 서서히 하향 곡선을 그린다. 그리고 18세기에는 유럽에서의 패권을 잃게 되며, 영국, 불란서, 네델랜드와 같은 경쟁국들에게 아메리카 영토를 빼앗기는 수모를 당하게 된다. 이들은 공개적인 전쟁을 통해, 또는 자신들의 해적을 통해 스페인의 휘하에 있던 아메리카 지역의 영토를 빼앗았다. 유럽 제국이 스페인에게서 빼앗은 곳은 카리브해와 대서양의 도서 지방 및 북미의 남쪽 지역이다.

스페인의 불운은 해외 영토의 상실에 그치지 않았다. 1807년 불란서의 나폴레옹 군대가 이베리아 반도를 침략하자, 포르투갈 여왕과 섭정은 브라질로 황급히 도피하여, 1808년 리우 데 자네이로에 닿는다. 반면, 스페인은 당시의 국왕 까를로스 4세와 그의 아들 페르난도 7세가 왕위 다툼을 벌이고 있었다. 나폴레옹은 이들을 스페인 국경 근처에 있던 바요나로 불러서, 왕위를 자신의 동생인 호세 보나파르트에게 넘길 것을 종용한다. 호세 1세로 즉위한 나폴레옹 동생의 권력 장악은 스페인뿐만 아니라, 아메리카 전역에서도 굴욕적인 것으로 간주되었다.

스페인 국민들은 1808년 5월 2일 마드리드(Madrid)에서 자발적인 민중 봉기를 일으킨다. 이들 중의 일부는 절대주의 군주였던 까를로스 4세를 지지하나, 나머지 대다수는 페르난도 7세를 선호한다. 1812년 포위된 까디스에 모인 의회 의원들은 스페인의 헌법을 작성하고, 그 헌법에서 스페인은 입헌 군주국임을 명시하는 가히 혁명적인 조치를 취했다. 스페인 국민들의 게릴라식 전투와 영국의 압력에 시달리던 불란서는 1817년에 퇴각하고, 왕권은 페르난도 7세의 손에 넘어간다.

한편, 17세기에 불란서에서 시작된 계몽 사상은 스페인에도 영향을 준다. 불란서의 데카르트, 디데로를 위시한 백과사전파, 몽테스큐, 루소, 볼테르 등의 혁명적 사상이 근간을 이룬 계몽주의는 영국의 경우에는 홉스, 로크, 흄과 같은 경험주의 철학자들에 의해 발전되며, 러시아, 프러시아에서는 절대주의 군주를 태동시킨다. 스페인에서는 헤로니모 페이호(Jerónimo Feijóo)가 이 사상의 옹호자로 등장한다. 그러나 이론에 치중했던 불란서와는 달리 스페인의 계몽주의는 실제적인 차원에서 발전된다.

1.2. 아메리카

합스부르그 왕가를 이어 1701년부터 스페인을 통치한 왕가는 부르봉왕가이다. 이들은 식민 체제에 일대 변혁을 가져오는 조치를 취했으며, 특히 1759년부터 1788년까지 재위했던 까를로스 3세의 치적은 가장 진보적인 것들이었다. 그는, 상선대 제도를 폐지하여 세비야 상인들이 독점하던 식민지와의 무역을 일반 사람에게까지 확대시켰으며, 스페인과 아메리카의 교역 항구를 증대시켰다. 또한 파나마, 콜롬비아, 베네수엘라, 에콰도르를 분리시켜, 누에바 그라나다 부왕국을 신설했으며, 아르헨티나, 우루과이, 파라과이를 주축으로 하는 리오 데 라 플라타 부왕국을 신설했다. 스페인과 상충하지 않는 산업, 일례로 목축업, 농업을 장려하였으며, 세율을 인하했다.

이들이 이룬 치적 가운데에서 가장 중요한 것은 군대 제도 확대 금지와 엔꼬미엔다 제도의 폐지 등이다. 또한 부왕과 관료들의 직권 남용 및 부패를 감시하기 위한 조사관 제도를 신설하여, 원주민 학대, 밀수 금지, 정당한 세금 징수, 사회 개혁, 경제 발전 등을 추구했다.

그러나 이러한 모든 개혁적 조치들이 식민지인들의 전폭적 지지를 받은 것은 아니다. 이것들은 궁극적으로 스페인 왕실의 권한을 공고히 하자는 취지에서 취해진 것이며, 세금의 누수 현상을 방지하자는 데에 그 목적이 있었던 것이다. 또한 예수회의 추방은 한편으로는 식민지 여론을 자극하여, 멕시코, 페루, 칠레, 부에노스 아이레스 등지에서는 이들을 지지하는 움직임이 있으며 이로 인해 스페인 교회와 아메리카 지역 신부들과의 전통적 우호 관계가 손상되었다.

1.2.1. 아메리카인들의 독립운동

아메리카인들의 독립에 대한 열망은 정복기에서부터 시작되었다고 할 수 있다. 알론소 데 에르시야의 '아라우까나'에도 보이듯이 칠레의 아라우까노 원주민들은 결코 정복된 민족이 아니었으며, 스페인인의 후예였던 정복자들의 후예들 가운데에서는 스페인의 통치에 불만을 품고 아메리카의 독립을 위해 봉기한 이들도 있었다.

18세기에는 세 건의 반란이 시도된다. 첫째는 파라과이의 아순시온(Asunción)에서 열린 의회가 왕권의 중앙 집권적인 통치에 반기를 들고, 농민 공동체의 권익을 보장하는 결의를 한다. 이어서, 안떼께라(José de Antequera) 판사는 민권이 왕권보다 우위에 있다는 주장을 펴면서 군대를 조직하여 스페인의 왕권 수호자들에 대항한다. 그러나 결국 패배를 당하고 리마로 압송되어 1731년에 처형당한다.

두번째는, 페루 잉까의 왕족이었던 꼰도르깡끼(José Gabriel Condorcanqui)가 1780년에 일으킨 봉기이다. 그는 스스로를 페루의 잉까로 명명하고, 이름을 뚜빡 아마루(Túpac Amaru II)[28]로 바꾼다. 뚜빡 아마루 2세는 원주민 6만 명으로 구성된 군대를 이끌고 꾸스꼬를 점령하며 페루의 남부, 볼리비아의 남부, 아르헨티나의 북부 지방까지 점령한다. 그러나 부하였던 한 메스티소의 배신으로 1781년에 체포되어 처형당하며, 아내와 조카 및 여러 친인척들

28) 뚜빡 아마루 2세는 자신의 형이었던 잉까 왕족 띠뚜 꾸지 유빤끼의 뒤를 이어 스페인에 대항하다가 꾸스꼬 광장에서 처형당했던 뚜빡 하마루 1세의 뒤를 잇는다는 뜻으로 붙인 이름.

은 처형 전에 혀를 자르는 고문을 받았다. 그의 동생 디에고 뚜빡 아마루(Diego Túpac Amaru)는 반란군을 재정비하여 투쟁을 지속한다. 당시의 페루 부왕은 1782년, 사면을 조건으로 이들을 무장 해제한 후, 일단 반란이 진정되자 1783년 디에고를 처형한다.

세번째 봉기는 이와 비슷한 시기에 보고타 근교에 있는 씨빠끼라(Zipaquirá)에서 부당한 세금에 항의하다가 일어난 민중 봉기이다. 이 사건은 누에바 그라나다 부왕국의 산악 지방 여러 곳으로 확산되었으며, 베네수엘라 접경 마을에서는 뚜빡 아마루[29]의 이름을 걸고 잉까 제국의 부활을 맹세한 경우도 있었다. 반란 주모자 모두는 봉기가 진정된 후에 잔인하게 처형되었다.

1.2.2. 계몽주의

유럽은 계몽주의의 영향으로, 신대륙에 학자들을 파견하여 지도 제작, 위도 연구, 동식물 연구를 위촉한다. 식민 종주국이었던 스페인은 이 원정 탐험 사업에 적극적으로 협조하여, 자국의 과학자들을 파견하기에 이르르며, 이들 과학자들은 신대륙의 정치에 상당한 영향을 미친다.

일례로, 불란서의 찰스 드 라 콘다민(Charles de La Condamine)이 조직한 위도 연구팀에는 스페인 학자인 우요아(Jorge Juan y Antonio de Ulloa)가 있었다. 항해, 지리, 사회적 고찰을 담아 1825년에 출판된 그의 "남미 방문의 역사적 위업과 비밀 소식"(Relación histórica del viaje a la América Meridional y Noticias secretas)에는 당시의 독재적 식민지 체제에 대한 비판, 원주민에 대한 학대 및 기타 사회 부정을 고발하고 있다.

그밖에도, 멕시코에서 25년간 살았던 엘루야르(Fausto de Elhúyar)는 독일에서 순수과학과 응용과학을 연구했다. 한 독일 과학자 팀은 페루에 머물면서 페루의 과학 연구에 지대한 공헌을 했다. 이 독일인들의 제자가 페루 출신 의사인 우나누에(José Hipólito Unanue)로, 그의 역작 "리마의 기후"(El

---

29) 뚜빡 아마루 혁명 운동은 중남미인들에게 깊은 감명을 준 사건으로 현재까지 그 이름을 사용하는 게릴라들이 많다. 1960년과 1970년대에 우루과이 반정부 게릴라들은 '뚜빠마로스'였으며, 1996년 페루 리마의 일본 대사관 인질 사건의 주동자들은 M.R.T.A. (Movimiento Revolucionario Túpac Amaru)였다.

clima de Lima)는 중남미 최초의 과학, 사회 저서이다. 18세기 말, 저명한 독일의 자연 과학자 훔볼트(Alejandro von Humboldt)가 아메리카에 왔을 때에, 그는 상당한 수준에 있던 아메리카의 과학자, 인본주의자들과 교우를 튼다. 이들은 스페인을 흉내내어 여러 학회를 창설하며, 중남미 해방의 가능성도 토론 대상으로 삼았다.

1.2.3. 아메리카인들의 자각

아메리카 태생 스페인인들의 후예들(criollos)은 18세기 유럽을 풍미하던 철학과 경제학을 알고 있었다. 이들은 루소의 국민 주권 사상에 매료되었고 그의 "사회 계약론"은 식민지 전역에서 비밀리에 유포되었다. 영국의 자유주의 경제학자인 아담 스미스(Adam Smith), 죤 스튜어트 밀(John Stuart Mill), 데이비드 리카르도(David Ricardo) 또한 이들에게 상당한 영향을 주어, 개인의 경제 활동이 모든 경제 활동의 주축이 되며, 국가 전체의 복지는 자유 경쟁을 통해서 이루어질 수 있다는 것에 공감했다. 또한 중상주의의 영향을 받아, 국가의 부는 상업과 제조업을 통해 추구된다는 것을 믿었다.

계몽 사상의 영향을 받은 아메리카인들은 자신들의 위치를 되돌아보게 되며, 독립을 꿈꾼다. 1776년의 미국 독립, 1789년의 불란서 혁명은 절대 왕권은 신성 불가침으로 여겨 왔던 기존의 모든 가치관에 대한 회의를 초래한다. 루소, 몽테스큐, 제퍼슨 등은 국민이 세운 공화국이야말로 참된 것이라는 주장을 폈으며, 이것은 아메리카인들에게 큰 공감을 불러일으켰다. 또한, 정부의 경제 보호주의보다는 자유 경쟁을 통한 경제 방임이 더 설득력을 갖게 이르른다.

중남미 독립의 선구자는 베네수엘라 출신의 프란씨스코 데 미란다(Francisco de Miranda)이다. 미란다는 모험가이며 武人이었다. 그는 자유주의 신봉자였으며, 냉철한 군인으로서, 스페인 군대의 장교 신분으로 북아메리카의 독립 전쟁에서 영국에 대항해 싸웠고, 불란서 혁명에도 참여했다. 그는 1797년 영국 런던에서 "아메리카 결사 협회"(Logia Americana)를 조직하여 아메리카의 독립을 위해 투쟁하며 민주주의를 신봉하는 자들을 회원으로 받아들였다.

미란다는 또한 아메리카 전역의 혁명 계획을 비밀리에 작성했으며, 1806년에는 우선 자신의 조국을 해방시키려 노력한다. 뉴욕 항구를 약 200명의 부하와 함께 출발한 미란다는 베네수엘라에 도착하지만, 동포들의 비협조로 실패한다. 영국으로 다시 돌아온 미란다는 시몬 볼리바르(Simón Bolívar)와 함께 조국의 독립을 위해 노력하나, 1810년 귀국한 지 얼마 안되어 체포되어 스페인으로 압송된다. 그는 1816년 스페인의 까디스 감옥에서 죽었다.

1807년 나폴레옹의 이베리아 반도 침입은 아메리카인들에게는 독립 쟁취의 절호의 기회였다. 포르투갈 왕실은 브라질로 이주하며, 그곳에서 왕국을 다스린다. 그러나 스페인의 페르난도 7세는 왕위를 퇴위하고 왕권을 나폴레옹의 동생에게 건네준다. 모국의 정치 상황이 이렇게 전개되자, 끄리오요(criollo)들은 왕위 찬탈자인 불란서 왕을 인정하지 않기로 결의하고, 베네수엘라, 콜롬비아, 라 플라타강 유역 등지에서는 나폴레옹이 임명한 식민지 관리들을 거부하는 사태까지 전개되었다. 독립의 적절한 시기를 노리던 끄리오요들은 이 기회를 최대로 이용하려고 했다.

이들은, 아메리카는 법률적으로 스페인 왕실에 속한 영토이지, 스페인 국가에 속한 영토가 아니므로, 왕이 존재하지 않는 한, 주권을 국민에게 되돌려 달라고 요구했다. 그러나, 스페인이 이를 거부하자, 전쟁이 시작되었다.

볼리바르(아르만도 비예가스 작, 까라까스 대통령궁 소장)

2. 독립 투쟁의 주인공들

2.1. 시몬 볼리바르

시몬 볼리바르(Simón Bolívar, 1783～1830)는 베네수엘라의 까라까스(Caracas) 태생으로, 부유한 집안 출신이었으며, 스페인에서 유학을 마친 다음에 군대에 투신하여 장교로 복무했다. 미란다 휘하 장교의 하나가 된 후, 1810년 귀국하여 미란다가 이루지 못했던 독립 투쟁을 시작했다. 왕권 수호파들이 미란다 및 그의 부하들을 총살하고, 시신에서 귀를 잘라내어 문 앞에 걸어놓는 것을 본 볼리바르는, 이들에 대항하여 '결사 항전'을 선포했다. 격전이 몇 차례 진행된 후, 1813년 베네수엘라 땅에서 스페인인들을 추방하고 까라까스로 들어왔다. 이때 그가 받은 칭호는 '해방자' (Libertador)였다.

이어서 콜롬비아의 해방을 위해 진격하나, 실패하고 자메이카로 건너갔다. 그러나 1816년 아이티 대통령의 도움을 받아 귀국한 다음, 독립 투쟁을 지속했다. 당시 그를 지지했던 인물들 가운데에는 비천한 출신들뿐만 아니라, 영국과 아일랜드의 군인 및 장교가 있었다. 1821년에 콜롬비아 해방에 성공한 후, 베네수엘라와 콜롬비아를 통합하여 그란 콜롬비아(Gran Colombia)를 구성한다. 그러나 이 나라는 볼리바르가 사망하면서 와해된다.

1822년, 볼리바르는 아르헨티나의 호세 데 산 마르띤(José de San Martín) 장군과 에콰도르의 과야낄(Guayaquil)에서 회담한다. 회담이 끝난 후, 산 마르띤은 자신의 군대 지휘권을 볼리바르에게 넘기고 아르헨티나로 돌아가며, 볼리바르는 안데스 산맥을 넘어 페루를 해방시킨다. 볼리바르가 중남미 전체를 하나의 나라로 묶는 강력한 대통령제를 주장한 반면, 대통령제를 실시하기에는 아직 중남미인의 수준이 낮다고 판단하여 입헌 군주제를 주장해 온 산 마르띤의 의견이 갈등을 빚었고, 산 마르띤은 볼리바르에게 지휘권을 이양하고 귀국 길에 오른 것이라고 추측할 뿐, 정확한 내용은 알려지지 않고 있다.

볼리바르 휘하 장군이었던 안토니오 호세 데 수끄레(Antonio José de Sucre)는 볼리비아를 해방시킨다. 볼리비아의 초대 대통령으로 선출된 볼리바르는, 그러나 곧 콜롬비아로 향해야 했다. 해방시킨 나라들을 하나의 국가로 만들려 했던 볼리바르의 꿈은, 해방군이 각자의 이해로 서로 등을 돌리는 것을 보고 실의에 빠지며, 콜롬비아의 해안 도시인 산따 마르따(Santa Marta)에서 죽는다.

2.2. 호세 데 산 마르띤

호세 데 산 마르띤(José de San Martín, 1778~1850)은 아르헨티나에서 태어났으며, 어렸을 때부터 스페인에서 부모와 살았다. 스페인에서 교육받았으며, 스페인 군대의 장교로 나폴레옹 전쟁과 아프리카 전투에 참여했다. 1810년, 부에노스 아이레스 의회는 라 플라타 부왕국의 독립을 선언한다. 그러나 완벽한 독립을 이루기 위해서는 페루와 기타 남미 지역에 남아 있던 스페인 군대와의 일전이 불가피했다. 페루의 공략에 고심하던 부에노스 아이레스 의회는, 1812년에 아르헨티나로 돌아온 산 마르띤에게 이 위업을 위촉한다.

산 마르띤은 볼리비아 지역에서 페루를 공격한다는 것이 도저히 불가능함을 깨닫고, 칠레에서의 공격을 시도한다. 그는, 멘도사(Mendoza)에서 '안데스 軍'을 조직하여 안데스 산맥을 넘은 후, 칠레 오히긴스(Bernardo O'Higgins) 장군의 협조를 얻어 칠레를 해방시킨다. 페루의 공략을 위해 산 마르띤이 해상 봉쇄 조치를 취하자, 당시의 부왕은 산악 지방으로 피신한다. 1821년, 산 마르띤은 리마에 개선 장군으로 들어오며, 이때에 그가 얻은 칭호가 '페루의 수호자' (Protector del Perú)였다.

산 마르띤

1822년, 과야낄에서 볼리바르와의 역사적인 회담을 마친 후, 리마로 돌아온 산 마르띤은 의회를 소집하여 사임서를 제출하고 아르헨티나로 귀국한다. 그리고 얼마 후, 조국을 떠나 불란서로 망명했다. 중남미 신생국들의 정치적 내분에 휘말리기를 증오했던 그는 그곳에서 생을 마감한다.

2.3. 미겔 이달고

멕시코의 독립을 선포한 사람은 돌로레스(Dolores) 본당 신부였던 미겔 이달고(Miguel Hidalgo, 1753~1811)였다. 1810년, 독립을 주장하는 자들이 감옥에 갇히자, 이달고 신부는 신자들에게 현 정부 전복 운동에 참여해 달라고 요청한다. 이 강론이 바로 "돌로레스 선언"이며, 약 600명의 신자들과 함께 성당에서 나온다. 이 숫자는 불과 며칠 안에 10만으로 늘어났으며 주변의 여러 도시를 해방시킨다.

그러나 과나후아또(Guanajuato)에서 스페인 군대를 상대로 전투하는 도중, 주교로부터 파문당한다. 이달고 신부는 이에 개의치 않고 멕시코시를 향해 진격하다가 스페인 군대에 패배당한 후 과달라하라(Guadalajara)로 피신하였다. 이때 피신지에서 그가 발표한 여러 가지 개혁적인 조치들은, 노예 제도 폐지, 특정 품목에 대한 정부의 독점 폐지, 인디오의 면세가 있다. 그러나 이달고 신부는 결국 체포되어 사형당한다.

이달고

그의 뒤를 이은 이들 중에서 가장 중요한 인물이 호세 마리아 모렐로스 이 파본(José María Morelos y Pavón) 신부이다. 그는 명령을 내리는 데에 있어서 이달고 신부보다 더 능숙했다. 모렐로스 신부의 주도로 1813년 칠판씽고(Chilpancingo)에서 의회가 소집되었으며, 이 의회는 스페인으로부터의 독립을 선포한다. 이듬해에는 헌법을 공포하나, 이 헌법은 효력 발생조차 할 수 없을 정도로 독립군의 패배가 확연했다.

모렐로스 신부는 1815년 체포되어 처형당한다. 멕시코의 독립 투쟁은 풍운아 이뚜르비데(Agustín de Itúrbide) 대령의 출현으로 1821년에야 끝을 맺는다. 그러나 이뚜르비데는 자신이 황제에 즉위하는 등의 잘못을 저지르다가 1823년 망명길에 오르며, 이듬해 귀국과 동시에 체포되어 처형당한다.

3. 기타 국가들의 독립

중미는 과테말라 총감부(Capitanía General de Guatemala)의 관할권 안에 있었으며, 북부의 누에바 에스파냐 부왕국, 남부의 누에바 그라나다 부왕국과 접경을 이루고 있었다. 이들 지역은 식민지로서의 가치가 미미했으므로, 다른 지역과 달리 낙후되어 있었으며, 독립에 대한 열망도 기타 지역에 비해 뒤떨어졌다. 멕시코의 이뚜르비데는 일단 멕시코의 독립이 완결되자, 중미의 독립을 지원한다는 구실로 군대를 파병한다. 중미 사람들은 이에 자극되어 1821년에 독립을 선언한다.

그러나 이뚜르비데의 속셈은 중미 지역의 침공에 있었으며, 우선 치아빠스(Chiapas) 지역을 속령으로 만든다. 그리고 1822년에 황제로 즉위한 다음, 과테말라에서 코스타 리카까지를 멕시코 제국에 합병시킨다. 1823년 그가 추방되자, 과테말라시에서 소집된 의회는 헌법을 제정하여 1824년에 공포한다. 이 헌법은 연방제를 택하고 수도를 과테말라시로 정하고 노예 제도를 폐지하는 것을 골자로 했다. 대통령으로 선출된 온두라스 태생인 자유주의자 모라산(Francisco Morazán)은 중미의 통합을 위해 애를 쓰지만, 이에 대한 보수주의자들의 반격 또한 만만치 않았다.

1838년 과테말라 출신 청년인 까레라(Rafael Carrera)는 무장 봉기를 일으켜서, 1840년 모라산의 정부를 전복시킨다. 페루로 도피했던 모라산은 2년 후에 귀국하나, 보수주의자들의 반대에 부딪친다. 그의 죽음과 함께 중미 연방제는 물거품이 되고 말며, 1838년에 개정된 헌법에 따라 각 지역은 분리 독립한다.

4. 브라질의 독립

1808년 포르투갈 왕실은 영국 해군의 호위를 받으며 나폴레옹 군대를 피해 리우 데 자네이로에 도착했다. 이미 1761년에 식민지의 리우 데 자네이로를 포르투갈 제국 수도로 삼으려 했던 그들의 생각이 실현된 것이었다. 당시

母侯의 실성기로 섭정자 위치에 있었던 아들 돈 조앙(Don Joan)은 식민지가 낙후된 것에 경악을 금치 못하고, 브라질의 전 항구를 개방하며, 모든 규제 조항을 철폐한다. 1815년에는 포르투갈과 브라질 알가르베를 묶어서 하나의 왕국을 건설하며, 이듬해 여왕이 죽자 조앙 6세(Joan VI)로 왕좌에 오른다.

1816년에서 1821년까지 지속된 조앙 6세의 재위 기간 동안, 브라질은 상당한 발전을 이룬다. 상업과 농업이 번창했으며, 인쇄소를 세웠고, 2개의 의과대학을 세우며, 리우 데 자네이루에 예술원을 설립한다. 사회 생활에도 변화가 일어서, 여자들은 이제 공공 장소에도 나갔다.

정부는 1808년 불란서에 대해 선전포고를 한 후, 1809년 불령 기아나를 점령한다. 자신들의 오랜 숙원이었던 우루과이 점령을 위해 1811년에 군대를 파견하여 1816년까지 주둔시키며, 1821년 드디어 우루과이를 합병한다. 1811년에 본국인 포르투갈에서 불란서군이 완전 철수하지만, 왕은 리스본으로 돌아가는 대신 그곳에 섭정자를 두어 통치를 위임했다.

1820년, 절대군주제에 반대하는 포르투갈의 진보주의자들이 오뽀르뚜(O'Porto)에서 봉기하면서 혁명의 불길이 각 지역으로 번졌다. 혁명 주체 세력들은 곧 의회를 소집하고 헌법을 제정하면서, 조앙 6세의 본국 귀환을 요청했다. 1821년 조앙 6세는 본국 귀환을 결심하고 브라질 왕국의 섭정자로 아들 뻬드루(Pedro)를 임명한다. 그리고 브라질의 독립 운동이 거세어져 막을 길이 없다고 판단되면 그 운동을 주도하라는 충고를 한다.

1821년, 식민지 통치권을 평의회에 이양하고 본국으로 돌아오라는 지시가 내려오지만, 뻬드루는 이를 거부한다. 이는, 포르투갈이 브라질의 식민화를 공고히 하려는 의도였다. 1822년 뻬드루는 이뻬랑가(Ypiranga) 강가에 있던 중 한 건의 문서를 전달받는다. 이 문서는 리스본으로부터 온 것이었다. 그는, "독립이냐, 아니면 죽음이냐"라는 '이뻬랑가의 외침'을 통해 브라질의 독립을 선포하고 리우 데 자네이루로 돌아와 황제에 즉위했다. 그러나 일부 지역에서는 본국의 의사를 지지하는 파들이 있었으며, 이들은 뻬드루에게 반기를 들었다. 이들 지역을 평정하고 브라질이 완벽한 통일 정부를 구성한 것은 1824년이었다.

5. 문 학

혁명 운동의 주역들은 대개가 대학을 마친 이들이었다. 따라서 이들은 문학, 라틴어, 수사학, 논리학, 철학, 역사학, 법학, 신학 등에 대한 기본 지식이 있었으며, 그중에는 수학, 물리학, 경제학을 공부한 이도 있었다. 이들은 자신들의 생각을 대중에게 알리는 수단으로 신문을 택했다. 마리아노 모레노(Mariano Moreno)도 이들 중의 한 사람으로, 라 플라타강 유역 부왕국에서 발행되던 "부에노스 아이레스 신문"(Gaceta de Buenos Aires)의 기고가로 활약했다. 그의 기고 덕분에 보통 선거, 출판의 자유, 인간의 평등성, 대중 문화, 산업과 상업의 발전 등, 혁신적인 사상이 대중에게 유포되었다. 볼리바르 장군도 신문 기고를 통해 자신의 사상을 전파했다.

또한 독립 운동과 그 위업을 고취하는 내용의 시들이 지어졌고, 각국의 애국가가 작사되었다. 당시의 문예 사조는 신고전주의였다. 신고전주의는 철학의 계몽 사상이 문학에 반영된 것으로, 이성을 중시했으며, 문학은 일반인들을 교육하는 도구로 간주한 사조로, 독립을 쟁취한 중남미 각국이 나라를 정비하고 국민을 계몽시키는 데에는 가장 이상적인 문학 형태였다. 당시의 유명한 시인으로는 "후닌 전투의 승리"를 써서 볼리바르 부대의 위업을 예찬한 에콰도르의 올메도(José Joaquín de Olmedo), "촐루라 사원에서"라는 시에서 아스떼까 문화에 대한 향수를 노래한 쿠바의 에레디아(José María Heredia), 베네수엘라의 베요(Andrés Bello)가 있다.

가장 훌륭한 중남미의 재능있는 문화인으로 아무도 베요에 비견될 수 없을 것이다. 인문학 연구에 일생을 바친 베요는 신생국의 외교관으로 런던에 가서 20여년을 지내고, 칠레 정부의 초대를 받아 칠레로 가서 대학 교수, 정부의 요직을 역임했다. 문학에도 재능이 있었던 그는 신고전주의의 예찬자였으며, 중남미의 자연을 예찬한 "열대 농업에 부쳐서"와 같은 작품을 남겼다. 또한 철학, 법학, 문법, 역사, 평론, 교육에 관한 많은 저서가 있으며, 그가 쓴 문법책은 지금도 인용될 정도로 훌륭하다. 일례로, 현재에도 논란의 대상이 되는 "g가 모음 e, i와 함께 [x]음가를 가져올 때에는 j로 바꾸어 쓰자"라는 것을 베요는 이미 19세기 초에 주장했다.

안드레스 베요

안드레스 베요(1781~1810)는 "열대 농업에 부쳐서"에서 아메리카가 주는 모든 과실과 열매를 예찬하고 있다.

Tú das la caña hermosa
de do la miel se acendra,
por quien desdeña el mundo los panales:
tú en urnas de coral cuajas la almendra
que en la espumante jícara rebosa:
bulle carmín viviente en tus nopales
que afrenta fuera al múrice de Tiro:
y de tu añil la tinta generosa
émula es la lumbre del zafiro;
……[30]

대지! 당신은 꿀이 정련되는
훌륭한 사탕수수를 주나니,
당신 때문에 세상은 벌통을 우습게 본다네.
당신은 거품나는 통 안에 가득 들어갈
알멘드라를 산호같은 통 안에 만들어 주고,
당신의 노팔 열매에서 활활 타는 붉은 빛은
Tiro신의 붉은 빛에 대적할 만하고,
당신의 쪽에서 나오는 멋진 남색은
사파이어 빛에 견줄 정도라네.

30) Bazín, Robert. HISTORIA DE LA LITERATURA AMERICANA EN LENGUA ESPAÑOLA, 3판, Edit. Nova, Buenos Aires, 1967, p. 50.

VII

VII 혼돈 상태의 신생국들
(19세기 초~19세기 말)

1830년대에 중남미 전 지역은 독립 국가로 출발하나, 카리브 연안국이었던 쿠바와 푸에르토 리코는 식민지로 남게 된다. 라 플라타강 연안 부왕국 소속국들은 1810년에 독립을 선언하지만, 이 부왕국에 속했던 파라과이는 이들과 보조를 맞추기를 거부하고 1813년에 분리 독립을 선언한다. 우루과이는 독립 지지파와 반대파의 갈등의 와중에서 1821년에는 브라질에 합병당하는 수모를 겪다가 1828년에야 완전 독립을 이룬다. 볼리비아는 1825년에 독립국으로 출발하며, 칠레는 1817년, 페루는 1821년, 베네수엘라, 콜롬비아, 에콰도르는 국호를 그란 콜롬비아로 하여 1821년에 독립하나, 1829년에서 1830년 사이에 세 나라로 분리한다. 파나마는 콜롬비아의 일부였으나 1903년에 분리독립한다. 멕시코는 1813년에 독립 선언을 하며, 중미 제국은 1823년에 한 연방으로 독립하나, 1838년에서 1841년 사이에 현재와 같은 국명을 쓰는 독립 국가들로 출발한다.

식민지 정부는 국민들을 힘으로 통치했을 뿐, 정치적으로 조직하지도, 교육하지도 않았다. 따라서 식민지 인구의 대부분을 구성했던 메스띠소와 원주민 인디오들은, 극소수 엘리트 끄리오요들의 명령에 따라 독립 전쟁에 참여했다. 이들 끄리오요들은 토호 세력의 후예들로 유럽의 신문학을 접할 기회가 있었던 지성인들이었다. 그러나 일단 독립이 쟁취되고 주권을 확보하자, 이들 끄리오요간의 갈등이 시작된다.

까우디요(caudillo)라 불리던 각 토호 세력은 사병을 거느리고 있었으며, 경제력도 겸비하고 있었다. 독립 후부터 1860년까지의 약 30년간, 중남미 국가들 대부분은 쿠데타와 내란이라는 악순환의 고리에 시달리며, 1860년에서 1890년까지는 대부분의 국가가 재정비된다. 그리고 비록 독재 정권에 의한 것이기는 하나, 정치적 안정기에 들어가는 나라도 있었다. 그러나 중남미 통치자 모두가 이념도 없는 군벌들이었거나, 독재적 성향을 띠었던 것은 아니었다. 아르헨티나의 리바다비아(Bernardino Rivadavia), 멕시코의 후아레스(Benito Juárez), 에콰도르의 로까푸에르떼(Vicente Rocafuerte), 콜롬비아의 모스께라(Tomás Cipriano Mosquera) 등은, 민주적, 자유주의적 통치 성향을 보인 인물들이었다. 이들 신생국들이 접했던 공통적 문제들을 살펴보자.

1. 군벌주의

중남미 정복자들은 모두 무관 출신으로, 조국 스페인의 영광을 영토 확장을 통해 이루려던 인물들이었다. 따라서 군인 우대주의는 식민지 기간 내내 하나의 통념으로 자리잡았다. 중남미인들의 불행은, 독립 전쟁을 이끈 인물들이 중남미에서 출생한 백인들이었으며, 이들 모두는 사회의 상층부를 구성하는 지주 및 장교 출신이었다는 데에 있다.

대다수 국민들은 인디오 혹은 메스띠소였으나, 독립 전쟁에서는 단순한 일개 군인으로 참전했을 뿐이며, 이들의 피로 쟁취된 독립으로 이득을 본 계층은 부유층 끄리오요들이었다. 민중의 삶은 식민지 시대보다 나아진 것이 없었고, 오히려 정치적 불안은 이들을 더욱 더 압박했다. 독립 운동을 주도한 인물, 일례로, 시몬 볼리바르나 산 마르띤은 부유한 집안 태생으로 스페인 군대의 장교였었다. 우수한 교육과 실전에서의 경험은 독립 전쟁을 치루는 데에 없어서는 안될 요소였던 것이다.

강력한 힘의 부재는 식민지 전체에 힘의 공백이라는 상황을 안겨 주며, 중남미 제국가는 무질서와 무정부 상태에 돌입했다. 각국 정부는 질서 유지와 치안을 위해 군대의 힘을 빌리지 않을 수 없었으며, 자연히 독립 전쟁에 참전했던 장군들이 정치적으로 부상하게 되었다. 이들은 사병을 거느리고 있었으므로, 자신의 동료가 권좌에 올라 마음에 맞지 않는 정책을 편다거나,

자신의 이해에 반하는 정책을 펴면 무력으로 반기를 들었다. 이러한 악순환은 몇십년에 걸쳐 반복되며, 수십년에 걸쳐 동일한 인물이 권좌에 있다가 축출된 후 다시 권좌를 되찾는 적도 있었다.

선거라는 민주적 절차는 형식에 그쳤고, 선거에서 승리한 대통령을 쿠데타로 실각시키는 것은 다반사였다. 이들 중에는 독재자로 악명을 떨친 경우도 많다. 아르헨티나의 로사스(Juan Manuel de Rosas), 파라과이의 로드리게스 데 프란시아(José Gaspar Rodríguez de Francia), 멕시코의 산따 아나(Antonio López de Santa Anna), 과테말라의 까브레라(Rafael Cabrera) 등이 이 기간의 독재자로 유명한 존재들이다. 19세기 후반에도 군출신 독재자들이 많았다. 볼리비아의 멜가레호(Mariano Melgarejo), 에콰도르의 가르시아 모레노(Gabriel García Moreno), 파라과이의 로뻬스(Calros Antonio López) 가문 등이 좋은 예이다.

2. 자유냐 보수냐

19세기의 중남미 지식인 사회는 자유주의와 보수주의자 그룹으로 나뉘어져 있었다. 자유주의는 끄리오요들 중 유럽식 교육을 받은 진보적 성향의 청년 지식인층을 중심으로 퍼졌으며, 미국 독립, 불란서 혁명, 낭만주의의 영향으로 정치적 개혁을 요구했고 노예 해방을 부르짖었다. 반면, 지주 및 교회로 대변되는 보수주의는 스페인 식민 시대의 기존 질서를 그대로 유지하면서 변화를 모색하자고 주장했다. 그러나 근본적으로 이들 보수주의 기득권층은 자신들의 이익에 위배되는 변화에는 반감을 가졌다. 민주적 정치 질서에 익숙하지 못했던 당시의 중남미 지식인들은 반대파의 정책에는 무조건의 반대를 일삼고, 무력 봉기까지 일으키곤 했다.

중남미 보수파 그룹 중에서 정치적으로 큰 영향력을 행사하던 단체가 교회이다. 교회는 콜롬부스가 탐험대를 조직했을 때부터 중요한 일원이었으며, 16세기 초에 정복이 본격화되면서, 교회의 파견자인 신부는 빼놓을 수 없는 존재가 되어 버렸다. 귀족 출신의 군 장교들이 황금을 찾아 떠났다면, 신부는 "미개한 영혼들에게 주님의 말씀을 전해 주의 길로 인도하겠다"는 목적으로 탐험대에 합류했다. 그 연유는 당시의 유럽 상황과 밀접한 연관을 갖는다. 16세기 중엽에 북부 유럽에서 본격적으로 비롯된 종교 개혁 운동은 부패된 교회의 개혁을 추구하자는 목적으로 출발하며, 따라서 부패의 상징인 로마 교황의 권위를 인정하지 않았다. 독일의 루터, 스위스의 쯔빙글리 등은 로마 카톨릭 교회와 결별하고 프로테스탄트라는 신교를 만든 반면, 라틴 문화의 영향을 받은 지역에서는 카톨릭 교회를 고수했다. 특히 이베리아 반도에서는 중북부 유럽의 종교 개혁에 역행하는 반동 종교 개혁이 일어난다. 신앙 쇄신 운동이 일어나면서, 카톨릭교를 해외에 전파하려는 목적으로 선교 교단이 결성되는데 이의 대표적인 예가 예수회이다. 필리핀을 거쳐 일본에까지 왔던 예수회 신부들은 방대한 영토에 사는 원주민의 그리스도교화를 목적으로 신대륙으로 떠난다. 일단 정복이 완결되자, 스페인 왕실은 정복자들과 교회에 많은 토지를 하사한다.

교회는 세금이 면제된 곳이었으며, 인디오들의 종교 교육을 담당했다. 교회가 걷는 신도들의 십일조는 세금의 성격을 띠었고, 모든 사람들의 일생과 밀접한 연관을 맺는다. 즉, 출생 신고는 교회의 영세 증명서가 대신했으며, 혼인 미사가 즉각 민법상의 혼인으로 인정되었고, 사망하면 교회가 독점하는 공동묘지에 묻혀야 했다. 식민 기간이 길어질수록 교회에 소속한 토지는 방대해져 갔으며, 일반 대지주들처럼 교회 토지 경작은 인디오의 손에 맡겨졌다. 또한, 일반 국민들에게 막강한 영향력을 행사하는 이유로, 교회의 정치 간섭은 나날이 증가되었다. 독립이 성취된 후 교회와의 관계를 재정립하려는 움직임이 시작되며, 교회는 이러한 개혁 정책에 정면으로 도전한다. 두 세력간의 충돌을 우리는 멕시코에서 찾아볼 수 있다.

인디오 혈통의 자유주의자 후아레스(Benito Juárez)는 1859년의 개혁을 입안하고 실행한 인물이었다. 그는 1855년에 군부와 교회의 재판 관할 제한법을 통과시키고, 1856년에는 예수회를 추방했다. 또한 교회 소유의 모든 토지를 팔게 했으며, 민간 공동 묘지를 조성하고, 영세와 교회 예물 액수를 정했다. 1857년의 멕시코 헌법은 政教分離를 골자로 하고 있었으며, 이 헌법은 1917년까지 지속되었다.

이에, 보수주의자들, 특히 교회와 군부는 심하게 반발하고, 1858년부터

1860년까지 국가는 내란 상태에 놓였다. 그러나 최후의 승자는 후아레스였다. 1859년 후아레스는 반교회적 개혁법을 제안하고, 아직 팔지 못한 교회의 모든 재산을 국유화시킨다. 그리고, 교단을 해체하며, 출생 신고, 혼인 신고, 사망 신고를 민법에 의해 하도록 한다. 또한, 종교의 자유를 인정하며, 카톨릭 종교의 축일이 국가의 축일로 굳어진 것을 보고 이 축일들을 대폭 축소한다. 그러나 후아레스의 실각 후, 멕시코는 다시 보수주의로 회귀한다. 이처럼, 보수주의자들과 자유주의자들의 대립은 내란으로 이어지거나, 아니면 쿠데타로 상대방 정권을 전복시키는 수법이 동원되었다.

이들 두 파벌의 대립이 잠잠해졌다면, 그것은 독재 정부를 가진 시기였다. 그러나 권력을 잡기 전에 자유주의자였던 이들도 일단 권력을 잡으면 보수화하는 경향이 있었으며, 이러한 독재자 밑에서 경제가 발달했다는 것이 하나의 아이러니이다. 독재로 인해 반대파가 제거되거나 억압받는 상황에서는 정치적 안정이 있었고, 정치적 안정은 곧 경제적 안정으로 이어졌던 것이다.

독재자는 인기를 위해 공공 건설과 교육에 투자했으며, 또한 외국 투자자들도 안심하고 투자를 했기 때문에 경제가 활성화되었다. 그러나 독재자의 교육 투자는 중산층의 의식을 깨웠으며, 이들이 변호사, 의사, 엔지니어, 교육가 등 전문 직업인으로 자리잡아 자유주의 그룹에 가담하면서 독재자를 전복시키는 인물들로 변신한다. 멕시코의 디아스(Porfirio Díaz)는 이러한 독재자의 전형적 인물로, 약 35년간에 걸친 철옹성같은 그의 독재 기간 동안 멕시코의 경제는 발전을 거듭했으며, 과학자들을 우대하여 강력한 힘을 밑바탕으로 한 여러 가지 개혁 조치를 취할 수 있었다.

베니또 후아레스

3. 기회를 노리는 나라들

유럽의 여러 나라들, 특히 불란서와 영국, 네델랜드는 신대륙 진출의 기선을 스페인에 빼앗겼다. 그러나 중남미 제국이 독립한 후, 이들 유럽국들은 중남미의 내정에까지 간섭하는 경우가 빈번했다. 일례로, 도미니카 공화국 사태에 불란서가 개입하는가 하면, 멕시코 보수주의자들은 프랑스의 막시밀리아노(Fernando Maximiliano)를 황제로 모셔오기로 했다. 또한 영국의 경우처럼, 국경 분쟁의 개연성이 농후한 지역에서는 자신들의 이권을 보호하기 위해 고의로 전쟁을 사주하기도 했다. 그러나, 유럽만이 중남미에 개입한 것은 아니었다. 지리적으로 중남미와 가장 가까웠던 미국은 중남미 정치에 활발히 개입하며, 이것은 흔히 '간섭 정책'이라고 불리운다. 미국의 간섭 정책의 이론적 근거를 살펴 보자.

미국의 몬로(James Monroe) 대통령은 1823년 의회 연설에서 일련의 외교정책 원칙을 제시한다. 일명 '몬로 독트린'으로 불리는 이 정책의 골자는, 구대륙은 신대륙의 내정에 더이상 개입해서는 안되며, 미국은 아메리카 제국에 대한 구대륙 국가들의 간섭을 강력히 저지하겠다는 것이다. 이 독트린은 중남미 제국의 독립과 맞물려 나왔다. 곧, 아메리카에서의 패권을 미국이 쥐겠다는 의지의 표명으로, 미국은 막강한 경제력과 군사력을 바탕으로, 실제로 중남미 사태에 개입했으며, 제2차 세계 대전 이후에는 그 활동 영역이 중남미를 넘어서 세계 무대로 넓혀진다.

특히 지역적으로 가까웠던 멕시코와 중미, 카리브 국가들은, 미국의 간섭 정책이 극에 달했던 곳이다. 미국은, 미국과 인접한 이들 지역들의 정치적 안정이 자국의 이익과 직결된다고 판단하여 독재 정권을 지지하는 정책을 폈으며, 20세기에는 이 지역에 공산주의가 이식되는 것을 극히 경계했다. 또한, 풍부한 과일, 농산품, 광산품의 산지로서의 가치를 충분히 활용하여, 이 지역을 1차 산업 공급지로 고착시키고자 노력했다.

중남미 제국에 대한 내정 간섭은 흔히 현지에 진출해 있는 미국 기업들이 자신들이 이익 보호를 위해 군대 파견을 요청하고, 미국 정부는 이 요청에 화답하는 형식을 띠었다. 그러나 다른 경우에는 미국의 도움을 받아 정치적 주도권을 잡으려는 중남미 정치인들의 요청에 의해 이루어지는 경우도 있었다. 유럽이 중남미 사태에 개입하는 경우, 미국은 강력히 이를 항의했다.

19세기 말경부터 미국의 중남미 개입은 노골적이었다. 멕시코와 중미 국가에 대한 내정 간섭, 푸에르토 리코의 합병, 쿠바 내정 개입, 파나마 분리 독립 운동 사주, 파나마 운하 지역에 대한 권리 획득 등으로 대표되는 미국의 정책으로, 중남미인들의 미국에 대한 반감은 높아갔다.

미국의 이러한 개입은 Manifest Destiny, Big Stick Policy, Dollar Diplomacy라는 이름으로 위장되었다. 프랭클린 루즈벨트(Franklin D. Roosevelt) 대통령은 1933년에 선린 정책(Good Neighbor Policy)을 펴서 중남미와의 관계를 호전시키려 하며, 케네디(John F. Kennedy) 대통령은 발전 동맹(Plan de Alianza para el Progreso)을 통해 관계 개선을 모색하나, 중남미인의 입장에서 보면 이러한 일련의 관계 개선 정책들은 그 의도는 좋으나, 실행된 것은 아무것도 없는 것이었다.

1889년에서 1890년 사이에 워싱턴에서 미국의 주도로 제1회 미주 국가 회의가 개최되었다. 이 회의에서는 범미주 국가 기구를 결성하고, 그 본부를 워싱턴에 두기로 합의하였으며, 이것이 지금의 미주 기구(O.A.S. 혹은 Organización de los Estados Americanos)의 모체가 되었다.

4. 국제적 분쟁

독립 후 남미의 몇몇 나라들은 국경 분쟁에 휘말린다. 19세기 이 지역 국가들간의 전쟁은 2개국 이상이 참여했다는 것이 특징이다.

4.1. 삼국 동맹 전쟁

솔라노(Francisco Solano López) 장군이 정권을 잡은 후 파라과이는 군사 강대국으로 등장한다. 그는, 라 플라타강 유역국들의 국내 문제에 활발히 개입함으로써 파라과이의 국제적 위치를 공고히 하고자 했다. 당시 우루과이는 자유당 정부에 대항한 보수주의자들의 무력 봉기로 내전 상태에 있었고, 브라질과 아르헨티나는 우루과이 보수주의자들을 지지하고 있었으며, 특히 브라질은 군대까지 파병한 상태였다. 우루과이의 자유주의자들은 파라과이에 구원을 요청하며, 솔라노는 1864년, 브라질의 우루과이 내정 간섭을 더이상 참을 수 없다고 선언하고, 전쟁을 선포한다.

솔라노는 브라질의 예봉을 피하면서 우루과이 몬떼비데오 정부의 구원 요청에 응답하고자 마또 그로소(Mato Grosso) 지역으로 진격한다. 그러나 1865년, 아르헨티나 정부는 파라과이가 자국 영토의 북동부를 통과하겠다는 요청을 거절하며, 이에 파라과이는 아르헨티나에 대해서도 선전 포고를 하고, 아르헨티나의 꼬리엔떼스(Corrientes) 지방을 점령한다. 초기에는 승세를 탔던 파라과이의 솔라노는 세 나라(우루과이의 보수 세력과 브라질, 아르헨티나)를 상대로 한 전쟁에서 결국 패한다. 전쟁 후, 파라과이의 인구는 전쟁 전의 30%에 불과했으며, 그 30%의 90%가 여자였다. 또한, 국가의 경제는 극소수 지주들과 영국인들의 손에 떨어졌으며, 브라질과 아르헨티나에게 자국 영토를 빼앗겼다.

이 전쟁은 승리자에게도 가혹한 것이었다. 강성해진 군대, 국고 고갈로 브라질은 제국의 위기를 맞게 되었으며, 아르헨티나의 군부는 더욱 입김이 거세어졌고 기존의 정치가들이 철퇴를 맞는 결과를 낳았다.

4.2. 태평양 전쟁

1879년부터 1883년까지 일어난 전쟁으로 칠레와 페루-볼리비아가 참전했다. 전쟁의 원인은 볼리비아의 태평양 연안에서 대규모 초석 광산이 발견된 데에 있다. 칠레인들은 이 광산 지대로 이주를 했고, 이로 인해 남위 23도와 26도 사이의 국경 지방에 긴장감이 조성된다. 볼리비아 대통령 멜가레호는 1866년에 이 지역의 상당 부분을 칠레인과 외국 광산 회사에게 양도하나, 이에 불만을 품은 국민들의 봉기로 실각한다.

1875년에 볼리비아 정부는 멜가레호가 칠레와 맺은 국경 조약을 무효화하고, 1878년에는 고갈된 재정의 타개책으로 광산 회사 등에 세금을 부과하기로 결정한다. 광산 회사들은 대개가 영국 소유로, 노동자는 칠레인이었다. 이에, 광산 회사들은 칠레 정부에 호소하며, 칠레는 1879년에 안또파가스따(Antofagasta) 지역을 무력으로 점령하고, 볼리비아측 태평양 연안으로 진군한다. 1873년에 볼리비아와 비밀 군사 동맹을 맺은 페루는 볼리비아 지지를 선언하며, 칠레는 페루-볼리비아 동맹을 상대로 선전 포고를 한다. 전쟁은 영국의 지원을 받은 칠레측의 일방적인 승리로 끝나며, 이들 3개국은 1882년 앙꼰(Ancón)에서 조약을 체결한다.

페루는 이 전쟁으로 아리까(Arica)를 중심으로 한 남부 지방을 칠레에 양도했고, 볼리비아는 현재의 안또파가스따주에 해당하는 태평양 연안 국토를 상실한다. 칠레는 현 국토의 삼분의 일을 이 전쟁으로 획득한 셈이었다. 영국 회사들이 이 전쟁의 결과에 흡족해했음은 물론이다.

4.3. 미서 전쟁

20세기 말, 미국은 쿠바의 사탕수수 재배와 카리브 연안에서의 상권을 주도하고자 호기만을 기다리고 있었다. 1898년에 쿠바가 독립 투쟁을 벌이자, 미국은 쿠바내의 자국민과 자국 기업 보호를 구실로 전함을 파병한다. 그리고 전함이 스페인에 의해 침몰당했다고 주장했다. 스페인 정부는 자신들의 무력이 더 우세하다는 판단하에 응대하기로 결심하며, 선전 포고를 하고 전쟁에 돌입한다. 해전은 스페인의 참패로 끝난다. 그러나 육전에서는 스페인군이 대등한 상태로 전투에 임하나, 미군의 능력을 과대평가한 스페인 정부는 패배를 인정하고 조기 정전 협상에 들어간다.

이 해 말에 조인된 파리 조약에서, 스페인은 안띠야스 제도(Las Antillas), 괌, 필리핀을 미국에 양도한다. 미국은, 필리핀을 식민화하며, 2차 대전이 끝난 후에야 독립시킨다. 쿠바는 일정 기간이 지난 후, 20세기 초에야 독립시키나, 관따나모(Guantamo) 해군 기지는 1998년까지 미국이 소유하기로 한다. 괌과 푸에르토 리코는 현재까지 미국의 속령으로 남아 있으며 1998년에는 푸에르토 리코 주민의 투표를 통해 미국의 한 주로 남을지, 독립할지를 결정한다.

이 전쟁은 중남미인들에게 깊은 상처를 안겨준다. 그때까지 식민 종주국에 대한 감정의 골이 깊었던 중남미인들은, 자신들의 뿌리가 무엇인가를 성찰하게 되며, 아메리카의 새로운 패권자로 등장한 미국이 자신들에게 어떤 존재인가에 대한 규명 작업을 벌인다.

5. 경제, 사회

19세기의 정치적 불안정은 경제적 불안정으로 이어지며, 사회적 불안을 야기한다. 신생국들이 택한 경제 원칙은 자유주의 경제였다. 독립 투쟁 당시부터 자유 상업은 이들의 이상이었다. 이 원칙에 따라, 독점제가 폐지되고, 물품세, 교회의 십일조세가 폐지된다. 19세기 후반에는 여러 가지 공공 건설 작업이 벌어지며, 외국 자본 유치도 활발해진다.

그러나 기본적으로 이 지역 경제는 농업, 목축업, 광물업 등의 1차 산업을 중심으로 발전되었다. 이것은 흔히 모노꿀뚜라(monocultura) 경제로 불린다. 즉, 단일 품목 위주의 1차 산업 생산 경제가 주조를 이루는 것으로 중미 지역은 바나나와 같은 열대 과일을 주요 품목으로 재배했으며, 콜롬비아, 브라질은 커피, 멕시코, 페루, 칠레는 광물, 아르헨티나는 밀과 목축업을 주요 산업으로 육성했다. 도로와 같은 공공 시설의 확충, 항만 건설 등은 독재자가 강성했을 때에 이루어졌다.

정치적 불안은 사회적 불안으로 이어졌다. 소수의 백인 끄리오요들은 사회 계층 피라밋의 정점을 구성했으며, 일부 메스띠소는 중간 계층을, 그리고 대부분의 메스띠소와 인디오, 흑인들은 두터운 하층부를 형성했다. 또한 백인 모두가 상층부에 속한 것도 아니었으며, 많은 상인, 장인들은 중산층 및 저소득층을 구성했다. 그러나 각국 정부가 교육에 관심을 쏟으며, 이들 중산층들이 성장하게되고 이들이 바로 독재 정권에 반기를 드는 중심 세력이 되었다. 따라서 19세기 후반의 정치적 안정기는 이들의 역할과 밀접한 연관 관계에 있다.

6. 문 학

6.1. 낭만주의

자유를 최대의 가치관으로 삼았던 낭만주의 정신은 당시의 중남미 각 국가들의 정치적 상황과 결합하면서, 두 세대에 걸쳐 많은 작가와 시인을 배출한다.

중남미 문인들은 초기에는 불란서 작가, 예를 들면 위고, 샤토브리앙, 라마르틴, 무세, 영국 작가 월터 스콧트, 바이론, 셸리, 독일 작가 괴테, 쉴러, 하이네, 이탈리아 작가 레오파르디, 만조니, 스페인 작가 베께르(Gustavo

Adolfo Bécquer), 에스쁘론세다(José Espronceda), 라라(José Agustín Larra), 리바스 公爵(Duque de Rivas)을 흉내내었다.

그러나 곧 작품의 주인공으로는 인디오와 메스띠소를, 배경으로는 중남미의 자연을, 자신의 지역 역사를 테마로 삼고, 지방색 어휘들을 과감하게 사용하면서 유럽의 낭만주의와는 다른 색채를 띠었다. 그리고 나아가서는 각국 고유의 낭만주의를 시도했다.

중남미 낭만주의의 시발지는 아르헨티나이다. 에체베리아(Estéban Echevería)는 "포로"(La cautiva)라는 長詩로 중남미 낭만주의 시대를 연다. "포로"의 배경은 빰빠스 평원이다. 지방의 방언, 살아숨쉬는 자연, 그리고 두 연인의 감정에 동화되는 자연 묘사는 이 작품의 압권으로 평가되고 있다.

그의 뒤를 이은 낭만주의 시인들로는 베네수엘라의 마이띤(José Antonio Maitín), 칠레의 블레스트 가나(Guillermo Blest Gana), 쿠바의 세네아(Juan Clemente Zenea), 고메스(Gertrudis Gómez de Avellaneda), 에콰도르의 살둠비데(Julio Zaldumbide), 볼리비아의 부스따만떼(Ricardo José Bustamante), 아르헨티나의 도밍게스(Luis L. Domínguez)가 있다.

에체베리아

소설에서는 사회적 사실을 소재로 한 작품군과 개인적 서정을 소재로 한 작품군으로 나뉜다. 아르헨티나인인 마르몰(José Mármol)의 "아말리아"(Amalia)는 당시의 사회적 현실, 즉, 로사스라는 독재자가 다스리던 시대 상황을 사실적으로 묘사한 작품으로 '사회적 낭만주의'의 효시이다. 이 소설에는 두 개 집단의 대립과 갈등이 나타난다. 즉, 독재자인 로사스와 그 일파, 독재 권력의 하수인인 비밀경찰과 군대가 한 축을 형성하고, 그 반대 축은 로사스의 반대파가 형성한다. 이 반대파의 중심 인물은 몬테비데오로 망명하려다 좌절당한 에두아르도, 그의 친구인 명문가 자제 베요, 베요의 사촌으로 에두아르도를 사랑하게 되는 아말리아이다. 작품의 주 무대는 부에노스 아이레스이며, 독재자 로사스는 광폭한 성격의 소유자로, 그를 둘러싸는 인물들은 무식하고 잔인하며 간사한 존재들이다. 반면, 그의 반대파들은 정의롭고 유식하며 문화 생활을 즐길 줄 아는 문화인으로 묘사된다. 숨조차 쉴 수 없는 사회 분위기 속에서도 아름답게 피어나는 사랑이 감동깊게 그려진 이 작품에서 여주인공 아말리아는 낭만주의의 전형적인 뮤즈의 화신과 같은 존재이다.

콜롬비아 소설가 이사악스(Jorge Isaacs)의 "마리아"(María)는 '감성적 낭만주의'의 본보기이다. 에프라임과 마리아의 사랑, 오해, 화해, 마리아의 죽음과 같은 일련의 사건들은 까우까(Cauca) 계곡과 함께 숨쉬고 있으며, 이 작품에 등장하는 자연은 인간의 영원한 벗으로 확고히 자리잡고 있다.

수필가로는 아르헨티나 태생인 사르미엔또(Domingo Faustino Sarmiento)를 들 수 있다. 로사스 정권에 반기를 들고 칠레로 망명한 사르미엔또는 그곳에서 기자, 교사를 역임하며 "문명과 야만"(Facundo o Civilización y Barbarie)을 신문에 기고한다. 이 수필에서 그는 로사스와 그의 장교들을 공격하고, 아르헨티나 사회를 면밀히 분석하고 있다. 사르미엔또는 가우쵸(아르헨티나의 목동으로 메스티소나 인디오였음)가 국가의 발전을 저해하는 요소로 파악했고, 식민적 잔재와 군부의 야만성에서 탈피하는 길은 교육이라고 주장했다. 또한 유럽과 미국을 '문명'의 본보기로 들면서, 아르헨티나가 본받아야 할 나라들이고, 그들처럼 산업, 상업, 예술, 과학을 발전시켜야 한다고 주장했다. '야만'의 본보기는 가우쵸와 농부의 삶이며 야만이 극대화된 인물로 'Facundo'를 부각시켰다. 또한 'Facundo'와 로사스의 유사성을 부각시켜 로사스 일파를 야만인과 동일시했다. 그는 아르헨티나에서 '문명' 세계에 속한 곳으로는 수도인 부에노스 아이레스 지역만을 손꼽았다. 사르미엔또의 이러한 사고 방식은 아르헨티나인의 사고 방식에 상당한 영향을 주었다. 망명에서 돌아온 사르미엔또는 대통령에 당선되어 자신의 주장을 적극적으로 정책에 반영하여 유럽 이민을 받아들였다.

사르미엔또

페루에서는 페루만의 고유한 풍습을 조명함으로써 국민적 일체감을 강조하려는 작품이 출현한다. 빨마

(Ricardo Palma)의 "페루 전통"(Tradiciones perunanas)은 부왕국 시대의 페루, 독립기의 페루에 전해 내려오는 전설, 사건 등을 낭만주의와 사실주의가 어울어진 문장으로 기술하고 있다. 이처럼 한 나라, 혹은 한 지방의 고유한 풍습을 조명하는 문예 사조를 '풍속주의'(costumbrismo)라고 부르며, 사실을 소재로 낭만적 시각을 가미하는 것이 특징이다.

중남미 전역에 풍미했던 낭만주의 외에도, 아르헨티나의 경우에는 또 하나의 독특한 문예 사조가 형성된다. 그것은 '가우쵸 시'(poesía gauchesca)로 불리우는 시로서, 가우쵸들의 삶을 가우쵸의 언어로 표출한 것이 특징이다.

고메스

고메스(Gertrudis Gómez de Avellaneda, 1814~1873))는 당대의 낭만주의 시인 중에서 가장 걸출한 여류 시인이다. 고국을 떠나면서 쓴 다음의 소네트를 보자.

AL PARTIR

¡Perla del mar! ¡Estrella de Occidente!
¡Hermosa Cuba! Tu brillante cielo
la noche cubre con su opaco velo,
como cubre el dolor mi triste frente.

¡Voy a partir!... La chusma diligente,
para arrancarme del nativo suelo
las velas iza, y pronta a su desvelo
la brisa acude de tu zona ardiente.

¡Adiós, patria feliz, edén querido!
¡Doquier que el hado en su furor me impela,
tu dulce nombre halagar mi oído!

¡Adiós!... Ya cruje la turgente vela...

el ancla se alza... el buque, estremecido,
las olas corta y silencioso vuela![31]

떠나면서

바다의 보석! 서쪽의 별! 아름다운 쿠바!
고통이 나의 슬픈 이마를 덮치듯이
밤이 너의 찬란한 하늘을
검은 베일로 덮는다.

떠나리라. 사공들은
너와 나를 떼어놓느라 부지런히 돛을 올리고,
너의 열대 땅에서 불어오는 바람은
기다렸다는 듯 돛을 펼치는데.

잘있거라, 사랑하는 에덴, 행운의 조국이여!
노한 운명의 신이 나를 어디로 내칠지라도
너의 이름은 항상 내 귀를 즐겁게 하리니.

안녕! 부풀은 돛단배가 삐걱대는구나.
닻이 거두어지고, 전율한다.
그리고 파도를 가르면서 조용히 나른다.

31) PERFIL HISTORICO DE LAS LETRAS CUBANAS, Instituto de Literatura y Lingüística de la Academia de Ciencias de Cuba, Edit. Letras Cubanas, Habana, Cuba, 1983, p. 278.

6.2. 모데르니스모

중남미에서는 사실주의와 자연주의 계열 작품이 드물다. 낭만주의가 거의 60년에 걸쳐 진행되며, 그 뒤를 이어 모데르니스모가 등장하기 때문이다. 1888년, 니카라과 태생 다리오(Rubén Darío)는 "파랑색"(Azul)이라는 시와 단편 모음집을 출판함으로써 '모데르니스모' 운동을 주도한다. 그러나 이 운동의 출현은 불란서의 상징주의와 고답파의 영향을 받은 마르띠(José Martí), 까살(Julián del Casal)과 같은 시인들에 의해 이미 예고되어 있던 것이다.

다리오

초기의 모데르니스모는 탐미주의에서 출발한다. '예술을 위한 예술'이라는 예술지상주의적 기치로 인해, 작가는 상아탑 속에 스스로를 가두고 주변의 일상적 현실에서 탈피하여 시공을 초월한 환상의 세계를 꿈꾼다. 동양적 요소, 그리스 로마적 요소, 베르사이유적 분위기와 같은 이국 정서, 변하지 않는 아름다운 보석의 색채감과 음악성을 바탕에 둔 새로운 운율과 리듬의 모색이 특징이었던 탐미주의적 경향은 1898년 미서 전쟁 후에는 아메리카로 눈을 돌린다.

마르띠

'스페인은 중남미의 모국'이라는 사실을 재확인한 중남미 문인들은 미국의 제국주의적 야망에 전율을 느끼고 중남미의 결속을 부르짖는다. 때맞추어 일어난 파나마 운하 문제는 이러한 중남미인의 우려를 확인시켜 주는 계기가 되며, 다리오는 "루즈벨트에게"라는 시에서 미국과 중남미는 그 근원적 뿌리가 다르다고 노래하면서 미국의 오만한 자세를 규탄한다. 이들은 자신들의 정체성을 인디오의 후예에서 찾게 되며, 이러한 경향의 시인들로는 에레디아(José María Heredia), 초카노(José Santos Chocano), 네르보(Amado Nervo)가 있다.

우루과이 태생의 로도(José Enrique Rodó)는 그의 저서 "아리엘"(Ariel)에서 실증주의, 실용주의 물질 만능주의를 배격하며 앵글로 색슨계 미국의 물질 문명의 영향에 맞서서, 중남미 청년들이 라틴의 고유 정신으로 무장해 분연히 투쟁할 것을 제안한다. 로도는, 한 가지에만 전문인이 되게 하는 미국식 교육은 인간을 소인화시키며, 만인을 평등하다고 간주하고 실시하는 그들의 평등화 교육보다는 소수의 엘리트를 양성하는 것이 옳다고 주장한다.

로도

인간의 개성을 중시하면서도 전인적 교육을 해야 한다는 것이 로도의 기본 생각이었다. 그의 이 사상은 그의 책 이름을 따서 아리엘리스모(arielismo)로 불렸으며, 중남미 전체에 큰 영향을 주어, 중남미인들은 스페인의 뿌리를 가진 아메리카인이라는 일체감과 공감대가 형성되는 계기를 마련했다.

호세 마르띠와 루벤 다리오

호세 마르띠(1853~1895)는 쿠바 태생으로, 조국의 독립을 위해 투쟁하다가 죽었다. 그의 시는 소박하면서도 간결한 것이 특징으로 우리에게도 익히 알려진 "관따나메라"(Guantanamera)라는 노래는 그의 시 Versos sencillos(소박한 노래)에 멜로디를 붙인 것이다.

Yo soy un hombre sincero
de donde crece la palma.
Y antes de morirme quiero
echar mis versos del alma.

나는 야자나무가 자라는 곳에서 온
진지한 사람이라네.
내 소원은 죽기 전에
영혼의 노래를 읊는 것이라네.

모데르니스모는 니카라과 태생의 루벤 다리오(1867~1916)를 떠나서는 생각할 수 없는 운동이다. 문인으로서의 그의 삶의 궤적은 모데르니스모의 방향과 일치할 정도였으며, 그가 죽으면서 모데르니스모도 끝이 난다. 다음의 시는 유미주의에 탐닉했던 자신을 돌아보며 쓴 "Cantos de vida y esperanza"의 일부분이다.

Yo soy aquel que ayer no más decía
el verso azul y la canción profana,
en cuya noche un ruiseñor había
que era alondra de luz por la mañana.
El dueño fui de mi jardín de sueño,
lleno de rosas y de cisnes vagos;
el dueño de las tórtolas, el dueño
de góndolas y liras en los lagos;[32)]

내가 바로 어제까지도 파란 시와
불경한 노래만 읊던 사람이지요.
밤에 울던 꾀꼬리는
아침에는 종달새로 변했지요.
우리집 정원에는 꿈과 장미가 가득했고
떠다니는 백조들도 있었답니다.
호수에는 곤돌라와 리라,
멧비둘기가 있었답니다.

32) Darío, Rubén. POESIAS COMPLETAS, FCE., México, 1984, p. 248.

VIII

VIII 변혁의 소용돌이 (20세기 초~20세기 중반)

중남미의 20세기 초는 변혁기였다. 정치적 이데올로기로는 유럽의 사회주의와 공산주의가 유입되었고, 구조적 모순이 개선되지 않는 사회 상황에 대한 민중의 불만이 점증되었다. 저소득층은 자신들의 권리를 찾기 위해 투쟁하기 시작하나, 정치가들은 국내 문제 해결 능력을 결여한 존재들로 자신들의 기득권 보호에만 관심을 쏟았다.

독재 권력들은 유럽의 전체주의 정부를 본보기로 삼아, 좀더 교묘한 수단과 방법으로 국민을 압제했다. 혁명과 쿠데타도 빈번히 발생하며, 독재자는 치정 기간 동안에 불법적으로 치부한 자금을 가지고 외국으로 망명하는 악순환이 지속되었다. 또한 역내국간의 국경 분쟁도 19세기에 이어 계속된다.

1. 국내, 국외의 갈등

1.1. 멕시코 혁명

1876년부터 멕시코 정치의 전면에 등장한 디아스 정권은 초기에는 자유적이었고 진보적이었다. 일례로, 과학자 그룹을 우대했다거나, 과학적 사고 방식을 존중했으며, 그로 인해 멕시코 경제는 근대화할 수 있었다. 그러나 그의 정권은 30여년의 통치로 점점 더 보수화했으며 전제화했고, 대다수 국민들의 삶의 질을 높이는 것에는 관심이 없었다.

1908년에 디아스는 1909년 선거를 자유 선거로 할 것을 약속하나, 야당 후보자 마데로(Francisco I. Madero)를 감옥에 가둔 상태에서 선거에서 승리한다. 마데로는 북부 지방의 지주 아들이었으며, 이상주의자였다. 1910년 미국으로 피신했던 마데로가 귀국하면서 혁명이 시작되었다. 디아스는 결국 사임하고 유럽으로 망명했다. 마데로는 멕시코시로 들어가며, 대통령으로 취임

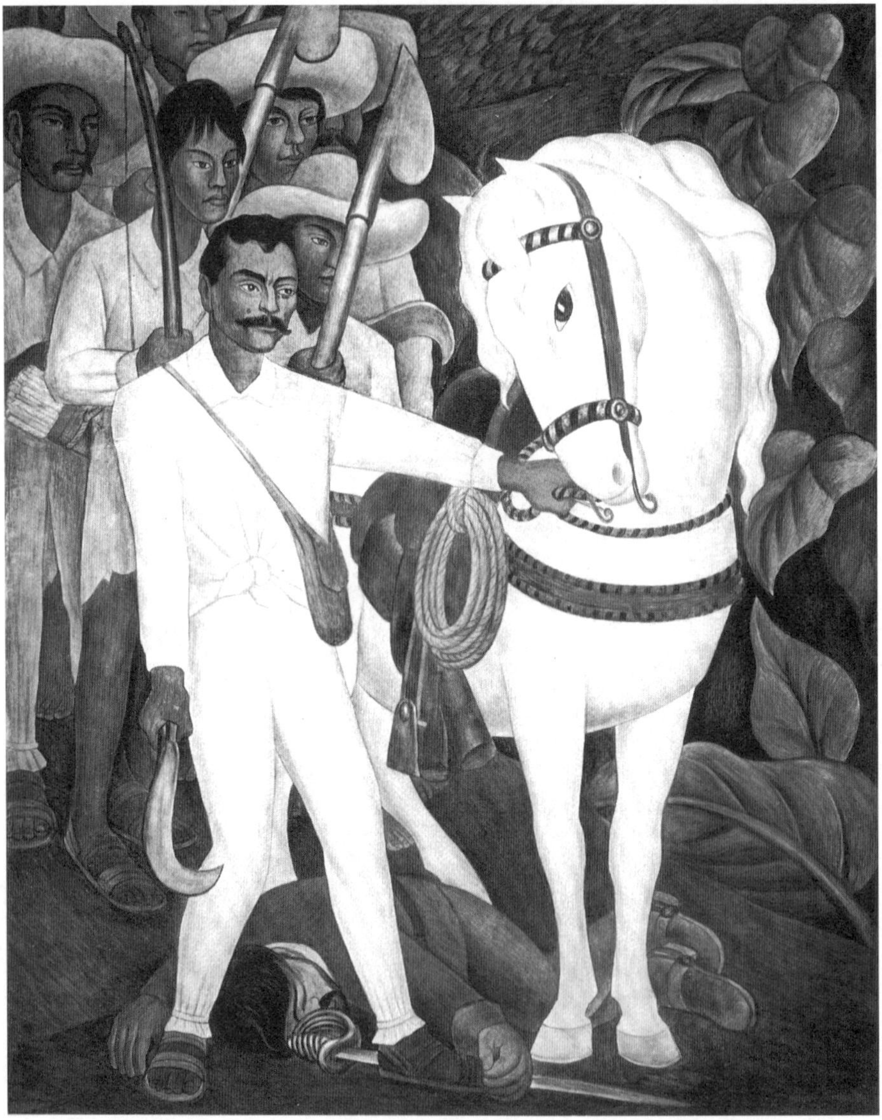

농민 지도자 사빠따 (디에고 리베라 작, 뉴욕 현대 미술관 소장)

했다. 그러나 마데로는 곧 자신의 동료에 의해 암살당한다.

디아스파의 반격을 진압한 바 있던 우에르따(Victoriano Huerta)는 마데로의 뒤를 이어 정권을 잡고 개혁과 강압 정책을 동시에 추구한다. 이에, 북부 지방의 비야(Francisco Villa)와 남부 지방의 사빠따(Emiliano Zapata)가 반기를 들고, 중부의 오브레곤(Alvaro Obregón)과 까란사(Venustiano Carranza)도 연합 세력을 형성하여 반기를 든다. 이들은 1914년에 멕시코 거의 전역을 장악한다. 미국이 해병대를 파견하자 멕시코 국민 전체가 분노하며, 이로 인해 수세에 몰리던 우에르따가 실각한다. 세 명의 혁명 대장들인 까란사, 비야, 사빠따는 주도권 경쟁을 벌이며, 여기서의 승자는 까란사였다.

1916년에 권력을 잡은 까란사는 헌법을 제정하여 1917년에 공포한다. 이 헌법의 내용을 살펴보자. 광산, 유전 등은 국가의 소유이며, 또한 국가는 국토 내의 모든 토지와 강, 바다의 주인이다. 노동자는 권익 보호를 위해 파업할 수 있으며, 기업의 이윤도 공유할 수 있다. 공교육을 무상으로 베풀며, 사유 재산은 인정하되 공공 이익에 따라 제한될 수 있다. 토지 개혁, 소작농 보호, 교회의 공교육 참여 금지, 교회의 토지 소유 금지가 그 주요 내용이다.

혁명의 기치

빤쵸 비야
(호세 끌레멘떼 오로스꼬 작,
멕시코시 알바르 이 까르멘
미술관 소장)

이에 의해 교회와 대지주 그룹, 멕시코에 투자하고 있던 영국, 미국이 큰 타격을 받게 되었다. 그러나 이러한 사회주의적 성향의 이상적 헌법은 제정만 되었을 뿐, 그것의 엄격한 실행은 부진했다. 1920년, 오브레곤은 까란사의 축출에 성공하고 대통령에 취임함으로써 근 10년간 지속된 멕시코 혁명은 끝난다.

이 혁명은 경제적 손실뿐만 아니라 국민 서로간의 불신을 조장했다. 영문도 모른 채, 단지 혁명군이 점령한 지역이라는 이유로 그 군의 일원이 되어야 했고, 전투에 참여해 대장이 명령하는 대로 총뿌리를 겨눠야 했던 많은 민중들은 왜 싸워야 하는지조차 제대로 모르는 경우가 많았다. 이러한 혁명군의 모습은 혁명을 주제로 한 여러 문학 작품에 잘 묘사되어 있다.

1.2. 차꼬 전쟁

차꼬 전쟁은 파라과이와 볼리비아가 차꼬(Chaco) 지방의 영유권을 놓고 1932년에서 1935년까지 치룬 전쟁이었다. 차꼬는 원래 석유가 매장된 정글 지방으로 사람이 살지 않는 곳이었다. 양국은 1918년에 차꼬 지방의 국경선에 합의를 했었으나, 양국 모두 이 합의를 무시하고 차꼬 지방에 대한 지배욕에 사로잡혀 있었다. 초기의 충돌은 소규모로 진행되었으나, 1932년 볼리비아가 파라과이 초소들을 공격하자 확전된다. 파라과이는 즉각 반격에 돌입하여 볼리비아군을 패퇴시키고, 여세를 몰아 차꼬 지방의 대부분을 손에 넣는다.

이 전쟁은 특히 석유 자원 확보라는 차원에서 전개되면서 열강의 이해가 첨예하게 대립된다. 즉, 미국 뉴 저지의 Standard Oil은 볼리비아 남부 지역의 개발권을 얻어 1922년부터 석유 탐사를 시작하나, 볼리비아가 태평양 연안 지역을 소유하고 있지 않은 것이 가장 큰 걸림돌이었다. Standard Oil은 볼리비아산 석유를 수송하기 위해 비밀리에 아르헨티나의 살따(Salta)까지 송유관을 건설한다. 반면, 파라과이에는 Royal Dutch Shell의 이해가 걸려 있었으며, 파라과이의 차꼬 지방에서는 Royal Dutch Shell의 제휴자인 Union Oil Co.가 유전을 운영하고 있었다. 이들 모두에게 차꼬는 이해가 걸린 지역이었으며, 결국 전쟁은 외세의 대리인으로서 양국이 치룬 셈이었다.

1935년 파라과이가 차꼬의 대부분을 점유하면서 전쟁은 끝나고, 양국은

1938년 부에노스 아이레스에서 평화 협정을 체결한다. 이 전쟁으로 파라과이와 볼리비아는 경제, 재정, 인적 자원의 막대한 손실을 겪었다. 볼리비아의 원주민들은 군대에 징집되어 비로소 도시 생활을 접하게 되어 의식이 깨게 되며, 새로운 정당들이 출현하는 계기가 된다.

파라과이는 내분 상태의 군부가 통합되기는 하나, 전후에는 승진과 포상에 따른 갈등으로 다시 문제점이 제기되며, 19세기 말의 삼국 동맹 전쟁에서의 패배는 되풀이되지 않았지만 국민들의 생활은 더욱 피폐해졌다. 볼리비아는 태평양 전쟁으로 칠레에 영토를 빼앗긴 다음에 다시 또 파라과이에 영토를 빼앗기게 되었고, 이로 인해 국민들의 사기는 땅에 떨어졌다.

1.3. 세계 대전

제1차 세계 대전과 제2차 세계 대전에서 중남미 국가들은 연합국 지지파로 참전한 나라, 소극적 지지에 그친 나라, 중립을 지킨 나라로 나뉜다. 1차 대전에서 중립을 견지한 나라는 아르헨티나, 칠레, 파라과이, 콜롬비아, 베네수엘라, 엘 살바도르와 멕시코였다. 반면, 2차 대전에서는 모든 나라들이 추축국에 대해 선전 포고를 한다. 그러나 이들이 실제로 전투에 참여한 것은 아니었으므로, 양차 대전의 직접적인 피해는 심각한 것이 아니었다. 그럼에도 불구하고 중남미 경제와 재정 상황은 더욱 악화된다.

그것은 세계 경제가 위축되어 중남미에도 파급을 미쳤기 때문이며, 특히 1차 산품 가격 하락, 낮은 생산성, 국제 무역의 위축, 자본의 품귀, 위축된 투자라는 경제적 요인과 내부 갈등이라는 정치적 요인이 작용한 결과이다. 2차 대전 후, 남미의 남단인 아르헨티나, 우루과이, 파라과이 등지에는 독일과 이태리같은 패전국 출신 이민자들이 상당수 유입된다.

2. 사 상

2.1. 좌경 사상

19세기 말에 산업화가 서서히 진행되면서 노동자 계급이 정치권의 압력단체로 부상하기 시작한다. 정치적 독재, 기업가의 독재 밑에서 지내온 이들은

20세기 전반에는 노동 조합을 형성하기에 이르며, 때마침 이루어진 소련의 볼세비키 혁명은 이들에게 하나의 자극제가 된다. 사회주의자 신봉자들은 주로 산업체 노동자, 대학생, 지식인들이었다.

1930년경, 이들은 트로츠키파와 공산주의자들로 분열되며, 1960년대에는 모스크바계, 북경계 및 아바나계로 다시 분열되었다. 이들은 정치, 사회, 경제 구조 전면에 걸친 개혁을 주장했는데 모스크바계가 평화적 공존 위의 개혁을 추구하는 반면, 북경계는 혁명을 통한 개혁, 아바나계는 게릴라전을 통한 개혁을 추구했다. 그러나 이 게릴라전 주장자들 중에서도, 체 게바라가 주장한 농촌 지역 게릴라를 지지하는 이들과 도시 게릴라를 지지하는 이들은 서로의 상이한 노선으로 갈등을 빚었다.

그러나 80년대에 동구권이 붕괴하고 중국의 개방 정책이 본격화하면서 이들의 주장은 반향을 불러 일으키지 못하고 있으며, 유일한 대안이었던 쿠바의 경제마저 파탄 위기에 처하자 사회주의 이념은 퇴보하고 있다.

2.2. 원주민주의

원주민주의(Indigenismo)는 사회의 가장 저변을 형성하는 인디오들의 정체성을 규명하고, 그들의 권익을 보호해야 한다는 사상으로서, 정치와 문학에서 두드러진 성과가 보였다. 이 이론의 주창자는 페루의 곤살레스 쁘라다(Manuel González Prada)이다. 그러나 이것을 이론적으로 체계화하고 발전시킨 인물은 역시 페루 사람인 마리아떼기(José Carlos Mariátegui)였다. 서민 출신의 마리아떼기는 공산주의에 심취하며, 유럽에서의 유학 후에 여러 동지들과 함께 '아마우따'(Amauta)라는 그룹을 결성한다. 1925년에 창설된 이 그룹은 동명의 잡지를 발간하며 페루의 현실에 주로 막스 이론을 적용하는 등의 사상 활동에 심혈을 기울인다.

마리아떼기는 식민지 잔재, 봉건적 사고 방식에 기초한 사회 구조, 대 농장제도, 민족적 개념이 없는 지식인층의 문학과, 스페인을 모방하는 문인들 모두를 공박했다. 그는, 소수의 기득권이 거의 전 국토를 장악하고 있는 페루의 구조적인 모순을 해결할 유일한 방법은 완전한 토지 개혁이며, 정치 사회 구조를 변형하지 않고는 인디오를 가난에서 해방시킬 수 없다고 주장했다.

또 다른 페루인인 아야 데 라 또레(Víctor Raúl Haya de la Torre)는 1924년에 아메리카 민중 혁명 동맹(Alianza Popular Revolucionaria Americana)을 창설한다. 이 당은 인디오가 처한 상황의 타파, 노동자와 지식인의 연합 구축, 엄정한 민주주의, 사회 보장 제도 도입, 농장의 해체, 광업, 유전업, 농업 등의 국유화, 이베로 아메리카 제국의 정치 경제 통합 등을 주장했다. 사회주의적 색채를 띠었던 이러한 주장으로 아야 데 라 또레는 투옥되었고 망명 생활을 해야 했다. 그의 당은 1980년대에 정권을 창출했으나, 경제적 실정과 대통령의 부정, 관료들의 부패로 국민의 신망을 잃었다.

2.3. 페로니스모

페로니스모는 이 운동의 창설자인 아르헨티나 대통령 페론(Juan D. Perón)의 이름에서 유래하며, 일명 '正當主義'(Justicialismo)라고도 한다. 이 운동은 그의 부인 에바(María Eva Duarte)가 벌인 복지 정책과 노동자 총연합(Confederación General de Trabajo)으로 가시화되며, 노총에는 국가의 노동자 모두가 의무적으로 가입했다. 페론은 첫번째 재임 기간(1946~1952)에는 대다수 국민의 지지를 받아, 노동자와 저소득층을 보호하고, 경제의 산업화와 국유화 등의 대대적인 사회 경제 개혁을 이룬다.

그러나 그의 정부는 곧 무질서한 행정, 민주주의 정당의 박해, 소수 그룹인 지식인의 박해, 교회에 대한 공격과 같은 실정을 거듭하며, 이 실정은 임기 말에는 남부 지방의 유전 개발을 위해 미국 회사와 체결한 불합리한 계약, 성당의 화재 등으로 더 악화된다. 군부와 민주주의를 꿈꾸는 국민들은 '해방 혁명'(Revolución Libertadora)의 기치 아래 모이며, 1955년에 페론은 외국 유랑길에 오른다.

이론적으로 볼 때에, 페로니스모는 국제적으로는 제3의 세력, 즉, 미국과 소련을 축으로 형성되는 양극 세력으로부터 자유롭겠다는 자세를 취한다. 민족 자결주의, 자본의 인간화, 즉 자본을 자본가를 위해 사용하지 않고, 민중의 공익을 위해 사용하겠다며 인간적·그리스도적 교육, 사회 평등, 개인과 가족의 소액 재산 보호, 노동자 보호 등을 주장했다. 정권 말기에 페론은 대중 노동자로 형성된 노동자가 근간을 이루는 국가를 조직하고자 한다. 당시의 그의 구호는 “올바른 사회, 자유로운 경제, 주권있는 정치”였다.

페론 이후의 위정자들은 일반 대중의 생활 수준을 페론 시대만큼 유지시키지 못한 관계로, 페로니스모는 20세기 말에 다시 대두된다.

2.4. 볼리비아의 민족주의

볼리비아의 역사와 정치는 19세기까지는 금광과 은광, 그리고 20세기에는 주석과 밀접한 관련을 가진다. 차꼬 전쟁이 끝난 후에, 1942년 6월에 민족혁명운동(Movimiento Nacional Revolucionario)이 결성된다. 이 운동은 민족주의적 색채를 띠는 것으로 대지주와 외국에 위협적인 존재로 부각되며, 기득권층과의 갈등을 빚는다. 그러나 1951년의 선거에서 이 운동이 정권을 잡아 1964년까지 집권했다. 이 정당이 취했던 정책은 하나의 사회적 혁명으로, 멕시코 혁명 다음으로 꼽을 수 있는 중요한 혁명이다.

이 혁명의 주역은 빠스(Víctor Paz Estenssoro)이다. 혁명 운동 정부는 당시 3대 회사의 수중에 놓여 있던 전국에 산재한 광산을 국유화하고, 농지 개혁을 실시하여 농민들에게 토지를 분배하며, 약 60%가 극빈층을 형성하는 인디오에게 공민권을 부여하고, 군대를 해산했다. 그러나 경제 상황은 악화되었고, 국유화된 광산은 비싼 생산가와 외국의 정련소가 볼리비아의 주석을 대상으로 벌인 전쟁과 같은 상황으로 외채만 늘어갔다. 농지 개혁 또한 기술이나 재정적 도움 없이 무계획적으로 입안된 것이어서 생산력이 저하되었다. 이러한 경제 위기에 인플레가 겹쳐지며 국민 생활이 도탄에 허덕이는 와중에, 빠스 에스뗀소로는 군대를 재조직하고, 이어서 3선에 도전하기 위해 개헌을 추진한다.

그는 1964년에 다시 대통령으로 당선되나, 곧 자신의 부하에 의해 실각당한다. 비록 위정자의 개인적인 야망으로 혁명의 참뜻은 왜곡되었지만, 외세를 물리치고, 저소득층을 형성하는 대다수 국민을 위한 정치를 펴려 했다는 점은 기억될 만한 점이다.

3. 대학 개혁

1918년, 아르헨티나의 꼬르도바 대학(Universidad de Córdoba)에서는 대학 개혁 운동이 펼쳐지며, 이 운동은 다른 중남미 국가에까지 전파된다. 개혁 운동의 출발점은 학생 데모였다. 대학 개혁은 수준 이하의 교수를 축출하고 저소득층에게도 대학 교육을 받을 권리를 부여하며, 학문적 정체를 피하기 위해 실시되었다. 이를 위해 대학 정책, 교수 임용, 보직 교수 임명, 강의 내용에 학생들을 참여시키며 무상 교육을 도입하나, 1955년에 입안된 후, 폐기되고 만다.

대학 개혁의 목적은 학문의 인간화를 통한 문화적 기능, 전문인을 양성하는 기능, 연구 종사의 과학적 기능의 세 가지 기능 수행이다. 또한 대학은 국가와 국민을 위한 전당이어야지 나라의 현실과 유리된 전당이어서는 안되며, 따라서 전통 문화를 옹호하고, 국가가 직면한 문제 해결에 협조하며, 국민 생활의 수준을 향상시키고, 사회 교육 기관으로 자리잡아 명실상부한 교수와 학생의 공동체를 형성해야 한다는 것이다.

이러한 개혁 운동의 덕택으로, 중남미의 저소득층은 초등 학교부터 대학까지 무상으로 교육받을 권리를 획득하며, 이것은 사회의 계층 이동과 일반 국민들의 의식을 높이는 데에 기여한다. 그러나 대학 개혁의 참뜻은 곧 정치화한 학생 그룹에 의해 그 의미를 상실한다.

즉, 학생들의 노선에 반하는 교수는 임용 대상에서 제외되며, 총장을 포함한 보직 교수 선출에서는 부정이 자행되고, 대학을 자신들의 정치 마당으로 이용하기 위해 졸업을 일부러 늦추어 학생 신분을 유지시키는 등의 변칙이 자행된 것이다. 또한 저소득층에게도 교육의 기회를 제공하기 위해 대학까지 무상으로 교육받게 했으나, 의식주 해결도 힘든 최극빈층에게 있어서 교육이란 하나의 사치였다. 게다가 대학 유지를 위한 기금을 국가가 전담하면서 국가 재정이 고갈되었다. 현재 중남미 각국은 대학의 자율권 보장과 대학의 비정치화라는 상반된 목표를 조화시키기 위해 고심하고 있다.

4. 문 화

4.1. 문 학

4.1.1. 토착주의

유럽에서는 세계 양차 대전을 계기로 기존의 모든 질서를 부정하는 형태의 아방가드르 문화 운동이 펼쳐지며, 중남미 또한 이 운동의 영향을 받는다. 그러나 이 운동 외에도 중남미의 토착적인 테마에 집착하는 운동이 일어나며, 이것은 '끄리오이스모' (criollismo)라 불리운다. 콜롬비아의 리베라(José Eustasio Rivera)는 "소용돌이"(La vorágine)에서 정글로 연인과 함께 피신하면서 보게 되는 고무나무 채취자들의 삶, 정글이라는 거대한 자연, 사랑하는 여인이 결국 이 거대한 자연의 희생물이 되는 과정을 이 작품에 그려낸다.

귀랄데스(Ricardo Güiraldes)는 "돈 세군도 솜브라"(Don Segundo Sombra)라는 작품에서 아르헨티나 전원의 전형적 인물인 소몰이꾼의 삶을 조명하고 있다. 우루과이의 끼로가(Horacio Quiroga)는 정글이라는 자연 앞에서 투쟁하는 인간의 모습을 그려내고 있다. 그의 유명한 작품으로는 "사랑, 광기, 죽음에 대한 이야기들"(Cuentos de amor, de locura y de muerte)이 있으며, 자연주의적 테마도 엿보인다.

베네수엘라의 가예고스(Rómulo Gallegos)는 "도냐 바르바라"(Doña Bárbara)에서 평원, 황야, 강 등을 배경으로 하여 그곳에 사는 인간의 모습을 그리고 있다. 주인공 Bárbara는 거친 자연에 동화된 초자연적인 본능의 소유자이다. 그녀가 속한 세계는 이성적인 곳이며, 그녀에 맞서 싸우는 도시 출신 Santos Luzardo는 문명 세계를 대변한다. Bárbara의 딸로 야만인으로 자라났던 Marisela는 Luzardo와의 만남을 통해 문명 세계로 이입하며, 결국 승리는 Luzardo의 것이 된다. 중남미의 자연과 그 자연의 영향을 받아 형성되는 인물상을 그린 가예고스는 이 작품을 통해 야만적인 인간들을 문명화시켜야 한다는 메시지를 전하고 있다.

4.1.2. 인디헤니스모

중남미 고유의 문제에 집착한 작품들 중에서 가장 억압받고 소외된 인디오의 문제를 사회적 구조 안에서 다룬 작품들은 원주민주의 혹은 인디헤니스모(indigenismo)로 분류된다. 인디오가 문학에서 등장하는 것은 19세기 중반 낭만주의 시대이다. 그러나, 당시의 인디오는 '선한 양'이라는 백인적 우월성에서 바라본 존재였을 뿐, 사회적으로는 조명되지 않았다.

인디오가 중남미 사회에서 겪는 고통을 인디오의 입장에서 바라본 최초의 작품은 19세기 말 페루인인 마또 데 터너(Clorinda Matto de Turner)가 쓴 "둥지 없는 새"(Aves sin nido)이다. 핍박받는 인디오와 대립 관계에 있는 이들은 백인 지주, 고위 관료들, 그리고 이들 지배 세력에 편승한 신부이다. 인디오의 고통을 적나라하게 드러낸 이 작품은 당시 사회에 큰 논쟁을 불러일으키며, 한때에는 유포를 금지당하기도 했다. 그 뒤를 이어, 20세기 초에는 볼리비아의 아르게다스(Alcides Arguedas)가 "청동인"(Raza de bronce)을 발표해서 박해받는 인디오들이 결국은 자신들의 분노를 터뜨리는 모습을 그려냈다

20세기 중반에는 에콰도르의 이까사(Jorge Icaza)가 "터밭"(Huasipungo)을 발표한다. 돈에 혈안이 된 농장주는 자신의 농장에 길을 내는 조건으로 은행에서 융자를 받는다. 그 길은 다국적 기업이 인근 광산에서 채굴한 광석을 용이하게 수송하기 위한 것이다. 이 도로가 인디오들이 자신들의 몫으로 경작하던 터밭까지 점유하자, 분노에 찬 인디오들은 총을 잡고 농장주는 군대를 동원해 이를 진압한다. 혼자 남은 주인공이 총을 잡고 군대를 향해 돌진하며 외치는 "터밭은 우리 것이다"라는 말에서 우리는 이들이 땅에 얼마나 애착을 갖고 있는가를 짐작할 수 있다.

페루의 알레그리아(Ciro Alegría)는 "세상은 넓고 낯설다"(El mundo es ancho y ajeno), "금뱀"(Serpiente de oro)을 통해 이들의 핍박받는 모습을 생생히 그려내며, 페루인 아르게다스(José María Arguedas)는 "모든 피"(Todas las sangres), "위의 여우와 아래의 여우"(El zorro de arriba y el zorro de abajo)에서 인디오들의 땅에 대한 집착, 이들을 착취하는 지배 계층의 모습을 기술했다. 또한 노벨상 수상자인 과테말라의 아스뚜리아스(Miguel Angel Asturias)도 인

디오 문제를 집요하게 파고들었다.

4.1.3. 멕시코 혁명 소설

멕시코에서는 1925년경부터 멕시코 혁명을 다룬 작품들이 출판되었다. 이 작품들의 주제는 전쟁, 기아, 병, 총살형, 대장들, 부패한 정치, 토지 소유를 둘러싼 갈등, 죽음 등이며, 가장 유명한 작품으로는 아수엘라(Mariano Azuela)의 "하층민들"(Los de abajo), 구스만(Martín Luiz Guzmán)의 "매와 뱀"(El águila y la serpiente)이 있다. 자기 자신이 혁명군의 일원이었던 아수엘라는 작중 인물인 한 의사의 시각에서 혁명군을 분석한다. 그는 이 소설에서 농부 출신으로 주변 상황에 의해 혁명에 참가하게 된 대장 마시아스(Demétrio Macías), 왜 싸우는지조차 모르며, 윗사람의 명령에 복종하기에 급급한 그의 부하들을 통해 혁명의 허상, 인간의 야망, 영웅 의식, 실망, 영광 등을 그리고 있다. "매와 뱀"은 저자가 실제로 친교를 맺었던 혁명군들의 모습을 자서전 형식으로 기술하고 있다. 이들 작품보다는 후에 출판되었으나, 푸엔떼스(Carlos Fuentes)의 "아르떼미오 끄루스의 죽음"(La muerte de Artemio Cruz)도 멕시코 혁명을 소재로 삼은 작품이다. 이 소설에서 푸엔떼스는 주인공이 어떻게 혁명에 참여하게 되며, 이 혁명이 끝난 후 어떻게 해서 부를 거머쥐게 되고 변신하는가를 보여 준다.

4.1.4. 전위주의

전위주의(vanguardismo)는 유럽의 영향을 받아 탄생되며, 중남미 전위주의의 거장은 바예호(César Vallejo)이다. 페루 출신 바예호는 파리에서 생활하며 유럽의 전위주의자들과 교분을 맺고, "뜨릴세"(Trilce), "인간적 시"(Poemas humanos), "스페인이여, 내게서 그 잔을 멀리해다오"(España, aparta de mí ese cáliz)를 출판한다. 이들 작품들이 전위적인 분위기라면, 파리로 떠나기 전인 1918년에 출판한 "검은 전령"(Los heraldos negros)은 모데르니스모 계열 시집이다.

칠레의 우이도브로(Vicente Huidobro)는 '창조주의'(creacionismo)를 부르짖은 시인으로 신조어를 만들고, 계사를 생략한 시를 썼다. 모데르니스모로 출발한 칠레의 여류 시인 미스뜨랄(Gabriela Mistral)은 1945년에 노벨 문학상을 받았다. 그녀의 시는 정확한 표현, 정교한 언어 구사로 정평이 나있으며, 삶과 죽음 앞에서 고뇌하는 인간의 모습을 그렸다. 또한 사랑, 모성애, 도덕적 삶을 주제로 다룬 시들도 많다.

전위주의 소설가로는 아르헨티나의 알트(Roberto Arlt), 쿠바의 까르뻰띠에르(Alejo Carpentier), 멕시코의 야녜스(Agustín Yáñez), 우루과이의 오네띠(Juan Carlos Onetti), 과테말라의 아스뚜리아스(Miguel Angel Asturias)가 있다. 이들 모두는 지역적·지방적인 테마보다는 보편적 테마를 선호했고, 도시민의 삶, 대도시에서 소외된 인간을 주로 조명하며, 환상과 사실의 혼용, 의식의 흐름과 같은 서술 기법을 사용했다.

아스뚜리아스는 독재자의 일그러진 상과 억압받는 국민의 모습을 그린 "대통령 각하"(El Señor Presidente)로 노벨상을 받았다. 이 소설은 까브레라(Estrada Cabrera) 독재 정권기의 과테말라를 배경으로 삼고 있고, 신문 기사와 같은 사실적 요소를 직접 인용할 뿐만 아니라 주술적인 요소도 등장시키고 있다. 일반 대중이 사용하는 여과되지 않은 어휘, 장소와 인물의 바로크적인 묘사, 전통적인 문장의 파괴, 단어와 문장의 반복을 통해 강한 인상을 남기는 기법, 사실적인 인물과 전설적인 인물의 혼재 등이 문체의 특징이다. 아스뚜리아의 작품 세계는 시적이며 우리를 현혹시키는 마술적 사실주의의 정수로 인정되고 있다.

전위주의 세대 중, 아르헨티나의 보르헤스(Jorge Luis Borges)만큼 중남미 문인들에게 지대한 영향을 미친 작가는 없다. 시인, 평론가, 수필가, 단편 소설가로 모든 장르를 섭렵했고 문학 교수이기도 했다. 노벨상 만년 후보라는 달갑지 않은 별명을 가졌던 그는 ultraismo라는 전위주의로 문인 생활을 시작하나, 곧 독자적인 작품 세계를 구성한

미스뜨랄

다. 환상 소설, 추리 소설, 독일 문학에 심취했던 그는 당시까지 거의 미개척 분야였던 단편 소설(cuento)을 크게 발전시켰다. 그의 단편은 동서양을 넘나드는 해박한 지식, 미로로 간주한 인생, 가시적인 세계와 시공을 초월한 환상의 세계의 완벽한 접목이 특징이며, 거울, 호랑이, 미로, 도서관 등이 주 소재로 등장했다.

그는 단편이란 완벽한 허구의 세계임을 주장했고 실제로 그러한 차원에서 글을 썼다. 이것이 바로 그가 시작한 환상적 사실주의이다. 단편집 Ficciones에 실린 "La forma de la espada"는 얼굴 한쪽에 칼자국을 지닌 영국인의 이야기이다. 타지방에서 온 그는 신비에 휩싸인 존재이다. 어떤 이는 그가 브라질에서 밀수꾼이었다기도 하고, 술이 상당히 세다고도 말한다.

'나'는 그 사람이 사는 곳에서 하룻밤을 유숙할 일이 생긴다. 이야기를 나누는 중, 그는 자신이 영국인이 아니라 아일랜드인임을 밝힌다. 밤이 이슥해서 '나'와 그는 술을 마시고 '나'는 취중에 그의 얼굴에 난 상처를 빗댄

(좌)아스뚜리아스

(우)보르헤스

욕을 한다. 그의 얼굴에서 일순간 핏기가 가시더니, 잠시 후, 아무 일도 없었다는 듯이 자신의 상처에 얽힌 이야기를 해준다. 아일랜드의 젊은 낭만주의자로 애국심에 불타 살고 있던 어느날, Vincent Moon이라는 존재가 등장한다. Moon과 '그'는 격렬한 논쟁을 하며 걷던 중, 총소리를 듣는다. 갑자기 한 군인이 나타나 '그'와 Moon에게 정지할 것을 명한다. '그'는 Moon을 억지로 이끌고 도망한다.

그때에 권총이 발사되는 소리가 나더니 탄환이 Moon의 오른쪽 어깨 밑을 스치고 지나간다. '그'는 Moon을 치료한다. Moon은 '그'에게 감사하며 '그'의 동지들이 어떻게 혁명당 자금을 조달하는가를 묻는다. 9일간의 격렬한 투쟁 후, 10일째 되는 날 도시는 다른 편의 수중에 떨어진다. 그날 집으로 돌아온 '그'는 Moon의 전화 대화를 엿듣는다. Moon은 '그'가 몇시에 오며 어떻게 체포할 수 있는지를 누군가에게 말한다. '그'는 격투를 벌이다, 칼로 Moon의 얼굴에 상처를 낸다. 마지막 부분을 보자.

> 여기서 그는 이야기를 끝냈다. 그의 손이 떨리고 있었다.
>
> "그 Moon은 어찌되었나요?" 내가 물었다.
>
> "그 놈은 유다의 돈을 받고 브라질로 도망갔지요. 그날 오후, 광장에서, 몇 명의 술꾼들이 마네킹 하나를 총살시키더군요."
>
> 이야기가 계속되기를 기다렸으나 헛수고였다. 결국 그에게 이야기를 더 해달라고 말했다.
>
> 그는 신음했다. 그리고는 허옇게 된 반원모양의 상처를 담담하게 내게 보여주면서 더듬거리며 말했다.
>
> "믿지 못하시죠? 내 못된 짓에 대한 표식을 얼굴에 써가지고 다니는 걸 모르세요? 당신이 내 이야기를 끝까지 듣게 하느라고 이런 식으로 얘기한 겁니다. 나는 나를 숨겨 준 그 사람을 고발했던 겁니다. 내가 바로 Vincent Moon입니다. 자, 이제 나를 경멸해보시죠.[33]

---

33) Borges, Jorge Luis. FICCIONES, 9na. ed., Alianza Editorial, Madrid, 1980, págs. 139~140.

세사르 바예호

세사르 바예호(1892~1938)는 유럽의 초현실주의가 아직 태동하기 전에 초현실적인 시를 썼다. 그는 시 외에도 희곡, 소설을 쓰기도 했으나, 가장 재질이 두드러진 장르는 역시 시였다. 스페인 내란은 바예호에게 상당한 괴로움을 준 사건이다. 그의 유명한 시 "대중"은 스페인 내란에 참전했던 한 죽어가는 병사가 많은 이의 사랑의 힘으로 부활함을 노래한다. 바예호는 가장 순수한 감정은 사랑이며, 사랑은 궁극적으로 인간을 구원하는 원동력이 되고 있음을 이 시에서 노래한다.

MASA[34)]

Al fin de la batalla,
y muerto el combatiente, vino hacia él un hombre
y le dijo: "¡No mueras, te amo tanto!"
Pero el cadáver ¡ay! siguió muriendo.

Se le acercaron dos y repitiéronle:
"¡No nos dejes! ¡Valor! ¡Vuelve a la vida!"
Pero el cadáver ¡ay! siguió muriendo.

Acudieron a él veinte, cien, mil, quinientos mil,
clamando: "¡Tanto amor y no poder nada contra la muerte!"
Pero el cadáver ¡ay! siguió muriendo.

Le rodearon millones de individuos,
con un ruego común: "¡Quédate hermano!"
Pero el cadáver ¡ay! siguió muriendo.

Entonces, todos los hombres de la tierra

---

34) Vallejo, César. OBRA POETICA COMPLETA, Edición y prólogo de Enrique Ballón, Biblioteca Ayacucho e Hispanomérica, Argentina, 1986, p. 211.

le rodearon; les vio el cadáver triste, emocionado;
incorpórose lentamente,
abrazó al primer hombre; echóse a andar...

전투가 끝나고,
한 사람이 죽은 전사에게 다가왔습니다.
"죽지 말렴! 너를 얼마나 좋아하는데!"
그러나, 죽은 이는 그냥 죽어갑니다.

두 사람이 와서 말했습니다.
"우리를 두고 가지마! 힘을 내! 다시 살아나렴!"
그러나, 죽은 이는 그냥 죽어갑니다.

스물, 백, 천, 오십만의 사람들이 와서 절규합니다.
"이렇게 많은 사랑도 죽음 앞에서는 힘이 없구나!"
그러나, 죽은 이는 그냥 죽어갑니다.

수백만명이 모였습니다. 그리고 애원했습니다.
"형제여, 여기 있으려무나!"
그러나, 죽은 이는 그냥 죽어갑니다.

그러자, 전 세계 만민이 몰려와 그를 에워쌌습니다.
슬픈 시신은 감동이 되어 그들을 보았습니다.
그리고 천천히 일어나
맨 처음 사람을 껴안았습니다. 그리고는 걸어갔습니다.

4.2. 미 술

멕시코 혁명이 끝나자, 정부는 대대적인 도시 정비 작업에 들어간다. 이때에 멕시코 시를 장식하기 위해 화가들이 초청되며, 이들 화가들은 대형 벽화를 제작했다. 리베라(Diego Rivera), 오로스꼬(José Clemente Orozco), 시께이로스(David Alfaro Siqueiros)는 정치와 예술을 혼합하여 멕시코 역사를 그림으로 재현시켰으며 이러한 벽화를 무랄리스모(muralismo)라 부른다. 이들의 주제는 억압받고 소외받는 이들의 삶, 스페인의 정복, 보수적인 관료 등이었으며, 멕시코의 UNMA 대학과 정부 청사 등에 벽화를 그렸다. 멕시코 벽화 화가들은 현대 중남미 미술에 신기원을 이룬 존재들이다. 리베라의 부인이었던 칼로(Frieda Kahlo)의 그림은 당시의 전위주의를 반영하고 있다.

UNAM대학의 벽화

(좌) UNAM대학의 벽화 (멕시코 역사를 상징한다)

(우) 또르띠야를 만드는 여인들(디에고 리베라 작, 샌프란시스코 캘리포니아대 소장)

화산석으로 축조된 아스떼까 축구장에 그려진 벽화

어린 사슴(프리다 칼로 작,
개인 소장)

IX

IX 안정을 향해 (20세기 중반~)

1980년대까지의 중남미는, 쿠바 혁명의 확산을 막으려는 각국 정부, 장기 독재 정권에 대항한 민중 운동의 승리, 쿠데타로 집권한 군사 정권, 사회적·정치적 반감에서 태동한 게릴라 활동으로 특징지워진다. 1980년대 중반 이후, 중남미 모든 국가는 민정으로 이양되나, 게릴라 문제는 완전히 해결되지 않고 있다. 또한 마약 수출국이라는 상황은 미국이 내정에 간섭하는 구실을 주고 있으며, 경제 상황은 아직도 호전되지 않고 있다. 그러나 멕시코가 북미무역자유화협정(NAFTA)에 조인함으로써 미국, 캐나다와 더불어 하나의 거대한 경제 블록을 형성하고 있으며 그 구성원을 확대할 예정이어서 21세기의 중남미 경제는 성장될 것임에 틀림없다. 또한, 이러한 경제 블록화는 안데스 국가들의 경제 통합 등으로 더욱 가속화되고 있다.

1. 정 치

1.1. 쿠바 혁명

미국의 경제 대 공황은 카리브만의 쿠바에게도 상당한 영향을 미치며, 1933년에는 전국적 파업이 발생하여 정치적, 경제적 갈등이 점증되었다. 이듬해에 바띠스따(Fulgencio Batista) 상사가 중심이 된 반란이 성공하면서 그는 쿠바의 실제적 통치자로 1944년까지 군림했다. 이 해에 그라우(Ramón Grau San Martín)에게 정권을 이양하고 미국으로 떠난 바띠스따는 1952년에 다시 반란을 일으켜 권력을 장악하고, 집권 후에는 전형적 독재 정책으로 일관했다.

1953년 까스뜨로(Fidel Castro)는 몽까다(Moncada) 병영을 습격하면서 혁명에 불을 붙인다. 그러나 이 폭동은 실패로 돌아가고, 까스뜨로는 멕시코로 망명한다. 그곳에서 아르헨티나 출신 의사로 일명 '체'(Che)로 불리우던 게바라(Ernesto Guevarra) 등과 함께 '7월 26일 단'을 조직하여 혁명 계획을 진척시켜, 1956년 11월에 83명의 동지들과 함께 그란마(Granma)호를 타고 쿠바의 동부 해안에 상륙한다.

그는 시에라 마에스뜨라(Sierra Maestra)의 산악에서 게릴라 활동을 전개했고 농부들과 도시 혁명가들의 지지 속에서 1958년 말에는 드디어 수도인 아바나(Habana)를 손에 넣는다. 바띠스따는 도미니카 공화국으로 떠나며, 곧이어 바띠스따에게 동조했던 세력들에 대한 처형이 단행된다. 까스뜨로는 다른 사람을 대통령에 임명하고, 자신은 수상으로 남지만, 실질적인 권력은 그의 손에 있었다. 그는 국가를 사회주의 체제로 이끌고자 했다.

미국에게는 미서 전쟁 후 미국의 해군 기지가 된 관따나모(Guantánamo)에서의 철수를 요구하고, 대 농장주들의 토지를 국가가 환수하여 농민들에

(좌) 체 게바라

(우) 피델 까스뜨로

게 배분하는 혁신적인 농지 개혁을 단행했다. 외국인에게는 토지의 구입도 상속도 허가하지 않는 반면, 여러 가지 무역 협정을 체결하여 소련의 차관을 받아들이고 기술 자문을 요청했으며 사회주의 국가들과의 유대 관계를 공고히 한다. 또한 외국인 소유의 호텔, 은행, 광산, 정유소 등을 국유화시키며, 국내의 대기업과 은행도 국유화시킨다.

이 일련의 정책으로 가장 큰 피해를 입게 된 미국은 쿠바의 설탕 수입 거부로 맞서며, 의료품이나 식품을 제외하고는 어떤 물품도 쿠바에 수출하지 못하게 하는 경제 봉쇄 정책을 폈다. 그리고 관따나모 해군 기지를 존속시키기 위해 쿠바와의 국교를 단절했다. 1961년 反까스뜨로 망명객들을 중심으로 한 피그만(Bahía de Cochinillas) 공격이 실패로 돌아가자, 까스뜨로는 자신은 공산주의자임을 천명하기에 이르며, 미국과의 관계는 더욱 더 악화되었다. 미국은 쿠바에 대한 해상 봉쇄, 항공 봉쇄를 단행하고, 이때의 정찰로 쿠바 내에 소련의 미사일 설치가 확인되어 카리브 해안에는 전운이 감돌았다. 그러나 소련의 후루시쵸프(Khrushchev) 서기가 자발적으로 대륙간 미사일을 철수시킴으로써 양국의 일촉즉발의 위기는 고비를 넘긴다.

쿠바는 자신들의 혁명이 한 고비를 넘기자, 중미와 베네수엘라, 볼리비아에서 반미 선전 활동을 강화하면서 혁명을 수출하려 시도한다. 중남미 각국은 이에 깊은 우려를 표하며, 쿠바에 대한 경계를 늦추지 않는다. 쿠바의 국립중앙은행 총재, 국립농지개혁원장을 역임한 체 게바라는 곧 쿠바의 정치 마당에서 사라지고, 얼마 후 볼리비아에서 혁명 게릴라를 이끌고 있는 것으로 드러나며, 볼리비아 정부군은 외국 정보 기관의 도움으로 1968년 게바라를 살해한다.

1980년대에 동구권이 무너지면서, 쿠바의 사회주의 경제에도 적색 신호등이 켜졌다. 사회주의 국가들의 지원이 끊기자 사탕수수 수출에만 의지하던 국가의 재정은 고갈되었고, 이에 까스뜨로는 1990년대 중반부터 관광객의 적극적 유치를 내걸고 개방 쪽으로 조금씩 선회하고 있다.

쿠바 혁명에 동조하는 이들은, 경제력에 기초한 기존의 사회적 계급이 소멸된 것, 교육 개혁을 통해 쿠바의 문맹률을 퇴치한 것, 완벽한 의료 제도, 인종적 갈등 해소 등을 장점으로 부각하는 반면, 이에 반대하는 세력들은, 양키의 자본주의가 소련식의 전제주의로 바뀐 것 뿐이며, 강력한 독재 체제의 구축, 생필품의 품귀, 생산성의 하강, 증가하는 정치범 등을 들어 이 혁명을 비난한다.

1.2. 사회주의 정부

중남미에 사회주의와 공산주의가 유입된 것은 19세기 말이다. 그러나, 사회주의 정부가 국민의 투표로 선출된 것은 20세기 후반의 일이다. 1970년의 선거에서 사회주의자였던 칠레의 아옌데(Salvador Allende)는 좌파 정당 연합이었던 Unión Popular와 기민당의 지지로 대통령으로 당선된다. 그의 공약은 전형적인 맑스주의자의 것이었다. 국가의 민주적 구조는 존속시키면서 언론의 자유, 여론의 자유를 보장하고, 칠레의 역사와 현실은 소련, 중국, 쿠바와는 다르다고 보고 그들의 사회주의와는 다른 체제를 택하고자 했다.

아옌데는 전임 프레이(Eduardo Frei) 정권이 단행했던 토지 수용 정책을 지속하는 한편 동, 초석, 석탄, 철광석 광산을 국유화시켰다. 그는 "후진에서 탈피하고 첨단 문명 수준에 국가를 끌어올리기 위해서는" 맑시즘적 사회주의 외에는 대안이 없다고 생각했으며, 단시간내에 소련과 중국의 예를 본받아야 한다고 믿었다. 그의 말을 빌리자면, "칠레는 사회주의 사회로 전환하기 위해 부름받은 나라"였다. 이것은 바로 고전적인 사회주의자들의 이론에 바탕을 둔 것으로, 즉, 가장 산업화된 나라야말로 강력한 노동당을 바탕으로 맑시즘을 우선적으로 도입할 나라라는 것이라는 점에 기초한다.

그의 정부는, 칠레 경제는 근원적인 재조직이 필요하다고 역설했다. 즉, 사치성 소비재나 반 사치성 소비재보다는 일반 소비재를 우선적으로 생산하여 국민의 기본적 욕구를 충족시켜야하고, 국가가 필요로 하는 기타 산업을 육성하기 위한 기금을 마련해야 하며, 이를 위해 대형 광산 회사, 은행, 독점 사업체 등에게서 기금을 갹출해야 한다는 것이다.

아옌데

아옌데 정권은 이 모든 정책을 과격하게 밀고 나갔다. 그러나 이에 따른 반발도 상당한 것이었다. 파업, 정치적 압력, 사회 불안, 혁명 기도, Unión Popular 당 내부의 심각한 내분 등 이 모든 불안 상태는 공공 질서의 붕괴와 생필품의 품귀를 불러왔다. 아옌데는 극좌파와 극우파 사이에서 힘을 쓸 겨를도 없었으며, 이들 두 파 그 누구도 만족시킬 수 없었다. 기민당 또한 아옌데 지지에서 아옌데의 반대파로 바뀌었다. 1973년 9월, 피노체트(Augusto Pinochet)가 이끄는 軍警 주축의 쿠데타 세력은 아옌데 정부에 반기를 들며, 대통령궁을 포격한다. 대통령 지지 세력과 이들 세력간의 백병전으로 시가지는 전쟁터로 돌변하며, 이 와중에서 아옌데는 자살한다. 국민의 손에 의해 선출된 사회주의 정권은 이렇게 해서 막을 내린다.

칠레가 국민이 스스로 사회주의 정부를 선택한 경우라면, 페루는 좌경 쿠데타로 사회주의 성향의 정부가 구성이 된 경우이다. 1968년의 군사 쿠데타로 벨라운데(Fernando Belaúnde Terry) 대통령이 실각당하며, 군의 지지를 받은 벨라스꼬(Juan Velasco Alvarado) 대장이 대통령직에 오른다. 그는 국가의 병폐를 치유하기 위해 자본주의와 공산주의와는 다른 정책을 추구할 것을 약속한다. 이 쿠데타의 목표는 국민의 생활 수준을 향상시키고, 페루 국민 전체가 국가 경제의 일원이 되게 하는 것이었다.

또한 국가를 발전시키기 위해 군인이 주축이 되어 국가의 제반 조직을 정비하고, 그 당시까지 소외되어 왔던 모든 대중이 공유할 수 있는 이익을 우선 추구하려고 했다. 군사 정부의 조치는 단호했다. 석유 회사의 몰수, 제당 산업과 광산업의 국유화, 외환의 엄격한 규제, 언론 검열, 은행에 설치된 개인 금고 공개, 대규모 농장주가 독점하던 토지의 농민 양도 등이 실시되었다. 이러한 군사 정부의 정책은 좌파와 우파로부터 동시에 배척받았으며, 미국의 불만을 야기했다. 미국을 위시한 서방 세계는 페루의 주력 수출품인 어분 불매 운동을 펴며, 벨라스꼬는 사회주의 국가들에게 협조를 구해야만 했다. 이때부터 페루의 경제는 하강 국면에 접어들었다.

비슷한 시기에 볼리비아에서도 유사한 경우가 발생한다. 1971년 쿠데타로 정권을 장악한 또레스(Juan José Torres) 장군은 사회주의 성향의 정책을 채택한다. 외국 기업의 국유화, 기존 정치가로 구성된 의회를 노동자와 노동조합 대표들이 대다수인 의회로 대치하고, 이 의회가 정부와 장관들의 활동을 감독하며 행정부가 실행해야 할 조례 등을 제안하도록 했다. 총 221명으로 구성된 의회는 60%가 볼리비아 노총(Central Obrera Boliviana) 소속이었으며, 나머지는 소련파, 중국파, 쿠바파의 좌익 정당들과 중산층의 대표자로 구성되어 있었다. 그러나, 1971년 말에 새로운 쿠데타가 발생하여 볼리비아는 다시 친 서방으로 선회했다.

중남미의 다른 지역에서 발생한 쿠데타가 전형적인 보수, 친미 성향을 갖는 반면에, 페루 및 볼리비아에서는 진보, 반미 성향을 갖는 것이 특이한 점이다.

1.3. 군정에서 민정으로

중남미 정치의 특징의 하나로 거론될 수 있는 것이 쿠데타이다. 군은 식민지 시대의 스페인 속령 부왕국 군대로 출발하여 독립 투쟁기에서 공훈을 세운 다음부터 가장 강력한 세력의 하나로 등장했다. 군벌들의 통치 기간 후 민정으로 권력이 이동되었으나, 권력 지향적인 군의 자세는 지속되었다.

국민들이 원하는 바대로 정책을 택해야 하는 민간 정부는 정책의 수행이 점진적이며, 기존의 노선을 과감히 벗어난 파격적인 정책 입안을 채택하는 데에 상당한 어려움을 겪는다. 따라서 국가의 고질적인 병폐, 즉, 빈부 격차 해소, 비생산적인 경제 활동, 특정 계층의 이익을 대변하는 행정부, 종속 경제 등의 치유는 민선 정부에는 기대하기 힘들다. 부패한 정부에 식상한 국민은 획기적인 변화를 가져올 강력한 지도자를 고대하며, 이런 점에서 몇몇 쿠데타의 경우에는 국민의 지지를 받았다.

군은, 그 조직의 특성상, 급진적인 개혁을 단기간에 강력히 밀고 나아갈 수 있었으며, 이런 이유로 쿠데타가 빈번히 발생했다. 일례로, 볼리비아에서는 200여회의 쿠데타가 발생했다. 쿠데타의 주동 세력은 대개 대령급으로, 진급이냐 퇴직이냐에 있던 그들의 불투명한 미래는 심리적 불안을 야기하며, 이 불안을 쿠데타로 해결하려고 했다. 일단 쿠데타가 성공하면, 이들은 주동 세력을 중심으로 군사평의회를 구성하여 일정 기간 동안 헌법을 정지했다. 비상 계엄, 위술령, 계엄, 비상 사태 선포는 이들이 즐겼던 용어이며, 국민의 권리와 정치 활동 규제, 언론 검열 등이 뒤따랐다. 헌법의 정지로 입법부도 규제되자, 법령 대신에 긴급 조치, 긴급 명령 등을 발동하며, 사법부의 기능은 군사 재판으로 대치되었다. 모든 것이 정상화되었다고 판단되면 헌법 개정 작업이 시작되며, 국민 투표에 붙여 개정 헌법을 통과시키고, 이 헌법에 의거하여 입법부를 구성하고 대통령을 뽑았다. 쿠데타 주동 세력은 거의 모두 전역한 후 민간인 자격으로 국회의원이나 대통령 후보로 등록했다. 기본권이 정지된 상태, 혹은, 정보 정치로 국민의 자유가 훼손된 상태에서 이들이 승리한다는 것은 당연한 일이었다. 그러나, 1980년대 이후, 높아진 국민의 민주 의식으로 쿠데타는 더이상 발생하지 않고 있다.

1.4. 게릴라의 태동

사회 구성원간의 빈부 격차, 사회의 구조적 모순 등의 해소가 요원할 때에 발생되는 것이 게릴라이다. 중남미 게릴라 활동은 각 나라에 따라 사상적 배경과 역사적 배경이 다 다르므로, 이들 제 그룹들의 이데올로기와 행동강령을 동일시한다는 것은 불가능하다.

이들은 활동 무대에 따라 도시 게릴라와 농촌 게릴라로 나뉘며, 요인 납치, 주요 건물 및 공공 시설 파괴 등을 통해 자신들이 원하는 바를 얻으려고 시도하고, 때로는 군경에 맞서서 전투하기도 한다. 이들의 이름은 '운동'(movimiento), '전선'(frente), '해방군'(ejércitos de liberación), '혁명군'(fuerzas armadas revolucionarias) 등의 용어에 우루과이의 뚜빠마로스(Tupamaros)[35]와 페루의 M.R.T.A.(Movimiento Revolucionario Túpac Amaru), 니카라과의 산디니스타(sandinista)처럼 역사적으로 유명한 인물의 이름을 덧붙이는 경우와 특정 기념일에 맞추는 경우 등으로 나뉜다.

2. 경 제

중남미인들의 빈부 격차는 기타 지역 사람들이 상상하기 쉽지 않을 정도이다. 저소득층의 소득이 한 달에 수십불에 불과한가 하면, 일부 부유층은 자가용 비행기로 외국 여행을 떠나기도 한다. 각국마다 사정이 약간씩 다르기는 하나, 이 저소득층이 대다수를 점한다는 사실에 중남미 경제의 심각성이 있다.

1940년대부터 중남미 경제학자들이 가장 많이 다루었던 논지가 경제 발전

35) 페루의 인디오 지도자인 Túpac Amaru의 이름을 기려 결성된 게릴라.

에 관한 것이었으며, 이들이 보는 공통적 견해는 프랑스 혁명의 이상주의, 즉 자유, 평등, 박애 정신에 따라 구성된 미국식 제도와 기관은 중남미에서는 실패로 끝났다는 것이다.

그 이유로 이들은 다음과 같은 사실을 열거한다. 다양한 인종 구성, 군부 독재자들에 의한 잦은 헌정 중단, 부와 토지의 불균등한 분배, 잘못된 교육 제도, 스페인 식민 제도의 잔존, 유럽 및 미국의 월등한 기술 및 경제력, 이 지역에 맞지 않는 외국의 정치 제도 이식, 원자재 수출 의존 경제. 또한, 통치자의 그릇된 정책도 이에 일조한다. 일례로, 1940년대에 경제적 호황을 맞았던 몇몇 국가는 늘어나는 국고 수입을 기간 산업에 투자하는 대신 국민들의 환심을 사고자 시행한 선심성 정책으로 인해 국고가 고갈되었다.

각국 정부들은 산업 발전의 결여가 경제 후진성의 주요원인으로 보며, 이에 따라 국제 무대에서의 발언권도 약하다고 보기 때문에 산업화에 전력 경주하고 있다. 중남미의 본격적인 산업화는 제2차 세계 대전 기간에 이루어졌다. 당시, 전쟁으로 인해 미국과 유럽의 생산성이 약화되어, 이들 지역에서의 소비재 수입이 원활하지 않자, 각국은 내수를 위한 경공업을 육성하기 시작했다. 현재 이 지역에서는 거의 모든 공산품이 생산되고 있으나, 자체 시장이 제한되어 있고, 공장의 생산 능력이 타대륙과 비교해 낮은 편이며, 충분한 투자가 이루어지지 않고 있는 것이 문제점이다. 국제 시장의 확보를 위해 아시아와 아프리카들과 제3세계 블록을 형성하고자 했으나, 실패로 끝났다. 특히 1980년대까지의 잦은 정권 교체, 이에 따른 경제 관련 정책의 일관성 부재 등으로, 외국인의 투자가 활발하지 못했던 것도 부진한 산업 발전의 한 이유이다.

1980년대의 이 지역 경제는 연 1,000% 이상의 높은 인플레로 국민 생활이 파탄에 이를 정도였으나, 현재는 이러한 살인적 인플레는 감소하는 추세이다. 그러나, 아직도 경제 발전은 만족할 만한 수준에 이르지 않고 있다. 이러한 문제를 해결하고자 역내국들은 관세 폐지, 주력 품목의 차별화 등을 통한 경제 통합 운동을 전개하기 시작했다.

3. 종 교

중남미의 많은 나라는 카톨릭교를 국교로 채택하고 있다. 식민지 시대에 스페인인들에 의해 이식된 카톨릭교는 국민들의 실생활과 직간접으로 연결되어 있으며, 이런 이유로 통치자는 교회와의 관계를 염두에 둘 수밖에 없었다. 물론 멕시코와 같이 정교분리의 원칙이 19세기 중반부터 확립된 경우도 있지만, 대부분의 국가에서 정치와 종교는 밀접한 관계를 유지해 왔다.

그러나 제2차 세계 대전이 끝나면서부터 이러한 상황은 변모되었다. 코스타 리카, 아르헨티나, 칠레, 베네수엘라같은 나라에서는 신부들에 의해 노동단체가 결성되며, 성직자들의 정치 참여까지 이루어질 정도였다.

1967년 부활절에 당시의 교황 바오로 6세는 Populorum Progressio, 즉 민족 발전에 대한 칙서를 발표한다. 이것은 그의 전임자들인 레오 13세, 비오 12세, 요한 23세가 사회적 문제에 대한 염려를 발표한 것의 연장선상에 있는 칙서로, "인류의 단합된 발전과 인간의 전인적 발전을 위한 구체적 행동"을 세계 만민에게 요청하고 있다. 이 칙서에서 교황은 인간의 발전, 특히, 기아, 불행, 풍토병, 무지로 고통받는 이들의 발전에 대한 걱정을 토로하며, 만인이 문명의 혜택을 받기를 기원하고 있다.

특히, "전 인류의 통합적 발전 없이는 인간의 전인적 발전이 이루어지지 않는다"며, "선진국은 개발 도상국을 도와 주어야만 한다", "잘사는 나라들의 잉여품은 빈한한 나라에 주어야 한다", "자유 시장을 폐쇄하지 않으면서 이 시장이 정당하고 도덕적이며 인간적이 되도록 제한할 필요가 있다", "민족주의는 각 국가를 고립시킨다", "세계의 단합은 각 민족이 스스로의 앞날을 결정지을 수 있도록 돕는 것이다", "명백한 전제자가 존재하지 않는 상태에서의 혁명적 봉기는 인간의 기본권을 침해하고 그 나라의 공동 재산을 훼손시키는 또 다른 형태의 부정, 불균형을 초래한다"라고 주장했다.

일부 성직자들은 교황의 이러한 촉구를 실행에 옮기기 위해 방법을 모색했다. 마침, 1968년 교황의 콜롬비아 방문이 예정되어 있었고, 이에 중남미 주교 협의회(Conferencia General del Episcopado Latinoamericano, 약칭

CELAM)는 그들의 모임을 콜롬비아의 메데인(Medellín)에서 개최한다. 이 회의에서 주교들은 교회의 사회에 대한 원칙을 현실화시키고, 이 내용과 관련된 몇 가지 결정을 하며, 중남미 신부와 주교들의 관점, 이 대륙 안의 그리스도인들과 비그리스도인들의 관점을 밝혔다.

당시, 이 회의록의 마지막 부분은 이 지역의 폭력에 관한 것으로 그 내용은 다음과 같다. "폭력은 중남미의 가장 심각한 문제의 하나이다. 전 대륙의 미래가 걸린 결정을 단순한 감정이나 기분에 맡겨 처리할 수는 없으며, 우리가 양심을 외면하고 복음의 사랑에 기초한 그리스도인의 원칙을 도외시한다면 목자로서의 사명감마저 저버리는 결과를 낳을 것이다." 그리고, "절망에서 분출되는 혁명"을 피하기 위한 여러 가지 방법과 지침을 권장하고 있다.

그러나 많은 그리스도인들은 교황의 칙서를 자신들의 사회, 정치, 경제 구조에 비추어 본 후, 좀더 정당한 사회를 이루기 위해서는 혁명적 노선도 그리스도인이 택할 수 있는 방법이라고 해석했다. 이에 따라 중남미 모든 나라에서 일단의 혁명적 투사형의 신부들이 출현하며, 이들은 급진적인 개혁을 요구했다.

이들이 주장하는 신학이 바로 해방신학(Teología de Liberación)으로, 부자는 돈의 노예 상태에서 해방시키고, 가난한 이는 구조적 가난에서 해방시킴으로써 모든 이가 공존할 수 있는 평등한 사회를 이루자는 것이며, 한 마디로 공산주의와 물질만능적 자본주의를 함께 배척하고 있다. 이들은 초기 교회의 공동체 정신에 충실하는 것만이 정의로운 사회를 건설할 수 있다고 주장한다.

이에 대한 일반 교인들과 교회의 자세는 이들을 옹호하는 그룹과 반대하는 그룹으로 나뉜다. 옹호자들은, 이들이야말로 지상에서의 낙원을 이루기 위해 노력하는 참된 목자라고 간주하고, 반대하는 이들은 이들을 공산주의자, 반항자로 간주했다. 해방신학자들은 해방의 방법론에서 비폭력주의자와 폭력 용인자로 갈렸다. 콜롬비아의 또레스(Camilo Torres) 신부는 평화적인 비폭력으로는 변혁을 기대할 수 없다고 보고, 직접 무장 게릴라로 변모해서 투쟁한 폭력 용인주의자였으며, 페루의 구띠에레스(Gustavo Gutiérrez) 신부와 브라질의 까마라(Helder Cámara) 주교는 비폭력주의자로 볼 수 있다. 비폭력주의자로 해방신학을 옹호했던 엘 살바도르의 로메로(Romero) 주교는 정부군의 희생물이 되었다.

전통적으로 가진자들의 편에 서왔던 중남미 교회가, 교인의 대다수가 극빈층에 속하는 자신들의 현실을 냉철히 분석하고 제대로 파악했다는 것은 중요한 의미를 갖는다. 그리고 권력으로부터 소외된 이들의 권익을 보장하고, 억압받는 이들의 편에 섰다는 사실 하나만으로도 해방신학자들의 역할은 긍정적인 것으로 간주되고 있다. 그러나 몇몇 나라 정부는 이들의 운동을 반정부 운동과 동일시하여 박해하고 있다.

4. 사 회

중남미 사회의 변혁은 20세기 중반 이후 그 속도가 상당히 빨라졌다. 아직도 농업을 기반으로 하는 몇몇 나라가 있기는 하나, 대부분의 나라들은 산업화·도시화를 진행중에 있으며 이에 따라 도시 중산층이 증가되고 있다. 빈번하던 쿠데타가 더이상 발생하지 않는 이유도 바로 이 중산층의 증가와 관련되는 것으로, 도시민의 높아진 민주 의식은 헌정 중단을 용인하지 않고 있다. 그러나 군이 주동이 된 쿠데타가 사라지는 반면, 민선 대통령에 의한 권력의 전횡 및 독재 성향이 새로운 문제점으로 대두하고 있으며, 이들과 경제적 부유층과의 결탁은 심각한 문제를 일으키고 있다.

중남미 사회를 소득에 따라 구분한다면, 극소수의 부유층, 약간의 중산층, 그리고 나머지 대다수는 가난한 계층으로 이를 피라밋으로 나타내면 가파른 삼각 모양이 된다. 현재 중남미에서 중산층이 가장 확고히 자리잡은 나라로는 아르헨티나, 우루과이, 칠레, 코스타 리카를 들 수 있다. 이들 나라의 특징은 백인이 다수를 점하고 인디오 문화가 미미하다는 점에 있으며, 국민의 약 20%가 중산층으로 간주된다. 멕시코, 브라질, 베네수엘라, 콜롬비아는 약 15%에서 20%로 이들의 뒤를 좇고 있으며, 나머지 나라들에서는 중산층의 존재가 극히 미미한 형편에 있다.

중남미의 전통적 여성상은 어머니의 상이었다. 카톨릭적인 사회에서의 여성의 역할은 남성을 보조하거나 가사를 돌보는 것에 불과했으나, 20세기로 접어들면서 이러한 여성상이 변모되었다. 1910년대의 멕시코 혁명 기간 중에는 남성과 동등한 위치에서 전투에 참가한 여성들도 있었으며, 심지어 여자 대장도 존재했다. 특히 1960년대 이후 여성들의 사회 진출이 활발해지면서, 관료 사회에서나 전문 직업인들 가운데에서 여성을 찾는 것은 어렵지 않은 일이 되었다.

산업화가 진행됨에 따라 발생하는 문제는 인구의 대도시 집중 현상이다. 기업가들은 공장 설립의 최적지로 대도시 및 도시의 외곽 지역을 손꼽았다. 그것은 대도시에서는 원료와 물품의 구입이 용이하고, 교통이 발달되어 있으며, 전기, 수도 등 공장의 기반 시설 구비가 용이하며, 관공서가 가깝기 때문에 상행위와 관련된 사무를 쉽게 볼 수 있기 때문이다. 이들 공장의 노동자로 변신한 전직 농민의 대다수는 자신의 땅을 소유하지 못한 소작인들이었다. 이들에게 있어서 대도시는 교육의 기회가 제공되고, 공장의 노동자로서 자신의 월급을 받을 수 있으며, 사회 진출이 손쉬운 매력있는 곳이었다.

따라서 농촌 인구의 격감, 도시 인구의 급증 현상이 일어나며, 멕시코시같은 대도시는 인구가 1,400만에 육박할 정도이다. 이들 대도시들은 교통, 공해, 범죄와 같은 각종 문제의 온상이 되어 새로운 사회 문제를 야기하고 있다.

멕시코시

산업화가 진척됨에 따라 노동자들은 새로운 정치적 압력 단체로 부상하고 있으며 노동 운동은 20세기 중반에 정점에 달했으나, 현재는 운동의 강도가 약화되었다.

5. 교육

중남미의 교육 제도는 유럽의 영향을 많이 받았다. 각국마다 약간의 차이는 있으나, 대체로 5세 때 입학하는 유치원은 1년 과정이며, 초등 학교는 6년, 중 · 고등 학교는 5년에서 6년, 그리고 대학교는 전공에 따라 약간의 차이가 있으나, 일반적으로는 5년제이다. 그러나 최근에는 고등교육의 학제를 미국의 제도처럼 6+3+3+4로 운용하는 나라도 있다. 대학원은 국가별, 학교별로 차이가 커서 일반화시키기 어렵다. 초등 학교 진학률은 학령기 아동의 약 85%, 중 · 고등 학교는 14%, 그리고 대학은 약 2%에 불과하다. 일반적으로 국립 학교는 대학까지 거의 무료이나, 사립 학교의 교육비는 상당히 높다. 학생 운동이 격했던 1980년대까지는 국립 대학 학생들은 5년 안에 졸업을 할 수 없다는 점에서 사립 대학에 대한 선호도가 높았으나, 동구권의 붕괴 이후 학생 운동이 소강 상태에 접어들면서 국립 대학에 대한 인식이 호전되고 있다.

중남미 각국은 문맹 퇴치 운동을 활발히 전개했으나, 아직도 상당수 나라의 문맹률은 높은 편이다. 문맹률이 거의 없는 나라는 쿠바이며, 그 뒤를 아르헨티나, 칠레, 우루과이, 코스타 리카, 파나마가 잇고 있다. 가장 문맹률이 높은 나라 중의 하나였던 볼리비아는 1990년대 말부터 전개한 교육 개혁으로 문맹률이 낮아지고 있다.

6. 문 화

6.1. 문 학

1967년 과테말라 소설가 아스뚜리아스(Miguel Angel Asturias), 1971년 칠레 시인 네루다(Pablo Neruda), 1984년 콜롬비아 소설가 가르시아 마르께스(Gabriel García Márquez), 1989년 멕시코의 시인 빠스(Octavio Paz)의 노벨문학상 수상에서 알 수 있듯이, 중남미 문학, 특히 소설은 1960년대부터 붐을 이루고 있다. 다다이즘, 초현실주의, 미래주의, 인상주의, 표현주의 등의 기법을 통해 인류 보편적인 주제를 다루었는가 하면, 중남미만의 문제를 주제로 다루는 작품도 등장했다.

붐 세대의 작가로는 아르헨티나의 꼬르따사르(Julio Cortázar), 사바또(Ernesto Sábato), 뿌이그(Manuel Puig), 멕시코의 룰포(Juan Rulfo), 아레올라(Juan José Arreola), 푸엔떼스(Carlos Fuentes), 페루의 바르가스 요사(Mario Vargas Llosa), 콜롬비아의 가르시아 마르께스(Gabriel García Márquez), 쿠바의 까브레라 인판떼(Guillermo Cabrera Infante), 레사마 리마(José Lezama Lima), 파라과이의 로아 바스또스(Augusto Roa Bastos)를 꼽을 수 있다.

꼬르따사르의 거작은 "라유엘라"(Rayuela)이다. 이 작품의 주인공인 올리베이라(Oliveira)는 파리에 사는 아르헨티나인으로, 모순적이고 변민하는 인간이다. 이 작품에는 소설의 줄거리 부분이 결여되어 있다. 꼬르따사르는 이 작품을 통해 속된 세계, 우스꽝스런 삶을 보여 주고 있다. 작가에게 있어서 인생이란 모든 것이 뒤범벅된 부조리한 것이며 비극적이고 희극적인 것이다. 꼬르따사르는 전통적인 소설의 형식을 파괴하여 독자 스스로가 마음대로 읽을 수 있는 방법을 제시하며, 궁극적으로는 독자가 작품의 주인공이 되도록 이끌고 있다.

빠스

몇몇 작가들은 가상 공간을 설정한다. 가르시아 마르께스의 공간은 마꼰도(Macondo)이며, 까를로스 오네띠는 산따 마리아(Santa María), 그리고 룰포는 꼬말라(Comala)이다. 룰포의 "뻬드로 빠라모"(Pedro Párramo)에서 주인공 후안 쁘레시아도(Juan Preciado)는 돌아가신 어머니가 준 사진 한 장을 들고 아버지인 빠라모를 찾아 이 가상의 공간인 꼬말라로 들어간다. 어머니는 그곳을 천국처럼 묘사했지만 살아 있는 사람이 없는 죽음의 공간이다. 그를 그곳까지 데려다 준 마부도, 마을의 개도, 그를 재워 주는 집주인도 다 저 세상 사람들이며 그 집에는 수십년 동안의 환영들이 살아 움직이고 있다. 결국 그는 현실 세계에서 환상의 세계로 이입한 것이며, 그 세계의 역사를 보게 된다. 그곳 사람들은 모두 빠라모라는 성을 갖고 있고 뻬드로 빠라모라는 잔인했던 지배자의 자손들이며 이 지배자는 결국 아들의 손에 의해 죽어갔음을 알게 된다. 이 작품의 빠라모는 중남미의 전형적인 '까우디요'(군벌)이다.

바르가스 요사의 작품은 다양한 테마가 특징이다. "대장들과 똘마니들"(Los jefes y los cachorros)과 같은 초기 작품들의 주무대는 리마이며, 주인공들은 군사 학교의 학생들로 이들이 일으키는 일련의 사건을 통해 군사적 사고 방식의 획일성을 일깨워 준다. 군사 문화를 통렬히 비판한 작품으로는 "빤딸레온과 아가씨들"(Pantaleón y las visitadoras)이 있으며 "까떼드랄 주점에서의 대화"(Conversación en la Catedral)는 독재자와 그의 주변 인물들의 부패, 양면성을 고발하고 있다. 푸엔떼스는 멕시코 혁명을 소재로 한 "아르떼미오 끄루스의 죽음"(La muerte de Artemio Cruz)에서 죽음의 병상에 누운 주인공 아르떼미오 끄루스의 회상을 통해 혁명기의 멕시코, 혁명 후의 멕시코를 조명하고 멕시코 역사에 대한 비판을 가하고 있다.

바르가스 요사

콜롬비아의 가르시아 마르께스의 대표작인 "백년간의 고독"(Cien años de soledad)은 마꼰도(Macondo)라는 가상의 공간에서 살아가는 부엔디아(Buendía)라는 한 가문의 역사와 콜롬비아와 중남미의 역사가 함께 전개된다.

마꼰도는 1대 부엔디아가 친척인 아내를 데리고 이주하면서 시작되며, 이모와 조카 사이에 태어나는 마지막 부엔디아가 돼지 꼬리를 달고 태어나 불개미의 밥이 되는 순간 휘몰아치는 광풍으로 파괴당한다. 100년이라는 기간 안에, 마꼰도는 바나나 산업으로 번영을 누리기도 하며, 부엔디아 가문 출신의 대령이 내란에 참전하기도 하고, 주민들의 학살도 일어난다. 마꼰도에서는 불가사의한 일이 수없이 발생한다. 망각병, 몇 년에 걸친 장마, 날아다니는 양탄자, 가뭄, 승천, 특정인만을 쫓아 다니는 나비 등의 중남미적 주술은 환상의 세계를, 그리고 실제로 일어난 역사를 바탕으로 한 사실의 세계가 예술적으로 어울어지고 있다. 그의 "아무도 대령에게 편지하지 않는다"(El coronel no tiene quien le escriba)는 역시 마꼰도를 배경으로 전개되는 작품으로, 오지도 않을 연금 통지서를 기다리면서 죽은 아들의 유산인 싸움 닭을 팔지 않으려는 대령의 처절한 투쟁과 고독이 묘사되어 있다. "족장의 가을"(Otoño del Patriarca)은 중남미의 전형적인 독재자를 고발한 작품으로, 아스뚜리아스의 "대통령 각하", 로아 바스또스의 "나는 짐이다"(Yo El Supremo)와 함께 독재자를 조명한 걸작의 하나이다.

마르께스

시에서는 노벨상 수상자인 네루다와 빠스가 돋보인다. 네루다는 전통시의 운율, 리듬, 어휘, 이미지, 테마, 영감, 어조 등을 개혁한 시인이다. 그의 이미지는 예상되지 않는 것이 특징으로, 초기에는 낭만주의적인 색채의 작품을 쓰지만, 곧 인간의 고통, 사랑, 죽음을 테마로 많은 시를 쓰며, 말년에는 맑시즘에 심취하기도 했다. 빠스는 시뿐만 아니라 수필가로도 이름이 높다. 그 역시 사상적 편력이 심했으며 일례로, 초현실주의, 맑시즘, 불교, 범신론의 심취가 그것이다. 빠스는 시의 정수는 이미지라고 보았으며, 바로 이 이미지에 당시의 미학과 사상을 종합적으로 투영했다. 일례로 그의 책에 등장하는 리라(lira)는 노래를 부르고자 하는 인간의 상을, 또 화살은 일탈하고 싶은 인간의 상을 이미지화한 것이다. 빠스의 테마는 사회적인 것에서 출발하나, 곧 사랑, 증오, 자유, 죽음, 추억 등으로 바뀐다. 그의 시는 생각의 흐름을 중시하기 위해 대문자와 구둣점을 사용하지 않는다.

중남미인의 정체에 대한 자각이 일면서, 카리브해의 안띠야스 제도 국가들에는 자신의 뿌리를 찾는 운동, 흑인 문화의 활발한 조명 작업이 병행되는데, 쿠바의 시인 기옌(Nicolás Guillén), 푸에르토 리코 시인 빨레스(Luis Palés Matos)가 대표적 인물이다.

또한, 기존의 문학에 반기를 드는 '反詩' 운동이 칠레의 빠라(Nicanor Parra)를 중심으로 전개되며, 니카라과의 까르데날(Ernesto Cardenal)은 억압받고 소외된 민중을 주제로 한 해방신학 계열 시를 발표한다.

가브리엘 가르시아 마르께스

마르께스(1928~)가 1985년에 발표한 "콜레라가 만연하던 시절의 사랑"(El amor en los tiempos del cólera)은 소년 소녀 시절의 사랑을 이루지 못한 노년의 두 연인이 나누는 사랑을 주제로 다루고 있다. 주인공 Florentino Ariza는 소년 시절에 반했던 Fermina Daza에 대해 늘 미련을 갖고 있다. 한때는 그를 좋아했지만, 신분의 차이로 그와 결혼하지 못한 Fermina Daza는 이내 그를 잊어버리고 다른 남자와 결혼한다. 몇십년이 흐른 후, 남편과 사별한 Fermina Daza는 그때까지 혼자 지내던 Florentino Ariza를 만나게 되며, 둘은 곧 사랑에 빠진다.

여객선 회사의 사장이 된 Florentino Ariza는 그녀를 자신의 배로 초대하고 둘은 여객선 안에서 사랑을 불태운다. 항구에서는 많은 이들이 이들의 소식을 듣고 취재하려고 대기하지만, 당시 만연하던 콜레라 때문에 하선을 못한다. 출발지로 돌아가는 것이 원칙이지만 Florentino Ariza는 배가 계속 운항하도록 지시한다. 마치 그들의 사랑이 끝나지 않고 영원히 지속되듯이…… 마지막 장면을 보자.

Florentino Ariza는 눈하나 깜짝하지 않고 선장의 말을 들었다. 그리고 창문 밖에 있는 동그란 방위판 해시계, 잔잔한 수평선, 구름 한 점 없는 12월의 하늘, 영원히 항해할 수 있는 강을 잠자코 바라보았다. 그리고 말했다.

—계속 갑시다. 쭉 말이요. 다시 라 도라다까지 가는거지 뭐.

Fermina Daza는 성신의 은총으로 옛날의 그 멋진 목소리를 듣자 가볍게 전율하며 선장을 바라보았다. 선장이야말로 그들의 운명을 결정할 존재였던 것이다. Florentino Ariza의 못말리는 즉흥적 답변에 기가막혀버린 선장은 그러나, 그녀의 시선을 느끼지 못했다.

—진정이십니까?

선장이 물었다.

—난 태어나서 지금까지 진실하지 않은 말은 해본 적이 없다네.

Florentino Ariza가 대답했다.

선장은 Fermina Daza를 쳐다보았다. 그녀의 눈썹에서 겨울날의 서리가 내린 듯이 반짝이는 그 무엇이 보였다. 선장은 다시 Florentino Ariza를 쳐다보았다. 그리고 그에게서는 아무도 건드릴 수 없는 결심, 그의 대담한 사랑을 읽었다. 선장은, 죽음을 초월할 수 있는 것이 삶이라는 것을 뒤늦게 알아차리고 기겁해버렸다.

—언제까지 이 망할 놈의 왕복 여행을 지속할 수 있다고 보시우?

선장이 물었다.

Florentino Ariza는 53년 7개월 11일간이나 밤낮으로 준비해 왔던 대답을 드디어 내뱉었다.

—일생내내.[36]

파블로 네루다

네루다(1904～1973)의 "스무편의 사랑의 시와 하나의 절망의 노래"(20 poemas de amor y una canción desesperada)는 그의 작품 중에서 걸작으로 손꼽히지는 않지만, 낭만성으로 인해 사랑받는다. 가장 많이 애송되는 제 20 편의 시를 맛보기로 하자.

네루다와 그의 부인 마띨레

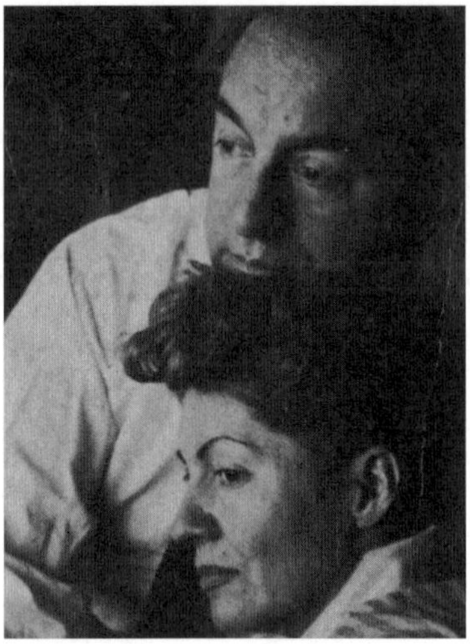

Poema 20[37]

Puedo escribir los versos más tristes esta noche.

Escribir, por ejemplo: "La noche está estrellada,
y tiritan, azules, los astros, a lo lejos".

El viento de la noche gira en el cielo y canta.

Puedo escribir los versos más tristes esta noche.
Yo la quise, y a veces ella también me quiso.

36) García Márquez, Gabriel. EL AMOR EN LOS TIEMPOS DEL COLERA, Edit. Oveja Negra, Colombia, 1985, p. 473.

37) Neruda, Pablo. 20 POEMAS DE AMOR Y UNA CANCION DESESPERADA, Editores Mexicanos Unidos, S.A., 4a. ed. México, 1980, págs. 113～115.

En las noches como ésta la tuve entre mis brazos.
¡La besé tantas veces bajo el cielo infinito!

Ella me quiso, a veces yo también la quería.
¡Cómo no haber amado sus grandes ojos fijos!

Puedo escribir los versos más tristes esta noche.
Pensar que no la tengo. Sentir que la he perdido.

Oír la noche inmensa, más inmensa sin ella.
Y el verso cae al alma como al pasto el rocío.

Qué importa que mi amor no pudiera guardarla.
La noche está estrellada y ella no está conmigo.

Eso es todo. A lo lejos alguien canta. A lo lejos.
Mi alma no se contenta con haberla perdido.

Como para acercarla mi mirada la busca.
Mi corazón la busca, y ella no está conmigo.

La misma noche que hace blanquear los mismos árboles.
Nosotros, los de entonces, ya no somos los mismos.

Ya no la quiero, es cierto, ¡pero cuánto la quise!
Mi voz buscaba el viento para tocar su oído.

De otro. Será de otro. Como antes de mis besos.
Su voz, su cuerpo claro. Sus ojos infinitos.

Ya no la quiero, es cierto, pero tal vez la quiero.

Es tan corto el amor, y es tan largo el olvido.

Porque en noches como ésta, la tuve entre mis brazos,
mi alma no se contenta con haberla perdido.

Aunque éste sea el último dolor que ella me causa,
y éstos sean los últimos versos que yo le escribo.

스무번째 시

오늘 밤 나는 가장 슬픈 시를 쓸 수 있을 것 같습니다.

예를 들자면, "밤은 별로 빛나고
저 멀리서 작은 별들은 파르르 떱니다"라고.

밤 바람은 창공을 회돌며 노래합니다.

오늘 밤 나는 가장 슬픈 시를 쓸 수 있을 것 같습니다.
나는 그녀를 좋아했고, 그녀도 때때로 나를 좋아했습니다.

오늘같은 밤에는 그녀를 내 품에 안았답니다.
가이 없는 하늘 아래서 얼마나 많이 입을 맞췄던지요.

그녀는 나를 좋아했고, 나도 때때로 그녀를 좋아했지요.
그녀의 깊디깊은 눈을 어찌 사랑하지 않을 수 있단 말입니까?

오늘 밤 나는 가장 슬픈 시를 쓸 수 있을 것 같습니다.
그녀가 내 여인이 아님을 생각합니다. 그녀를 잃었음을 느낍니다.

거대한, 그녀가 없기에 더욱 더 거대한 밤의 소리를 듣습니다.
이슬이 풀잎에 떨어지듯, 싯귀는 영혼에 내려앉습니다.

내 사랑이 그녀를 지킬 수 없었다는 것, 그게 뭐 그리 중요합니까?
밤은 별로 빛나건만 그녀는 내 곁에 있지 않습니다.

그게 전부입니다. 멀리서 누군가가 노래합니다. 멀리서.
내 영혼은 그녀를 잃었기에 슬퍼합니다.

그녀에게 다가가고파 내 눈은 그녀를 찾습니다.
내 마음도 그녀를 찾습니다. 그러나 그녀는 내 곁에 없습니다.

그때의 그 나무들을 그날 밤처럼 하얗게 만드는 밤.
우리들은 더이상 그때의 우리들이 아닙니다.

그녀를 사랑하지 않는다는 것, 그건 맞습니다. 그러나 얼마나 좋아했는지요.
내 목소리는 그녀의 귀에 닿기 위해 바람을 찾곤 했습니다.

다른 사람. 다른 사람의 여인일 겁니다. 내 입맞춤 전에 그랬듯이.
그녀의 목소리. 그녀의 해맑은 몸. 그녀의 깊디 깊은 눈.

이제 그녀를 좋아하지 않습니다. 맞습니다. 그러나 어쩜 아직 좋아하는지도….
사랑은 그리도 짧건만, 망각은 너무도 깁니다.

오늘 같은 밤에는 그녀를 내 품에 안았었습니다.
내 영혼은 그녀를 잃었기에 슬퍼합니다.

이것이 그녀로 인해 당하는 마지막 고통이기를,
그리고 이 시가 그녀에게 향하는 마지막 싯귀이기를.

에르네스또 까르데날

까르데날(1925~)은 1954년에 당시의 독재자였던 소모사(Somoza)에 반대하는 운동에 가담한다. 그 후에 수도원에 들어갔다가 신부가 되었으며 산디니스따 정권하에서 문공부 장관을 역임했다. 사회의 부조리 타파 운동에 적극적으로 참여하고 독재자를 무너뜨린 좌경 정부의 일원으로 활약한 그는 독재자를 빗댄 여러 편의 시를 발표하며, 소외받고 억압받는 이들을 위한 시도 발표한다. 미국의 저명한 여배우 마릴린 몬로를 애도하는 다음의 시를 보자.

ORACION POR MARILYN MONROE[38)]

Señor
recibe a esta muchacha conocida en toda la tierra con el nombre de
Marilyn Monroe
aunque ése no era su verdadero nombre
(pero Tú conoces su verdadero nombre, el de la huerfana violada a los 9 años
y la empleadita de tienda que a los 16 se había querido matar)
y que ahora se presenta ante Tí sin ningún maquillaje
sin su Agente de Prensa
sin fotógrafos y sin firmar autógrafos
sola como un astronauta frente a la noche espacial.

Ella soñó cuando niña que estaba desnuda en una iglesia
(según cuenta el TIME)
ante una multitud postrada, con las cabezas en el suelo
y tenía que caminar en puntillas para no pisar las cabezas.
Tú conoces nuestros sueños mejor que los psiquiatras.
Iglesia, casa, cueva, son la seguridad del seno materno,
pero también algo más que eso...
Las cabezas son los admiradores, es claro
(la masa de cabezas en la oscuridad bajo el chorro de luz).
Pero el templo no son los estudios de la 20th Century-Fox.
El templo -de mármol y oro- es el templo de su cuerpo
en el que está el Hijo del Hombre con un látigo en la mano

38) Carenal, Ernesto. POESIA, Colección Antares, Libresa, Ecuador, 1994, págs. 111～113.

expulsando a los mercaderes de la 20th Century-Fox
que hicieron de Tu casa de oración una cueva de ladrones.

Señor
en este mundo contaminado de pecados y radioactividad
Tú no culparás tan sólo a una empleadita de tienda.
Que como toda empleadita de tienda soñó ser estrella de cine.
Y su sueño fue realidad (pero como la realidad del tecnicolor).
Ella no hizo sino actuar según el script que le dimos.
-El de nuestras propias vidas-. Y era un script absurdo.
Perdónala Señor y perdónanos a nosotros
por nuestra 20th Century
por esta Colosal Super-Producción en la que todos hemos trabajado.
Ella tenía hambre de amor y le ofrecimos tranquilizantes.
Para la tristeza de no ser santos se le recommendó el Psicoanálisis.
Recuerda Señor su creciente pavor a la cámara
y el odio al maquillaje -insistiendo en maquillarse en cada escena-
y cómo se fue haciendo mayor el horror
y mayor la impuntualidad a los estudios.

Como toda empleadita de tienda
soñó ser estrella de cine.
Y su vida fue irreal como un sueño que un psiquiatra interpreta y archiva.
Sus romances fueron un beso con los ojos cerrados
que cuando se abren los ojos
se descubre que fue bajo reflectores y apagan los reflectores
y desmontan las dos paredes del aposento(era un set cinematográfico)
mientras el Director se aleja con su libreta porque la escena ya fue tomada.
O como un viaje en yate, un beso en Singapur, un baile en Río,
la recepción en la mansión del Duque y la Duquesa de Windsor
vistos en la salita del apartamento miserable.

La película terminó sin el beso final.
La hallaron muerta en su cama con la mano en el teléfono.
Y los detectives no supieron a quién iba a llamar.
Fue
como alguien que ha marcado el número de la única voz amiga
y oye tan sólo la voz de un disco que le dice: WRONG NUMBER.
O como alguien que herido por los gangsters
alarga la mano a un teléfono desconectado.

Señor
quienquiera que haya sido el que ella iba a llamar
y no llamó (y tal vez no era nadie
o era Alguien cuyo número no está en el Directorio de Los Angeles)
contesta Tú el teléfono.

마릴린 몬로를 위한 기도

주여
본명은 아니었다 해도
이 지상에서 마릴린 몬로라 불리웠던
계집아이를 받아주소서.
(당신은 그 애 본명을 아십니다. 아홉 살에 순결을 짓밟히고
16살에 자살을 기도했던 가게 점원 말입니다.)
지금은 화장기 없는 얼굴로
신문기자도,
사진사도, 서명해 줄 사람들도 없이
우주의 밤 앞에 서있는 우주인처럼 그렇게 당신 앞에 혼자 서있습니다.

타임지가 그러더군요
그 애는 어렸을 때 교회 안에서 벌거벗고 있었던 꿈을 꾸었다나요.
교회에는 머리 숙인 수많은 군중이 있었는데

그 사람들 머리를 밟지 않으려고 발끝으로 걸어야 했다나요.
주님, 당신은 우리의 꿈을 정신과 의사보다 더 잘 아시지요.
교회나 집, 동굴은 어머니의 자궁처럼 안전한 곳이고
어쩌면 그 이상인지도 모릅니다.
숙인 머리들은 그애를 좋아했던 사람들임이 틀림없습니다.
빛이 퍼붓는 곳 아래 어두운 데에 있는 건 수많은 머리뿐입니다.
그러나, 성당은 20세기 폭스사의 스튜디오가 아닙니다.
그 애의 몸이 누워 있는 이곳, 대리석과 금으로 만든 이 성전에서
人者께서는 손에 채찍을 드시고
당신의 기도소를 도둑놈 소굴로 만든
20세기 폭스사의 장사치들을 내쫓고 계십니다.

주님,
죄와 방사능으로 더럽혀진 이 세상에서
가겟집 점원이었던 이 애만을 벌주시지 않으시겠지요.
가겟집 점원애들이 그렇듯이, 이 애도 단지 영화 배우가 되는 꿈만 꾸었고
그 꿈이 실현된 것 뿐이랍니다. 그런데 그게 천연색 속의 현실인 거지요.
이 애는 우리가 준 시나리오, 우리 자신의 얘기가 담긴 시나리오대로
연기했을 뿐이랍니다. 그것은 정말 웃기는 시나리오였지요.
주님, 이 애를 용서하세요. 그리고,
거대한 제작사 20세기 폭스사의 사업에 참여한 저희 모두를
용서해 주세요.
이 애는 사랑에 굶주려 있었는데 우리는 진정제만 주었답니다.
그리고 聖人이 되지 못해 슬퍼하는 애에게 정신과만 추천했답니다.
주님, 매 장면마다 다른 화장을 요구하니까 이 애가 카메라 공포증에 시달리고
화장을 증오했던 것 아시죠?
두려움이 커갈수록
점점 더 스튜디오 약속 시간을 어기게 되었답니다.

가게 점원애들이 그렇듯이 영화 배우 되기를 꿈꿨는데.
이 애의 삶은, 정신과 의사가

기록하고 해몽하는 꿈처럼 마냥 비현실적인 것이 되었답니다.
이 애의 로망스는 눈을 감고 하는 입맞춤이었습니다.
눈을 뜨면
영사기 앞에 있는 자신을 보게 되었지요. 영사기가 꺼지면
영화관의 셋트이다보니 방의 양쪽 벽은 치워지고
한 장면의 촬영을 끝낸 감독은 시나리오를 들고 떠나갑니다.
요트 여행, 싱가폴에서의 입맞춤, 리우 데 자네이로에서의 춤,
윈저공 부처의 맨션,
이 모든 것은 형편없는 아파트 응접실에서 찍는 거지요.

영화는 마지막 입맞춤도 없이 끝나버렸습니다.
이 애는 손에 수화기를 든 채 침대에서 발견되었지요.
경찰은 누구에게 전화하려고 했나를 알길이 없답니다.
가장 다정한 목소리의 전화를 돌린 사람처럼 그렇게 한건지
그런데 들려오는 대답이 "잘못 거셨습니다"였는지
아니면
강도들에게 상처를 입고
끊어진 전화선에 손을 내미는 사람처럼 그렇게 한건지……

주님!
누구에게 전화를 하려다 못하고 말았는지 모릅니다.
어쩌면 아무에게도 전화를 안했는지도.
아니면, 로스 안젤레스 전화번호부에는 없는 누구일지도 모르지요.
그렇지만, 이번에는 주님께서 이 전화를 받아 주세요.

6.2. 기타 예술

멕시코의 따마요(Rufino Tamayo)는 벽화의 거장들인 리베라, 시께이로스, 오로스꼬를 이어간 인물로 강한 색채가 특징이다.

건축에서 이 시대에 빼놓을 수 없는 작품이 브라질의 수도인 브라질리아와 멕시코의 UNAM대학 건물이다. 브라질리아가 인공적으로 건축된 21세기

의 미래형 도시라면, UNAM대학은 현대와 인디오적인 요소가 결합된 걸작으로 꼽힌다.

음악은 인디오 문화가 발달이 되었던 지역과 그렇지 않은 지역의 색채가 다르다. 멕시코, 페루, 볼리비아, 에콰도르 등지에서는 5음계에 바탕을 둔 민

안데스 산악의 인디오 소년들과 악기

인디오의 종교적인 춤

속 음악이 있으며, 이들의 전통 악기로는 피리, 안따라, 케나와 북을 꼽을 수 있다. 그러나 인디오 문화가 융성하지 않았던 곳, 일례로, 아르헨티나는 이탈리아 이민의 후예가 시작한 탱고가 전통 음악으로 자리잡으며, 흑인이 많은 곳에서는 빠른 템포의 아프리카적인 요소가 강하다. 아프리카 분위기의 노래는 모두 춤곡으로 사용된다.

현재 중남미 전역에서 들을 수 있는 음악은 아프리카적 요소가 강한 빠른 2박자의 리듬이다. 가장 대중적인 것은 살사(salsa)이며, 그 외에도 자신들의 고유 음악과 춤이 있다. 멕시코는 호따(jota), 콜롬비아는 꿈비아(cumbia), 바예나또(ballenato), 브라질은 삼바(samba), 카리브 연안국은 룸바(rumba), 맘보(mambo)를 즐긴다.

X

X 각국의 역사 (라틴 아메리카를 중심으로)

1. 멕시코

멕시코(México)는 독립을 쟁취하기는 했으나, 독립 쟁취 과정에서 심각한 손실을 입었다. 전 인구의 약 1/10에 해당하는 60만명이 목숨을 잃었으며, 경제가 파탄 상태에 이르렀고, 부유층은 더 부유해지고 하층민들의 생활은 더욱 더 피폐해졌다.

공공 행정에 경험없는 끄리오요들, 자기들이 싸웠던 지역에서 왕 행세를 하려드는 소인배 독립군 대장들, 이들보다 거물이었기에 희망 사항도 좀더 높아 신생국의 왕이나 대통령이 되려는 거물급 대장들, 각 집단간의 분쟁(왕당파 대 공화파, 군인 대 민간인, 성직자 대 관료층 간에 완전한 이해 결여로 빚어진 갈등), 백성 대다수의 정치적 무관심, 소수 중산층의 지나친 정치적 야망 등등[39] 정치적으로도 많은 난관이 있었다.

1.1. 산따 아나

무정부 상태의 당시 정치 상황을 설명하려면, 산따 아나(Antonio López de Santa Anna, 1791～1876)라는 인물을 조명해야 한다. 1822년 개혁을 요구하며 베라끄루스(Veracruz)에서 봉기한 산따 아나 장군은 1829년부터 1855년까

39) 다니엘 꼬시오 비예가스 외 지음, 고혜선 옮김, 앞의 책, p. 123.

지 멕시코를 실질적으로 통치했다. 1823년의 이뚜르비데(Agustín de Itúrbide) 실각부터 약 30여년간의 멕시코 정치를 요약하면 다음과 같다. 1824년 과달루뻬 빅또리아(Guadalupe Victoria)와 니꼴라스 브라보(Nicolás Bravo)는 각기 대통령과 부통령에 선출된다. 빅토리아는 자유주의자였고 브라보는 보수주의자였으므로, 두 사람은 끊임없는 대립을 지속한다.

의회 또한 자유주의자들로 구성된 요크파와 보수주의자들로 구성된 스코틀랜드파로 나뉘어 정쟁을 일삼았다. 1828년 부통령이었던 브라보가 반란을 일으키나 실패로 끝나며, 스코틀랜드파는 궤멸당한다. 1828년 대통령 후보로 고메스 뻬드라사(Manuel Gómez Pedraza)와 비센떼 게레로(Vicente Guerrero)가 출마한다. 고메스가 선거에서 승리하나, 게레로는 억지로 대통령직을 찬탈한다. 1829년 스페인 국왕 페르난도(Fernando VII)가 멕시코를 재정복하려고 군대를 파병하자, 산따 아나는 자신의 군대를 이끌고 나가 스페인군을 격퇴시킨다.

그는 멕시코시로 들어오자마자 대통령인 게레로를 축출하고 부통령이었던 부스따만떼(Anastasio Bustamante)가 대통령직을 승계하도록 했다. 1830년 부스따만떼는 젊은 귀족이었던 알라만(Lucas Alamán)의 도움으로 강력한 정부를 구성한다. 알라만은 부스따만떼에게 군대 질서 회복, 공공 사업 재정비 등을 요구한다. 다시 전 멕시코는 내란의 위기에 처한다. 전임 대통령 게레로는 반란을 일으키나 실패하고 총살당한다. 이 동안, 산따 아나는 베라끄루스에서 봉기를 준비하고 있었다. 드디어 부스따만떼가 실각하자, 고메스 뻬드라사가 대통령직에 오르며, 즉시 대통령 선거를 공고한다. 산따 아나는 후보로 출마하며, 경쟁자가 자살로 도중하차하자 대통령으로 선출된다.

산따 아나는 대통령이 되었으나 시골에 은둔하면서 루이스 모라(José María Luis Mora)와 고메스 파리아스(Valentín Gómez Farías)를 대리인으로 내세워 통치한다. 이들은 과격파로서, 교회, 교육, 군사면의 개혁을 단행하였다. 교회를 정부에 귀속시켜 교회 재산을 압수했으며, 종교 교단이 전담하던 교육을 정부의 권한하에 두었다. 또한 군대의 특권을 없애고, 직업 군인제, 정규 군인제를 지원병 제도로 바꾸었다. 이러한 개혁안들은 많은 저항에 부딪친다. 산따 아나는 저항이 소강 상태에 이르자 개혁파를 축출하고, 그들의 계획을 무산시킨 다음, 철권적 독재로 통치한다. 그러나 곧 산따 아나는 여러 가지 문제에 봉착했다.

그 중의 하나가 텍사스 분리 운동[40]이었다. 산따 아나는 이들을 타도하기 위해 친히 군대를 이끌고 가나 패배하며, 텍사스는 곧 미국의 도움을 받아 독립을 선언한다. 1836년 말, 멕시코 의회는 헌법을 개정하여, 州를 없애고 대통령의 권력을 증강시켰으며, 국민의 자유를 제한했다. 1837년 선거에서는 부스따만떼 전임 대통령이 대통령으로 선출된다.

1838년 불란서 정부는 베라끄루스(Veracruz) 항구를 점령했다. 일명 '빵 전쟁' (Guerra de los Pasteles)으로 알려진 이 사건은 불란서 제빵업자들의 지나친 요구로 야기된 것으로, 이유는 부스따만떼 정부가 제빵업자에게 진 빚을 제대로 갚지 않았다는 것이었다. 이 전쟁에 참전했던 산따 아나는 왼발을 잃었으며 국민적 영웅으로 부각했다. 곧 그는 다른 장군들과 연대해서 부스따만떼를 실각시키고 다시 권력을 잡는다. 그 후 니꼴라스 브라보(Nicolás Bravo)에게 권력을 이양하나, 다시 권력을 빼앗는다.

텍사스는 1836년에 독립했으나, 1845년에 미국 의회는 텍사스를 미 합중국에 병합할 것을 결의하며 멕시코의 내부 갈등 상황을 십분 활용하여 텍사스 영토의 확장을 꾀했다. 이어서 멕시코에 대해 선전 포고를 하고, 누에보 메히꼬(Nuevo México)[41]와 칼리포르니아(California)[42]를 점령한다. 상태가 이

40) 1821년 멕시코 정부는 모이세스 아우스틴(Moisés Austin)이 텍사스 일부 지역에 약 300세대의 비 멕시코인들이 정착하도록 허가 해주도록 요청하자 이를 승인한다. 이들 "이주자들의 숫자는 급격히 불어나, 12년만에 텍사스에 사는 멕시코인의 숫자를 상회하게 되었다. 그들 대부분은 미국 출신으로 프로테스탄트였고, 영어를 썼고, 멕시코 정부의 감독과 세금에서 자유로와지기를 갈망했다. 부스따만떼 정부 때에 멕시코는 세관과 요새를 건립했고, 모이세스의 아들인 에스떼반 아우스띤(Esteban Austin)은 멕시코 세관에 반대하는 투쟁을 전개했다." 결국 1833년 멕시코 정부는 텍사스가 꼬아우일라(Coahuila)주에 속하지 않는다는 것을 선언한다. 그러나 텍사스는 이에 만족하지 않고, 1835년 요새 주둔 부대들을 공격해 승리를 거둔다. 산따 아나는 이들을 토벌하기 위해 6천여명의 군대를 이끌어 여러 곳에서 승리한다. 그러나 알라모(Alamo)에서 낮잠을 자는 동안 반군의 습격을 받았고, 1836년 산 하신또(San Jacinto)에서 패배하며, 이 패배 후에 서명한 것이 벨라스꼬 조약(Tratado de Velasco)이다.

41) 지금의 뉴 멕시코주.

42) 현재의 캘리포니아주.

럼에도 불구하고 멕시코시에서는 정쟁만을 일삼았다. 미국은 멕시코의 상당 부분을 침략하여 승리하며, 1847년 멕시코시 정부 청사 건물에는 미국기가 휘날렸다. 미국과 멕시코는 1848년 과달루뻬-이달고 조약(Tratado de Guadalupe-Hidalgo)을 체결한다. 이 조약에 의거하여 멕시코 국토의 반 이상이 미국의 손에 넘어간다.[43)]

산따 아나는 콜롬비아로 망명하는 수치극을 벌인다. 보수당과 일단의 자유당원들은 산따 아나를 망명지에서 모셔오며, 대통령이었던 알라만(Lucas Alamán)이 죽자 1853년에 종신 대통령으로 취임한다. 이것은 당시의 멕시코가 보수주의자와 자유주의자의 전쟁에서, 온건과 과격으로 분당 상태에 있었던 자유주의파 대신에 보수파가 정권을 잡은 데에 기인한다. 그가 이룬 악정의 좋은 예는 메시야(Mesilla) 지역을 미국에 판 것이다. 또한 자신을 '침착한 폐하' (Alteza Serenísima)로 부르게 하고, 말(馬), 창문 등에게까지 세금을 부과한다. 1855년, 중앙 집권적 전제주의였던 이 정부에 대항하는 반란이 일어나고, 독재자 산따 아나는 쿠바로 망명한다.

독립 후 30년이 지나는 동안, 모두 50개의 정권이 있었으며, 그들 대다수는 사병 조직을 거느린 대장 출신이었고, 그 중의 11개는 산따 아나가 조종한 정권이었다. 내란 상태에서 국가 경제 또한 침체되었다. 각 지방간의 교역은 미미했으며, 통신, 교통은 거의 마비 상태에 있었다. 국민 생활은 피폐할 대로 피폐했으며, 영일이 없는 상태에서 하루하루의 생활을 영위하는 데에 급급했다.

1.2. 후아레스

국토 상실은 멕시코인들에게 국가란 무엇인가를 일깨워 주는 계기가 되었다. 이들은, 떨어진 국가의 자존심을 회복하기 위해 국민들이 단합해야 한다는 데에는 이견이 없었으나, 그 방법면에서는 보수와 자유로 나뉘어 있었다. 보수주의자들은 부유층, 신부, 군인이었으며, 자유주의자들은 중산층으로 대

43) 당시 미국이 멕시코에게서 빼앗은 지역은 미국의 서남부 3州로, 텍사스, 뉴 멕시코, 캘리포니아가 이에 해당한다.

개 전문 직업인들이었다. 보수주의자들은 부왕청 시대로의 복귀, 군주제, 유럽국가와의 우호 관계를 주장했다. 그들은 전통주의적이었고, 복고적이었다. 반면 자유주의자들은 스페인적이고 카톨릭적인 전통에 반대했다. 그들은 노동, 상업, 교육, 문학의 자유, 신앙의 자유, 교회의 국가 종속, 민주주의, 삼권분리 등을 주장했다.

1855년 산따 아나가 쿠바로 도망한 후, 반군 이사회는 임시 대통령으로 알바레스(Juan Alvarez) 대장을 임명한다. 대통령은 4인의 과격파와 1인의 온건파 자유주의자들로 내각을 구성하고 통치하나, 온건파였던 꼬몬포르트(Ignacio Comonfort) 장관에게 수개월만에 정권을 이양한다. 그러나 법무부 장관이었던 후아레스(Benito Juárez, 1806～1872)가 발의한 '후아레스 법'[44] 때문에 정부 각료들의 의견이 심하게 엇갈리며, 1856년에는 교회의 경제권을 제한하는 '레르도 법'[45] '교회법'[46] 등 일련의 개혁 법안[47]이 발의된다.

1856년 구성된 제헌 의회에서는 과격파 자유주의자들이 다수파를 형성했다. 1857년에 공포된 헌법은 연방주의, 공화제, 민주제, 대의제에 기초한 1824년의 헌법과 유사했으나, 정부의 교회 간섭, 교육, 노동, 상업의 자유 등 개혁 성향이 강한 것이 다르다. 자유주의자들과 보수주의자들 사이에서 위험한 곡예를 하던 꼬몬포르트(Ignacio Comonfort)가 해외로 망명하자, 당시 대법원장이었던 후아레스(Benito Juárez)가 대통령직을 승계한다. 그러나 이에 반발한 보수당은 반란을 일으키고, 1858년부터 멕시코에는 두 개의 정부와 두 명의 대통령이 공존하는 상태에 이르렀다.

자유당 정부를 이끌고 있던 후아레스는 1859년 교회 재산의 국유화, 수도원 철폐, 민법에 따른 결혼 및 혼인 신고, 교회가 전통적으로 소유해 왔던 공동 묘지의 환속, 교회 축일의 폐기 등을 골자로 하는 법률을 통과시킨다. 이 내란 상태는 1860년에 자유주의자들의 승리로 끝난다.

---

44) 군인과 교회의 특권 폐지.
45) 민간과 교회 소유인 부동산 상속을 인정하지 않는 법.
46) 교구세 징수에서 빈민층을 제외하고, 교회가 성당을 관리하는 것을 금지.
47) 교회와 관련된 법률 외에도, 출생 신고, 혼인 신고, 사망 신고를 반드시 국가 기관에 해야 하는 법 등으로, 이들 제 신고는 종래에는 교회에서 해오던 것으로, 교회의 권한을 상당히 제한했음.

1861년 1월에 멕시코시로 들어온 후아레스는 교황청 대사, 보수당을 지원했던 스페인, 과테말라, 에콰도르 대사 등을 추방시킨다. 1861년 피폐한 재정 상태로 외채 상환과 이자 지불을 중단하자, 영국, 스페인, 불란서가 항의하면서 공동으로 군대를 파견한다. 자유당 정부는 이들과 협상하여 영국과 스페인 군대를 철수시키나, 불란서는 완강히 거부한다. 불란서 군대는 1863년 멕시코의 거의 전역을 장악했고, 후아레스 정부는 미국 접경 지방으로 피신했다.

멕시코시를 점령한 불란서는, 미국이 남북 전쟁의 소용돌이로 이웃 나라에 신경을 쓸 틈이 없음을 보고, 멕시코를 불란서 영토로 만들려는 계획을 실천에 옮긴다. 당시 군주제를 선호하던 보수주의자들과 결탁하여, 오스트리아 합스부르그家의 막시밀리아노(Fernando Maximiliano)를 멕시코 황제로 즉위시킨다. 막시밀리아노는 1864년 멕시코에 도착했다. 그의 부인은 벨기에 공주 까를로따 아말리아(Carlota Amalia)였다. 까를로따는 자유주의 사상을 옹호하는 인물로서, 그들을 모셔온 보수주의자들을 오히려 궁지에 몰아넣는다.

막시밀리아노는 자유주의자들의 개혁안보다 더욱 더 개혁적인 제국법[48]을 제정한다. 그러나 멕시코 국민들의 마음은 국경 지방에 있던 후아레스에게 있었으며, 불란서 군대에 대항해 전투를 벌여 승리한다. 때마침 내란을 끝낸 미국도 불란서인들의 출국을 요구했고, 불란서 황제는 프러시아의 침입에 대항하기 위해 군대를 철수시켜야 했다. 혼자 남게 된 막시밀리아노는 결국 멕시코 군대에 잡혀서 처형되고 만다.

1867년의 대통령 선거에서 베니또 후아레스(Benito Juárez)는 같은 자유주의자로 막시밀리아노에 대항해서 싸웠던 뽀르피리오 디아스(Porfirio Díaz) 장군과 경합을 벌여 승리한다. 그리고 1871년의 선거에서는 이 두 사람 외에 세바스띠안 레르도 데 떼하다(Sebastián Lerdo de Tejada)가 가세한다. 이 삼파전에서 베니또 후아레스는 다시 승리하나, 1872년 심장마비로 사망한다.

48) 교황청용 서류에 관공서의 인증 요구, 신앙 자유 인정, 교회 재산의 국유화, 공동묘지 환속, 민법에 의거한 혼인 신고, 계량형에 십진법 도입 등.

1.3. 포르피리오 디아스

두 번의 선거에서 후아레스에게 패한 디아스는 1876년의 선거에서 레르도 데 떼하다가 재출마하려는 것을 알아차리고 무장 봉기한다. 이 무장 봉기는 첫번째가 아니었다. 두번씩이나 대통령직에 오른 후아레스가 세번째에도 출마할 것을 확신했던 디아스는 1871년에 무장 봉기를 일으킨 적이 있으나, 후아레스의 사망으로 이 거사는 실패했었다. 그러나 1876년에는 정부군을 무찌르고, '깨끗한 투표, 재선 없음'이라는 구호로 대통령직에 오르나, 자신의 선거 구호와는 정반대로 1877년부터 1911년까지 대통령으로 재임했다.

뽀르피리아또(Porfiriato)라 명명되는 그의 치정 기간은 정치적 안정과 경제발전으로 특징지워진다. 그는 멕시코를 실증주의 철학에 걸맞게 '과학적으로' 개조하기 위해 세칭 '과학자'라 불리우는 각료들을 임명했다. 이들 과학자 집단은 효율적인 행정부, 교육 개혁, 경제 발전을 추구하기 위해서는 독재 체제도 불사한다는 사고 방식을 가진 자들이었다. 그의 치적을 살펴보자. 철도 건설, 항만 시설 보완, 수출 중심의 농업 구조, 석유, 금속, 섬유 공업의 산업화 추진, 연방 경찰 및 지방 경찰 창설, 외국의 투자 유치 등등.

그러나, '무에 가까운 통치, 왕성한 정치'라는 구호는 그의 독재적 성향을 보여 주는 단적인 예다. 즉, 대통령은 멕시코의 발전을 위한 길을 국민들에게 제시하고, 국민의 대표들은 대통령의 요구를 인준하고, 국민은 대통령을 믿고, 그가 제시하는 진보를 향해 나아가야 한다는 것이 그 요지였다. 이 구호는 평화와 경제 발전을 갈망하던 국민의 욕구에 부응했으나, 점차로 그 폐단이 나타나기 시작했다. 일례로, 그의 추종 세력들은 인권 탄압을 자행해서 국민들을 공포로 몰아넣었으며, 인디오들의 사유지와 인디오 공동체의 공유지를 빼앗았다. 지나친 외자 유치는 국내 산업이 외국 기업의 수중에 떨어지도록 했으며, 대다수 국민들의 가난은 극소수 계층의 부와 극단적인 대조를 보일 정도였다. 또한 입법, 행정, 사법의 3권 외에도 지방 행정 조직까지 장악하여 명실상부한 1인 지배 독재 체제를 구축했다.

공교육의 활성화로, 중산층에 속한 전문가 그룹이 점차 자리를 잡게 되면서, 정치 현실에 대한 회의가 높아지고, 개혁을 요구하는 목소리가 점점 높아갔다. 1910년의 대통령 선거에서 디아스는 그에 반기를 든 프란씨스코 마데로(Francisco Ignacio Madero)를 체포하여 투옥시키고 승리한다. 마데로는 보석금을 내고 감옥에서 풀려나자마자 미국으로 망명하며, 그곳에서부터 혁명계획을 수립하고 국민들의 무장 봉기를 촉구한다. 이때부터 시작된 것이 멕시코 혁명이며, 디아스 정권은 1911년에 무너진다.

1.4. 멕시코 혁명

1910년부터 1920년까지 진행된 혁명을 이끌었던 지도자들은, 우에르따(Victoriano Huerta), 비야(Pancho Villa), 사빠따(Emiliano Zapata), 오브레곤(Alvaro Obregón), 까란사(Venustiano Carranza)였다. 혁명의 와중에서 1917년 상당한 개혁적 내용을 담은 신헌법이 제정된다. 일례로, 광산의 국유화, 석유 채굴권의 국유화, 파업, 노동자의 자사 주식 보유를 통한 노동자 권익 보장, 국공립 교육 기관에서의 무상교육, 개인 재산의 일정 한도 제한 등을 담고 있었다. 또한 대지주들의 와해와 자작농 보호를 추구한 이 헌법은 자유주의적, 공화적, 민주적, 사회주의적인 요소를 겸비한 것이었다.

1.5. 국가 재건기

멕시코 혁명이 끝난 1920년 대통령 선거의 승자는 오브레곤(Alvaro Obregón) 장군이었다. 4년간의 재임 기간에 국가 재건, 특히 교육 분야에 많은 투자를 했으며, 국제 관계를 정상화시켰다. 그는 자신의 뒤를 이을 여당의 후보자로 까예스(Plutarco Elías Calles)를 지명한다. 그는 사회주의적 성향을 띤 인물로, 그의 재임 동안 노조의 정치력이 신장되었으며, 농민을 위한 토지 개혁을 실시하였고, 헌법에 명시된 반교회적 정신에 걸맞는 정책들을 채택함으로써 대지주, 교회와 같은 보수 세력과 갈등을 빚는다.

또한 미국 회사 소유 토지에 대한 국유화로 미국과 외교 단절 사태까지 이른다. 까예스는 1928년에 오브레곤을 차기 대통령 후보로 지명한다. 이것은 헌법에 위배되는 것이었으나, 오브레곤은 승리한다. 그러나, 승리한 지 얼마 되지 않아 오브레곤은 암살로 생을 마감한다. 1928년에서 1934년까지 여러명의 임시 대통령들은 실권자인 까예스 추종자들로, 까예스는 국가혁명당

(Partido Nacional Revolucionario)[49]을 창설했다.

1934년에 대통령직에 당선된 사람은 까르데나스(Lázaro Cárdenas)이다. 그는 전임자들보다 더욱 강도높게 빈민층을 위한 정치를 폈다. 1917년의 헌법을 보완하여 토지를 국가 소유로 수용하고 이를 인디오 공동체에 배분했다. 그의 재임 기간에 향후 멕시코 정치에 상당한 영향력을 행사하는 멕시코 노동자연맹(Confederación de Trabajadores Mexicanos)이 결성되었다. 또한 유럽이 제2차 세계 대전으로 정신이 없는 틈을 타, 석유와 철도를 국유화한다. 미국이 반발했으나, 2차 대전의 발발로 그 반발의 강도가 세지 않았다. 멕시코 국민은 멕시코 혁명이 뜻하는 바를 진정으로 이행하는 이 지도자에게 아낌없는 찬사를 보냈다.

1.6. 제도혁명당의 지배

1940년에 군출신으로는 마지막일 아빌라 까마초(Manuel Avila Camacho) 장군이 대통령에 취임했다. 그는 멕시코 정치에서 군부의 개입을 봉쇄시킨 인물이었다. 까마초 이후의 알레만(Miguel Alemán), 루이스(Adolfo Ruiz Cortínez), 로뻬스(Adolfo López Mateos), 디아스(Gustavo Díaz Ordaz), 에체베리아(Luis Echeverría), 뽀르띠요(José López Portillo), 데 라 마드릳(Miguel de la Madrid), 살리나스(Carlos Salinas de Gortari), 세디요(Ernesto Cedillo) 정부는 모두 제도혁명당 출신으로, 보수적인 것이 특징이다. 이들은 반정부 세력에 대한 탄압을 자행했으며, 일당 지배 체제를 공고히 했다.

1964년 쏘깔로(Zocalo) 광장에서 있었던 시위 학생들과 군경의 유혈 충돌은 멕시코 국민들이 제도혁명당에 등을 돌리게 된 계기였다. 현재 이 당에 대한 지지율은 하락세에 있으며, 1997년 6월의 멕시코시 시장 선거에서는 사상 최초로 야당이 당선되었다.

---

49) 국가혁명당(Partido Nacional Revolucionario: PNR)은 1929년 까르데나스에 의해 멕시코혁명당(Partido de la Revolución: PRM)으로 개칭되며, 다시 알레만에 의해 제도혁명당(Partido Revolucionario Institucional: PRI)으로 개칭되었다.

2. 과테말라

중미 연합체를 와해시킨 장본인은 라파엘 까브레라(Rafael Cabrera)였다. 보수주의자였던 까브레라는, 1838년, '외국인 타도'(¡Mueran los extranjeros!)라는 구호로 국민의 마음을 사로잡고 과테말라시를 장악한다. 그리고 1865년 사망할 때까지 종신 대통령으로서 철권 정치를 감행했다.

정치적 안정과 경제 발전을 이룩하고, 도로 정비, 농경 발전을 도모했으며, 공교육을 육성시키는 업적을 이루었지만, 그의 전제 정치는 자유주의자 탄압, 관료층과 교회의 이권 보호 등으로 중미 독재자들 가운데에서도 단연 악명이 높았다. 또한 추방되었던 예수회를 다시 불러들이고, 교회에 바치는 십일조를 인정하고, 필요한 경우에는 십일조 징수에 공권이 개입하게 한 것으로 로마 교황청의 전폭적인 지지를 받았으며, 중미의 다른 나라 내정에도 빈번히 간섭하여 주변국들의 원성이 높았다.

1865년 까레라 사망 이후의 과테말라 정치는 폭동과 독재 정치의 연속이었다. 권력을 잡을 때까지는 자유와 자주를 외치던 정치인들은, 일단 권좌에 오르기만 하면, 더욱 더 전제적이었다는 것이 특징이었다. 1873년부터 1885년까지 통치했던 바리오스(Justo Rufino Barrios)는 반교회주의자로서, 예수회를 추방하고, 인디오를 박해했다. 철도 건설, 커피 생산 증대, 이민 정책, 학교 설립 등은 바리오스의 치적이나, 중미 연합의 재건을 위해 애쓰다가 1885년에 사망한다.

또 다른 중요 인물로 들 수 있는 대통령이 에스뜨라다 까브레라(Estrada Cabrera)이다. 까브레라는 1898년부터 1920년까지 22년간을 권좌에 있으면서 철권 통치를 감행했다. 자신에 반대하는 지식인들과 인디오들에게 강제 노동을 시키고, 상당량의 농토를 독일인과 미국 회사(United Fruit Company)에 넘겼으며, 당시의 공포 정치는 1968년의 노벨 문학상 수상자인 아스뚜리아스(Miguel Angel Asturias)의 "대통령 각하"에 잘 묘사되어 있다. 그의 뒤를 이은 우비꼬(Jorge Ubico) 정부도 13년의 재임 기간 중 공포정치를 감행했으며, 제2차 세계 대전에서 연합국의 일원으로 선언하면서, 국내의 독일 재산을 자신이 소유했다.

우비꼬 이후의 아레발로(Juan José Arévalo, 1945~1950)와 아르벤스(Juan Jacobo Arbenz, 1951~1954)는 개혁 정권이다. 이들은 과테말라의 사회 개혁을 주도하며, 교육을 개선했다. 아레발로 시대에는 원주민 우대 정책을 펴서, 지방 정부에는 원주민 출신이 많이 참여했다. 아르벤스는 농지 개혁법을 적용하여 소작농을 보호한다. 이에 반기를 든 미국의 United Fruit Company는 아르벤스 정부가 공산주의자 각료를 기용한다며, 국제적으로 매장하려 한다. 또한 자신들이 지지하는 까스띠요 대령(Carlos Castillo Armas)을 앞세워 과테말라 내정에 개입한다.

까스띠요는 정권을 잡자 전임자의 개혁 정책을 무위로 돌리고, 반대 세력을 철저히 탄압한다. 까스띠요가 암살당한 후, 과테말라는 군사 정권과 게릴라의 대결로 영일이 없었다. 1966년에 집권한 멘데스(Julio César Méndez Montenegro) 정권하에서는 '하얀 손'(Mano Blanca)이라는 극우 비밀 결사 조직이 수천명의 국민들을 처형하기도 했다. 이러한 상황은 1983년 메히아(Oscar Humberto Mejía Vitores)가 정권을 잡으며 진정 국면으로 접어들었으며, 1990년에는 정부측 대표들과 게릴라측 대표들이 30년 내란에 종지부를 찍는 회담을 개최했다.

1991년에 대통령에 당선된 세라노(Jorge Serrano Elías)는 인근국들과의 경제 통합을 통해 경제 발전을 이루려 노력하고 있으며, 과테말라 혁명 국가 동맹(Unión Nacional Revolucionaria Guatemalteca)에게 화해를 제안했고 그의 국민 대화합 정책으로 멕시코로 망명했던 많은 이들이 귀국했다.

3. 온두라스

온두라스(Honduras)는 중미 연합에 가장 적극적이었다. 과테말라의 까브레라가 외쳤던 '외국인 타도'의 대상은 바로 중미 연합의 대통령이었던 온두라스 출신 모라산(Francisco Morazán)과 그의 온두라스 태생 지지자들을 겨냥한 것이었다. 그러나 과테말라는 온두라스의 내정에 늘 간섭했다. 한편, 1년에 한 번 꼴로 교체된 대통령은 기득권 세력과 외국의 이익 보호에만 급급했으며, 당시 이 나라의 정치에 가장 큰 영향력을 행사하던 회사가 United Fruit Company였다. 그로 인해 생긴 온두라스의 별명이 '바나나 공화국'이었음은 이를 단적으로 표현한 예다.

까리아스(Tiburcio Carías, 1933~1949)는 가장 장기간 동안 대통령직에 있었던 독재자이다. 그가 임명한 후임은 갈베스(Juan Manuel Gálvez)로, 전임자와는 정반대의 정책을 폈다. 그는 도로 건설, 교육 시설 개선, 산업의 다양화 추구 등으로 국가의 발전을 도모한다. 그에게 반기를 든 것은 United Fruit Company였다. 갈베스가 실각당하자 빈번한 정권 교체기가 시작된다. 위정자들의 공통 특징은, 기득권 세력의 구미를 맞추는 정치를 폈다는 것이다. 유일한 예외는 비예다(Ramón Villeda Morales)로 그의 정부는 온두라스 역사상 가장 민주적이었고 진보적이었다. 1985년부터 민정으로 이양되었으며, 현재의 대통령은 레이나(Carlos Roberto Reyna)이다.

4. 엘 살바도르

엘 살바도르(El Salvador)는 중미 연합 중에서 유일하게 대서양 연안이 없는 국가로, 이 문제를 해결할 수 있는 중미 연합체의 복원을 위해 부단히 노력했다. 독립 이후, 다른 중미 국가들처럼 자유주의자와 보수주의자들이 정쟁을 벌이나, 잦은 정권교체로 정정이 불안했다. 국토에 비해 월등히 많은 인구로 인해 토지 문제는 민감한 사안이었으며, 소수의 지주들은 사병을 육성하고, 자신들간의 결속을 강화함으로써 기득권 보호에 사활을 걸었다.

정정의 불안으로, 주변국들, 특히 과테말라의 내정 간섭은 자신들이 선호하는 인물을 대통령으로 앉힐 정도에 이르렀다. 국민들의 생활은 피폐했으며, 땅을 요구하는 농민들의 유혈 봉기도 19세기에만 모두 네 차례에 걸쳐 일어났다. 1931년부터 1944년까지 군림한 에르난데스(Maximiliano Hernández Martínez)는 인간의 목숨보다 일개 곤충의 목숨을 더 귀하게 여겼던 인물이었다. 그는 재임 기간에 발발한 농민 봉기를 진압하면서 약 2만명을 죽이기도 했다.

그러나 1944년에 발생한 대규모 시위로 사임하고, 그때부터 정권은 군부의 손에 놓여졌다. 1961년 군부는 민족 화해당(Partido Conciliación Nacional)을 창당하여 자신들이 지지하는 인물들을 대통령에 앉힌다. 1972년에는 기민당(Partido Demócrata Cristiano)의 당수였던 두아르떼(José Napoleón Duarte)가 대통령직에 도전하나, 부정선거로 군부 출신이 당선되는 사태가 일어난다. 이 사건 후, 좌익 결사체들이 조직되기 시작했다.

1979년에 당선된 로메로(Carlos Humberto Romero)는 개혁을 요구하는 젊은 군인들에 의해 실각당한다. 그러나 이들 청년 세력의 노력은 군부 상층부들에 의해 거부되고, 개혁의 열망은 물거품이 된다. 이러한 상황에서, 民軍평의회 의장으로 두아르떼가 지명되며, 이 평의회는 1982년까지 지속된다. 이들은 헌법을 정지시키고 비상 계엄으로 국가를 다스린다.

이에 반기를 든 좌익 세력, 기민당원, 사민당원들은 반정부 게릴라 FMLN(Frente Farabundo Martí para la Liberación Nacional) 조직을 구성하며, 마침 이때 발생한 니카라과의 산디니스타 혁명으로 미국의 심기는 상당히 불편해진다. 정부군과 게릴라들의 대결로 전국이 피로 물들게 되고 세계 여론이 들끓자, 두아르떼는 게릴라 토벌을 위해 미국에 협조를 요청한다. 산살바도르 대주교는 1981년 한 해에만 11,723명의 민간인들이 살해되었거나 실종되었다는 충격적인 선언을 하며, 이것은 극우 사병들이나 정부군에 의해 자행된 것이라는 것이 일반적 정설이다. 이들 중의 하나가 로메로(Oscar Arnulfo Romero y Galdámaz) 대주교로, 그는 1980년 3월 24일 미사를 드리던 도중에 살해되었다. 1984년의 선거에서는 두아르떼가 당선된다. 그는 집권 후에 대사면령을 통해 FMLN과의 협상을 시도하나 실패한다.

1989년에 대통령에 당선된 끄리스띠아니(Alfredo Cristiani)는 게릴라와의 협상을 재개하여, 1992년 유엔 본부에서 정부측과 게릴라측은 12년간을 끌어온 내전에 종지부를 찍기로 약속하고, 이 해 말에 이 약속을 이행한다. 1994년에는 ARENA(Alianza Republicana Nacionalista)당의 깔데론(Armando Calderón Sol)이 대통령에 당선되었다.

5. 니카라과

중미 연합이 와해된 후, 니카라과(Nicaragua)는 보수주의자들과 자유주의자들의 정쟁으로 국가가 양분될 위기에 처해 있었다. 보수주의자들은 수도를 그라나다(Granada)에 정했고, 자유주의자들은 레온(León)에 정했다. 이들의 대결은 1855년까지 이어지다가, 미국의 모험가인 워커(William Walker)의 등장으로 끝을 맺는다. 자유주의자들의 지원을 업은 워커는 그라나다를 점령하고, 니카라과의 군사령관직에 오른 후, 대통령에 취임한다. 그러나 이에 분개한 중미 국가들은 페루의 지원으로 워커를 체포하여 처형한다.

니카라과는 카리브해와 태평양을 잇는 지리적인 잇점으로 영국과 미국이 각기 운하 건설 계획을 놓고 대결하며, 많은 외국 자본가들이 눈독을 들인다. 1857년부터 1893년까지는 보수주의자들이 권력을 장악했고, 이 기간 중에 정치적 안정이 유지되었으며, 경제적으로도 발전했다.

1890년대에 보수주의자들이 분열되자 자유주의자들이 봉기하며, 이 혼란을 틈타 1893년 셀라야(José Santos Celaya)가 권력을 잡는다. 그는 16년을 대통령직에 있으면서 이 지역에서 가장 잔인한 독재자로 명성을 높였고, 극소수의 커피 바나나 사업주들의 이익 보호에만 앞장섰다. 셀라야가 운하 건설을 위해 유럽 국가들과 접촉을 갖자, 미국의 심기는 불편해진다. 미국은 그의 사임을 권고하나, 셀라야가 반발하자, 보수주의자들을 선동하여 반란을 일으키도록 한다. 그리고는 니카라과내의 자국민과 재산을 보호한다는 명목으로 군사 개입을 결행한다.

미 해병의 주둔은 1909년부터 1933년까지 지속되며, 채무 변제를 위해 니카라과 세관을 감독했다. 1931년 산디노(Augusto César Sandino) 대장은 중남미제국의 여론을 등에 업고 무장 봉기를 일으켜 점령군에 대항한다. 결국 미국은, 1933년, 산디노와 약정을 체결한다. 그 내용은, 산디노는 적대 행위를 중지하고, 미군은 철수한다는 것이었다. 모든 것이 제대로 이행되는 것 같았고 니카라과는 정치적, 경제적으로 안정을 되찾는 듯했다. 그러나 미국이 창설한 국방군 대장이었던 소모사(Anastasio Somoza)는 1934년에 산디노를 암살시키도록 명령한다. 그리고 2년 후, 대통령직에 오르며, 무소불위의 권력을 휘둘렀다. 그의 독재는 1956년에 암살당할 때까지 지속된다.

그의 뒤를 이어 아들 루이스(Luis Somoza)가 1967년까지 통치하며, 1967년부터 1979년까지는 둘째 아들 아나스타시오(Anastasio Somoza)가 통치한다. 3대에 걸친 통치로 대다수 국민들의 삶은 피폐해졌으며, 소모사 일가에 기생한 소수의 세력이 전 국가의 부를 독점했다.

소모사 체제에 반기를 든 세력은 산디노의 정신을 이어가려는 게릴라들(Frente de la Liberación Nacional Sandinista)이었으며, 정치적 압박과 부패로 국민들도 고개를 돌렸고, 이들 모두는 1979년 소모사에 대항해 궐기한다. 독재자는 미국으로 망명했다가 파라과이로 거처를 옮기나, 그곳에서 암살당한다. 산디니스따 혁명평의회 의장은 오르떼가(Daniel Ortega Saavedra)였다.

이들은 대다수 국민의 이득을 보장하기 위해, 민주주의적 절차에 의한 사회 개혁을 진행하겠다고 약속하나, 소모사 정권 타도의 선봉이었던 보수계 신문 La Prensa를 정간시키는 등의 실수를 범한다. 또한, 미국으로부터는 인근국들에 혁명을 수출한다는 의심을 받으며, 실제로, 이들은 혁명 수출을 기도했다. 이로 인해 전통적으로 호의를 표하던 멕시코 등의 지지를 상실하고, 중미에서도 점차 고립되었다. 또 내적으로는, 미국의 지원을 받는 반 산디니스따 게릴라 조직인 '콘트라'(Contra)의 저항에 부딪히는 등 여러 가지 실정으로 1990년에는 야당 연합 대통령 후보인 차모로(Violeta Barrios de Chamorro)에 패한다.

6. 코스타 리카

다른 중미국들과 달리, 코스타 리카(Costa Rica) 주민의 80%는 백인이다. 공화국이 태동한 초기에, 까르타고(Cartago) 주민들은 콜롬비아와 합병하기를 원했으나, 에레디아(Heredia) 주민들은 멕시코와의 합병을 원했다. 다른 중미국과 마찬가지로, 보수와 자유로 나뉘어 투쟁을 벌렸으며, 니카라과 정부를 장악한 워커에 대항해서 싸웠다. 1870년부터 1882년까지 이 나라의 실력자는 과르디아(Tomás Guardía)로, 독재 정치를 펼치나, 그의 재임 중 설탕과 커피 생산이 증대되었으며, 학교와 철도 건설이 이루어졌다.

철도의 건설로 커피 수출을 용이하게 하려던 정부는 일명 '양키 피사로'(Pizarro yankee)라 불리우던 미국인 메이그스(Henry Meiggs)[50]에게 자문을 구한다. 메이그스는 자신의 조카인 키스(Minor C. Keith)를 보낸다. 키스는 1891년에 수도에서 리몬(Limón)항까지 철도를 부설하고, 바나나 사업을 도와 1899년에 이 나라에 United Fruit Company를 세운다. 1909년 코스타 리카는 바나나 주요 수출국이 되었다.

코스타 리카가 중남미에서 가장 민주적인 국가로 발돋움하기 시작한 것은 1889년의 선거 이후이다. 이때부터 독재가 사라지기 시작했으며, 완전한 민주화의 기틀은 1940년의 깔데론(Rafael Angel Calderón Guardía) 대통령 시절에 이룩된다. 그러나 1948년, 피게레스(José Figueres)는 부정 선거에 대항하여 무장 봉기를 일으킨다. 1949년에는 민병대를 폐지해서, 당시의 코스타 리카에는 교사가 경찰보다 많을 정도였다.

1953년의 선거에서 민족 해방당(Partido de Liberación Nacional)의 후보로 당선된 후, 피게레스는 코스타 리카의 농업 발전과 도로, 학교 건설에 주력했으며, 커피와 바나나 수출의 호조로 경제적 발전을 이룩했다. 그는 1970년에 다시 대통령에 당선할 정도로 국민들의 신임을 얻었으며, 반공주의 정책을 택했다.

1980년대에 니카라과의 산디니스따 혁명은 이 나라에도 영향을 미쳤다. 중립적 위치 고수에도 불구하고, 콘트라 반군의 잦은 국경 침입으로 곤경에 빠지기도 했으나, 1986년에 대통령에 취임한 아리아스(Oscar Arias Sánchez)는 중미 지역의 평화 구축에 대한 기여로 노벨 평화상을 수상하기도 했다. 1994년에는 페게레스(José María Figueres)가 대통령에 당선되었다.

50) 페루의 안데스 산악 지역을 횡단하는 철도를 부설한 인물로, 페루의 스페인 정복자 Pizarro의 이름을 빗대어 '양키 피사로'라는 별명이 붙었음.

7. 파나마

파나마(Panamá)는 원래 콜롬비아의 한 주였다. 1903년 미국의 루즈벨트(Theodore Roosevelt) 대통령은 콜롬비아가 운하 건설 요구를 제대로 들어주지 않자, 파나마인들을 선동한다. 파나마는 콜롬비아에 독립을 요구하고, 미국은 파나마의 무질서를 평정한다는 이유로 군대를 파견한다. 이에 콜롬비아는 군대를 파견하나 미군에 의해 파나마 진입을 저지당하며, 파나마는 독립을 선언한다. 당시의 파나마 인구는 불과 25만명이었다.

미국은 Hay-Bunau-Varilla 조약에 의거해 일시불로 1천만 달러, 매해 운하지역의 영구 조차 임대료로 25만 달러를 파나마 정부에 지불하기로 약속한다. 운하는 1914년에 건설되었으며, 이 지역은 치외 법권 지역이 되었다. 이때부터 파나마는 소수의 부유층에 의해 다스려졌다. 그러나, 1940년에 정권을 잡은 아리아스(Arnulfo Arias)는 부유층 출신임에도 불구하고 미국의 영향력을 감소시키려 시도했고, 1941년 그의 정부는 쿠데타로 전복된다. 미국은 제2차 세계 대전의 참전으로 1941년에 운하 지역에 파견했던 자국군을 1948년에 완전히 철수시킨다.

정정 불안은 1968년까지 이어진다. 그 동안, 운하 지역의 노동자 임금이 미국 노동자에 비해 상대적으로 열악한 것 등으로 파나마 국민들의 대미 감정은 악화일로였다. 1968년에 아리아스가 다시 대통령에 선출되나, 쿠데타로 축출된다. 쿠데타는 미국의 즉각적 호응을 받으며, 곧 군사평의회가 조직되었고, 이 일원이었던 또리호스(Omar Torrijos Herrera)가 서서히 실권을 장악한다. 또리호스는 개혁가였으며, 미국과 일련의 협상을 벌여 1977년 新운하 조약을 체결했다. 그 내용은, 1999년 12월 31일까지 미국과 파나마가 운하를 공동 관리하고, 그 이후로는 파나마에 운하 관리권이 양도된다는 것이었다.

1978년에는 아리스띠데스 로요(Arístides Royo)가 대통령에 선출되며, 실권자 또리호스는 비행기 사고로 사망한다. 이때부터 파나마 정국은 민족주의적 색채가 약화되었고, 미국에 대항하는 기타 중남미 제국과 보조를 맞추지 않았다. 단, 1982년 아르헨티나와 영국이 포크랜드 영유권으로 전쟁을 치뤘을 때에는 여타 중남미 국가들처럼 아르헨티나 지지를 강하게 피력했다.

1988년의 쿠데타로 노리에가(Manuel Antonio Noriega) 장군이 실권자로 부각되었다. 노리에가는 솔리스(Manuel Solís Palma)를 임시 대통령으로 임명하고 1989년 선거를 치룬다. 그러나 야당이 승리했음에도 불구하고 정부는 선거를 무효화시키며, 로드리게스(Francisco Rodríguez)를 대통령에 임명한다. 일단의 군인들이 노리에가 전복을 기도하나 실패로 돌아가고, 국회는 만장일치로 노리에가를 정부 수반으로 선출한다. 그러나 미국은 세계의 비난 속에 군대를 파병하여 노리에가를 마약 밀수 혐의로 체포하여 미국으로 압송한다. 1989년 선거의 사실상 승자인 엔다라(Guillermo Endara)는 대통령으로 취임하며, 1994년 뻬레스(Ernesto Pérez Balladares)는 근소한 차이로 대통령에 당선된다.

8. 도미니카 공화국

콜롬부스는 그의 1차 항해에서 카리브에서 두번째로 큰 섬에 도착하고, 그 섬을 ‘에스빠뇰라’(Española)로 부르고 북부 해안에 이사벨라(Isabela)시를 세운다. 그러나 이 도시는 곧 파괴된다. 1496년 그의 동생 바르똘로메(Bartolomé)는 이 섬을 중남미의 전진 기지로 삼았으며, 산또 도밍고로 명명했다. 이 이름은 현재의 도미니카 공화국(República Dominicana)보다 더 많이 사용되었다.

이 섬은 중남미 정복대가 출발하던 곳이었고, 식민 경영의 제 기구가 있었다. 그러나 다른 식민지가 번성하면서 멕시코나 페루 등지로 향하는 사람들이 많아지자 쇠락의 길을 걸었고, 급기야는 외지로의 이민을 금지하기에 이르렀다. 이 섬은 해적들의 공격 대상이었으며, 1585년에는 유명한 해적 드레이크(Francis Drake)에게 점령당하는 불운을 겪기도 했다.

원주민 학대, 노예 제도 도입, 유럽의 전염병 등으로 이 섬의 원주민은 얼마 안되어 거의 사망했다. 이 섬의 주산업인 사탕수수 재배는 많은 노동력을 필요로 했으므로, 아프리카에서 흑인 노예를 데려왔으며, 이로 인해 노예 시장이 형성되었다. 사탕수수 산업과 노예 매매 덕분에 18세기에는 전 유럽의 식민지 중에서 가장 부유한 식민지가 되었다. 그러나 바로 이때에 불란서 혁명 소식을 접하게 되며, 불란서 계몽사상의 영향과, 미국 독립에 참여했던 흑인들의 영향으로 흑인들의 독립 운동이 시작된다. 소수의 백인은 불란서 혁명을 아전인수격으로 해석하고 이 섬이 스페인의 영향에서 벗어나 자신들이 원하는 대로 다스릴 수 있도록 자유를 달라고 주장한다.

1791년에는 독립 투쟁이 본격화되나, 이 투쟁은 많은 피를 흘린 채 실패한다. 그러나 1792년, 불란서 혁명가가 군대를 이끌고 도착해서 이듬해에 노예제도 폐지를 선언한다. 1795년, 스페인은 이 섬 전체를 불란서에게 양도한다. 그러나 1808년 도미니카 공화국 태생인 산체스 라미레스(Juan Sánchez Ramírez)는 불란서 군대와 아이티 군대를 추방하고 주권을 회복한다. 1821년, 스페인 페르난도 7세의 절대 왕정에 실망한 주민들은 스페인 총독을 추방하고 볼리바르가 세운 그란 콜롬비아(Gran Colombia) 국기를 내건다. 그러나, 이듬해, 불란서 군대가 다시 침입하고, 1844년 두아르떼(Juan Pablo Duarte)는 불란서 군대를 추방하고 나라의 독립을 선언한다. 두아르떼는 곧 산따나(Pedro Santana) 장군에게 패하며, 산따나는 국명을 도미니카 공화국으로 바꾸고 대통령에 취임한다.

정쟁에 싫증이 난 산따나는 1860년 당시의 스페인 여왕인 이사벨 2세(Isabel II)에게 도미니카 공화국을 다시 스페인의 식민지로 합병해 달라고 요청한다. 그는 곧 스페인의 총독으로 임명되고, 이어서 작위를 받는다. 스페인 군대는 의기양양하게 섬에 도착했으며, 법률의 적용, 특히 세금의 적용에 한치의 오차도 보이지 않았다. 그러나 이러한 상태는 오래 지속되지 않는다. 1865년 도미니카 공화국인들은 다시 주권을 찾는다.

산타나의 전철을 밟은 이가 부에나벤뚜라 바에스(Buenaventura Báez)이다. 그는 1869년, 미국과의 합병을 주도한다. 그랜트(Ulysses S. Grant) 대통령은 곧 군대를 파병하고 합병을 기정사실화하려 하나, 상원의 반대로 실패로 돌아간다. 1874년 미군이 철수하자, 바에스도 대통령직에서 축출된다. 이후, 에루레아우스(Ulises Heureaux) 체체하에서 무역 확대, 외자 유치, 이민 유치 등을 통해 경제가 성장하나, 그가 암살당하자 다시 정치적 혼돈이 찾아왔다.

1902년부터 1916년 사이에는 모두 14명의 대통령이 있었으며, 이들 모두는 권좌를 지키기 위해 외채를 도입했다. 외채를 준 업체 중에서 가장 컸던 것이 뉴욕에 있던 Santo Domingo Improvements Company였다. 이 회사가 1916년 미국의 파병 결정에 중요한 역할을 했음은 미루어 짐작할 수 있다. 미군은 1924에 철수했다. 1917년 미 해병대에서 훈련을 받은 뜨루히요(Rafael Leonidas Trujillo)는 민병대 총사령관에 임명되었고, 1930년에는 전권을 장악했다. 1960년까지 도미니카 공화국을 다스린 뜨루히요는 반대파를 잔인하게 제거하는 한편 경제 발전에 주력했다. 그러나 발전의 이득이 극소수에게만 돌아가자 국민들의 불만이 증가되었다.

미국은 제 2 의 쿠바 사태를 미연에 방지하고자 비밀 공작을 벌이며, 1961년 뜨루히요는 암살당했다. 1962년에 실시된 선거의 승리자는 작가이며 도미니카 혁명당 창설자인 보쉬(Juan Bosch)였다. 그러나 그는 1963년의 쿠데타로 퇴임당한다. 1966년에 혁명 운동이 발생해 내란의 위기에 처하자, 미국이 다시 개입한다. 내란 상태가 진정되고 실시된 선거에서 보수파 발라게르(Joaquín Balaguer)가 당선된다. 그의 정부하에서 정치적 안정과 경제 성장이 이루어지나, 인권 탄압은 개선되지 않았다. 1978년부터 1984년까지 민주화가 이루어지나, 경제의 하락으로 폭동이 발생한다. 1986년과 1990년의 선거에서 국민은 발라게르를 선택한다.

9. 아이티

에스빠뇰라섬(Isla de Española)의 서쪽은 불란서가 점령하고 있었다. 1795년 스페인이 도미니카 공화국을 불란서에 양도하자, 이 섬은 명실상부한 불란서 영토가 되었다. 그러나 실상 불란서의 통치가 미치는 곳은 서쪽 연안 지방이었으며, 이곳이 지금의 아이티(Haiti)이다.

1804년 흑인 노예였던 데사린(Jacques Dessalines)은 무장 봉기를 일으켜 불란서 군대를 쳐부수고 자신이 황제로 등극한다. 그러나 흑인과 백인의 혼혈이었던 물라또들은 남부에서 반란을 일으켜 그를 처형한다. 이후, 북부를 장악한 흑인과, 남부를 장악한 물라또간의 투쟁이 이어진다. 1811년 북부의 흑인 크리스토프(Henri Christophe)는 앙리 1세(Henri I)로 등극하면서, 국가를 나폴레옹으로부터 보호하기 위해 성벽 축성에 착수한다. 그러나 9년간의 권좌는 쿠데타로 더 지속되지 못하고, 크리스토프는 자살로 생을 마감한다.

반면, 남부의 물라또 페톤(Alexandre Pétion)의 통치는 인권에 기초를 둔 것이었으며, 볼리바르에게 노예 해방을 약속했던 인물이었다. 그러나 1818년, 종신 대통령을 선언한 지 2년 후에 사망한다. 그의 뒤를 이어 종신 대통령에 오른 이가 봐예(Jean Pierre Boyer)이다. 그는 크리스토프가 자살하자, 북부 지방도 병합한다. 1821년 도미니카 공화국이 그란 콜롬비아의 일원이 되려 하자, 군대를 파병해 1844년까지 점령하도록 했다.

그의 정부는 전제적이었으며, 흑인보다는 물라또를 위한 정책을 폈다. 그가 1844년에 망명하자, 군 장교들이 쿠데타로 1915년까지 번갈아 집권한다. 1915년에 갓 취임한 대통령이 암살되자 정치적 혼란이 이어지며, 이에 미국은 질서를 확립하기 위해 해병대와 해군을 파병하고, 아이티의 조세 행정과 재정을 감독한다는 내용의 조약을 체결한다. 그러나 미국은 해병대 기지에서 주민들이 강제 노역에 종사하도록 하며, 이것이 불만의 원인이 되어 폭동이 일어난다.

미국은 폭동을 무력으로 진압하면서 수많은 사상자를 낸다. 반미 감정은 극에 달하고, 루즈벨트(Franklin D. Roosevelt) 대통령은 1934년에 군대를 철수시킨다. 그러나 세관 감독인들은 그대로 존속시켰다. 1934년부터 아이티의 대통령은 미국의 지지를 받은 인물이어야 했다. 1957년에 권력에 오른 두발리에(François Duvalier)는 종신 대통령의 직함을 가지고 비밀 경찰 조직을 이용해 통치했다.

1971년에 그가 사망하자, 그의 아들 Jean-Claude가 권좌에 오른다. 'Baby Doc' 으로 불리웠던 아들은 정치적 탄압을 완화하는 듯했으나, 잦은 내각의 교체, 자신의 지지 세력을 제대로 관리하지 못해 지지 기반을 상실했다. 1986년, 두발리에는 국가를 떠났으며, 아이티는 혼란기에 접어든다. 1993년에는 쿠데타에 의해 망명길에 올랐던 아리스티데(Jean Bertrand Aristide)가 다시 귀국하여 대통령 직무를 수행하고 있다.

10. 푸에르토 리코

스페인의 정복 전까지 이 섬에 살던 원주민은 아라우아꼬족(arauaco)의 일파인 따이노족(taíno)이었다. 1493년, 콜롬부스가 이 섬을 발견했을 때에, 이들의 추장은, 그에게 금을 선물하는 돌이킬 수 없는 실수를 저지른다. '금과 영광'을 찾아 인도를 찾아 나섰던 유럽인들에게 이 선물은 큰 유혹이었다. 스페인인들은 곧 섬을 정복하고 한편으로는 금광을 찾아 헤매었고, 또다른 한편으로는 섬을 식민지화했다.

푸에르토 리코(Puerto Rico)는 1509년까지 행정적으로는 에스빠뇰라섬에 속했다. 그러나 바로 이 해에 뽄세 데 레온(Juan Ponce de León)이 총독으로 임명되면서부터 에스빠뇰라섬에서 떨어져 나와 스페인의 명령을 직접 받는 독자적 식민지로 탈바꿈했다. 1511년, 뽄세 데 레온은 산 후안市(San Juan)를 건설해 수도로 삼았고, 이 시는 지금까지 수도로 건재한다. 농장에서의 노예생활, 강제 노역 동원, 유럽의 전염병, 반란 등으로 인해 원주민들의 인구는 격감했으며, 16세기 말엽에는 이 섬에서 원주민을 거의 찾아볼 수가 없을 정도였다.

육체 노동에 익숙하지 않았던 식민주의자들은 흑인 노예를 농장에 투입하나, 경제 발전은 미미했으며, 군사적인 요충지라는 것 외에는 식민지로서의 매력은 없었다. 행정력의 무능, 해적의 공격, 금과 영광을 찾아 외지로 향하는 인구 이출은 이 상황을 더욱 더 악화시켰고 18세기 말까지도 변화가 없었다. 그러나 18세기 말에서 19세기 초 사이에 정치적인 이유로 멕시코, 남미, 아이티 등지에서의 이주자가 늘면서 상황은 조금씩 호전되어갔다. 즉, 이들 이주자들은 열대 농사를 지을 줄 알았으며, 무역의 활성화에도 기여했다. 스페인은 이 섬의 대표자를 궁궐에 파견하게 함으로써 신대륙 전체에 불고 있던 독립 운동에서 이들을 격리시키려 했다.

1823년, 스페인에서 절대주의 왕정이 부활되었다는 사실은 스페인령 안띠야스 제도(Antillas) 주민들에게는 결코 반갑지 않은 것이었다. 수많은 독립운동이 있었으나, 이들 모두는 실패한다. 이들 운동 가운데에서 가장 규모가 컸던 것은 1867년의 그리또 데 라레스(Grito de Lares)이다. 독립 운동의 실패는 스페인 군대가 군사적으로 우수했던 것 외에, 주민들이 양분된 것에도 기인한다. 19세기에 가장 강력했던 정당은 '자치주의당'(Autonomista)으로, 그들은 정치적인 독립보다는 스페인에 대표를 보내고 자신들의 자치를 보장받으면서 스페인의 한 지방으로 남는 것을 더 선호했다.

자치주의자들의 상당수는 경제와 군사의 분리, 노예 제도 폐지, 섬 정부 당국자를 자신들이 선택할 권리를 주장해서 1897년에는 이러한 요구를 관철시킨다. 그러나 1898년에 일어난 미서 전쟁에서 스페인이 패하자, 스페인은 이 섬에서 손을 떼고, 대신 미국이 이 섬에 대한 관할권을 갖게 되었다.

푸에르토 리코의 완전한 독립을 위해 싸운 이들 가운데에서 가장 유명한 사람이 오스또스(Eugenio María de Hostos)이다. 그는 조국의 독립을 위해 중남미 전역을 다니며 호소했고, 산또 도밍고와 쿠바와의 연맹체 창설을 위해 노력했으며, 중남미의 미래가 교육에 있음을 깨닫고 후세 교육에 전념한다. 그러나 1898년의 미서 전쟁 후에도 조국의 독립이 이루어지지 않음을 알고 스스로가 조국을 떠나 산또 도밍고(Santo Domingo)에서 망명 생활을 하다가 죽는다.

1917년, 미국은 푸에르토 리코의 주민들에게 미국 시민권을 부여하는 법령을 통과시킨다. 민족주의자들은 푸에르토 리코의 완전 독립을 주장하나, 일부는 미국의 한 주로 편입되기를 원하는 반면, 다른 일부는 현재의 상태를 원한다. 이들 마지막 그룹은, 미국의 주로 편입되면, 연방세를 내야 한다는 것이 불리하다고 주장한다. 1998년에는 어떤 식으로든 자신들의 조건을 결정해야 하는 것이 푸에르토 리코의 운명이다.

11. 쿠 바

스페인의 중남미 식민지 가운데에서 가장 늦게 독립을 이룬 나라가 쿠바이다. 그러나 이 나라에 독립 투쟁이 없었던 것은 아니다. 일례로, 독립 투사들 중에서 가장 전설적인 영웅이 마르띠(José Martí)이다. 모데르니스모 계열 문필가로도 이름을 날렸던 마르띠는 미국에서 망명 생활을 하며, 스페인 군대에 대항해 싸우다 전장에서 죽는다.

1898년의 미서 전쟁 덕분에 쿠바는 스페인으로부터 독립을 쟁취할 수 있었다. 그러나 미국의 군정 실시로, 자주 정부 수립은 1902년에서야 실시되며, 미국은 의회의 결의하에 관따나모(Guantánamo) 해군 기지를 소유한다. 10여 년에 걸친 미국의 지배는 황열병의 박멸에서 보여 주듯이 공공 보건에서는 기여도가 컸다. 또한 교육, 도로, 항만의 건설은 긍정적인 차원의 업적이다. 반면, 쿠바의 경제가 단일 품목에 의존하게 했다든가, 쿠바의 자주권을 침입했다는 점에서는 부정적이다.

쿠바는 상당 기간 동안, 부패 관료, 소수의 기득권 세력의 손에 있었다. 정부의 요직에 기용되거나 관료가 되는 것이 출세의 지름길이었음은 이를 잘 반영해 준다. 독재자의 출현은 빈번했으며, 그들 중의 하나가 1924년에 당선된 마차도(Gerardo Machado Morales) 장군이다. 그는 정적들을 상어에게 던져 줄 정도로 잔인한 인물이었다. 1934년에 지식인, 대학생, 소장파 하사관들이 주동이 되어 반란을 일으켜 마차도를 실각시킨다.

반란을 이끌던 그룹의 하나가 바띠스따(Fulgencio Batista)이다. 바띠스따는 권력을 잡는 즉시 군 우대 정책을 펴서 장교들의 신임을 얻은 다음, 노동자 우대 정책으로 노동자, 중산층을 그의 지지 세력으로 이끈다. 또한 교육 제도를 개선하고, 공공 건설에도 박차를 가했다. 그러나 세월이 흐르면서 그의 정부는 부패해지기 시작했다. 1944년에 바띠스따가 퇴임한 후 그의 뒤를 이은 정권들 역시 부패의 고리를 차단하지 못했다. 바띠스따는 1952년에 다시 쿠바로 돌아와 권력을 장악한다. 1958년까지의 재임 기간 동안, 경제 성장을 이루나, 정적 탄압, 농지와 주요 기업 소유로 국민들의 불만이 높았다. 체 게바라(Ernesto Guevarra)와 함께 망명지 멕시코에서 귀국한 카스트로(Fidel Castro)는 게릴라 활동을 전개하며, 1959년 아바나시를 함락시킨다.

이때부터 현재까지 카스트로는 쿠바를 통치하고 있다. 그의 업적으로는, 0%에 가까운 문맹률, 사회 계급의 소멸, 부패 차단 등을 들 수 있으며, 실정으로는 독재에 버금가는 정치, 전통적인 중남미식 가정의 파괴, 경제 발전 부진 등이다.

12. 콜롬비아

독립 영웅 볼리바르의 원래 꿈은 중남미 전체를 하나의 나라로 만드는 것이었다. 그런 까닭으로, 1821년에 독립했을 때 그란 콜롬비아(Gran Colombia)라는 이름으로 콜롬비아와 에콰도르를 독립시킨다. 그러나, 독립 영웅들간의 불신, 시기, 배신으로, 다른 국가를 병합시키지 못한다. 1830년 볼리바르 휘하 장군 하나가 그란 콜롬비아를 해체시키며, 또 다른 장군은 에콰도르를, 또 하나는 베네수엘라를 따로 독립시킨다. 콜롬비아는 상당 기간 동안 대륙의 다른 나라에서처럼 정정이 불안했으며 정치에 야망을 가졌던 군인들이 자신들의 야망을 위해 권력을 잡거나, 대지주들을 대신해서 권력을 잡았다.

1832년에는 진보주의자가 권력을 잡았으나, 반대파에 대한 탄압으로 실각된다. 1837년에 집권한 마르께스(José Ignacio Márquez)는 계몽주의에 입각한 정치를 펴나, 수도원을 교육용 재산으로 수용하자 성직자들이 대거 반란을 일으켜 내란으로 확대되었다. 1843년에는 알깐따라 에르난(Pedro Alcántara Hernán)이 집권해서 헌법을 개정한다. 이 헌법은 중앙 집권적이고 권위주의적이었으나, 그는 진보적 정책을 지속한다. 그리고 예수회의 귀국을 허용하여 교회와의 우호 관계를 정립한다.

1845년에는 보수주의자가 정권을 장악하나, 그의 정책은 진보적이고 개혁적이었다. 1849년에 당선된 일라리오 로뻬스(José Hilario López)는 노예 제도 폐지, 인디오 공동체 소유 토지에 대한 보호령 폐지, 성직자들의 특권 폐지, 예수회 추방을 단행한다. 그의 자유주의적 정책은 결과적으로 대농장주만 살찌우는 결과를 초래했으며, 콜롬비아가 1차 산업국으로 전락하는 계기가 되었다. 1853년에 집권한 오반도(José María Obando)는 자유 개혁을 강화하면서 사상의 자유, 언론의 자유를 보장하는 신헌법을 제정했다. 그러나 그의 개혁 정책은 보수주의자들의 반발을 야기시켜, 1854년의 쿠데타로 실각당한다.

1857년에 집권한 오스삐나 로드리게스(Mariano Ospina Rodríguez)는 1858년 헌법을 개정하여 국명을 그라나다 연방(Confederación Granadina)으로 개칭한다. 이 헌법은 선거권을 확대시킨 것이 특징이며, 지방 자치주의를 골자로 하고 있다. 그러나 그라나다 연방 정부가 각 주의 사태에 개입하는 사태가 벌어지자, 내란 상태로 치닫는다. 1861년 까우까(Cauca) 주지사이던 모스께라(Tomás Cipriano de Mosquera)가 반발하며, 이에 다른 주까지 합세하면서 내란 상태에 이른다. 1863년에 제정된 신헌법은 국명을 콜롬비아 합중국(Estados Unidos de Colombia)으로 개명하고, 연방제를 강화시키고, 政敎 분리를 채택하며, 대통령의 권한을 축소시켰다.

이에 따라 각 주는 군대를 증강시켜야만 했고, 부족한 지방 정부의 재원 확보를 위해 많은 미개간지를 매각시키는 것이 열병처럼 퍼져나갔다. 1880년에 대통령에 당선된 누녜스(Rafael Núñez)는 1884년에 재선되며 1886년에는 헌법을 개정한다. 개정 헌법은, 국명을 콜롬비아 공화국(República de Colombia)으로 하고, 중앙 정부 권한 강화, 삼권 분립 확립, 단원제 의회 제도 채택을 골자로 했다. 1886년과 1892에도 재선된 누녜스는 1894년에 사망하고, 그의 뒤를 이어 부통령 까로(Miguel Antonio Caro)가 대통령을 승계한다.

1898년의 선거에서는 보수당이 승리하나, 자유당은 이를 부정 선거라고 비난한다. 이것이 도화선이 되어 1899년부터 1902년까지 콜롬비아 전역은 내란에 휩싸인다. 이 기간의 전쟁이 '천일 전쟁'(Guerra de los Mil Días)으로, 약 10만명이 사망했으며, 파나마의 분리 독립으로 파나마 운하까지 상실하는 계기가 되었다.

1904년 정권은 보수계로 넘어가며, 보수당은 1930년까지 통치한다. 자유당은 1931년부터 1946년까지 정권을 유지했다. 1946년의 선거에서 분열된 자유당 대신 보수당의 오스삐나(Mariano Ospina Pérez)가 정권을 잡으나, 의회는 자유당이 장악하고 있었다. 계속되는 정정 불안으로 오스삐나는 1947년에 의회를 폐쇄하며, 1948년 범미주회의(Conferencia Panamericana) 개최 기간에 자유당의 좌익계 수장인 가이딴(Jorge Eliecer Gaitán)이 살해당한다.

국민은 봉기했고, 보고타시 중심부의 상당 부분이 파괴되었으며 많은 정치인이 살해되었다. 이 사태는 일명 '보고타소'(bogotazo)로 불리우며, 이어, 콜롬비아의 고질적 병폐인 '폭력 사태'(La violencia)의 시초가 된다. 1960년대 초반까지 진행된 폭력 사태는 초기에는 정부군과 무장 집단 간의 유혈 충돌로 시작되나, 곧 농민이 가세한다. 보수당 정부는 1953년 로하스(Gustavo Rojas Pinilla) 장군의 쿠데타로 붕괴된다. 로하스는 무장 집단들을 평정하고 공공 사업을 펼치며 서민 지원 대책도 수립한다. 로하스가 국민들의 지지를 얻자, 자유당과 보수당은 군사 독재의 장기화를 우려한다. 양당은 협약을 맺어 1958년부터 1974년까지 서로 번갈아가며 대통령직을 맡을 것을 결의한다.

양당의 반대 세력은 이것을 '부르죠아들의 편리'에 맞춘 결정으로 간주하고 내륙 지방에서 무장 봉기한다. 극좌 세력은 쿠바와 유사한 혁명 정부를 수립하려는 의도로 기존 질서 체계를 파괴하고자 했다. 이들의 폭거가 극에 달했을 때에는 이들의 점거 지역은 '사회주의 공화국'이라는 이름하에 자신들의 군대, 화폐, 심지어는 우편 제도까지 따로 소유했다.

이 투쟁에서 수만명이 사망하며, 그들 중의 하나가 또레스(Camilo Torres) 신부이다. 부유층 출신으로 대학 교수였던 신부는, 평화적인 개혁은 불가능하다고 여기고, 내륙 지방의 게릴라 운동에 참여하다가 1966년에 죽는다. 80년대에 들면서 게릴라 운동은 농촌 지역뿐만 아니라, 도시 지역까지도 확산된다. 요인 납치, 은행 점거, 외교관 납치 등은 이들이 흔히 사용하던 수법으로, 1980년에 발생한 도미니카 공화국 대사관 인질 사건은 가장 좋은 예다.

콜롬비아의 마약 밀매는 미국과의 관계를 위축시켰다. 미국은 마약 조직 구성원들을 미국으로 압송하여 재판에 회부하기를 원했고, 이에 반대하는 마약계의 대부들은 요인 납치를 통해 콜롬비아 정부가 그 안을 거부하도록 압력을 넣었다. 국가 전체를 위기로 몰아가던 마약업자와 정부의 대결은, 1993년 에스꼬바르(Pablo Escobar Gaviria)의 사살로 소강 국면에 접어들었다.

13. 에콰도르

에콰도르(Ecuador)는 1739년까지 페루 부왕국 소속 키토 관할지였다. 1821년 볼리바르에 의해 그란 콜롬비아(Gran Colombia)의 일원이 되나, 1830년에 분리 독립한다. 바로 이때문에 남쪽의 페루 및 북쪽의 콜롬비아와 국경선 문제로 갈등을 빚고 있는 것이다. 에콰도르가 분리 독립하던 당시의 대통령은 볼리바르 부하였던 플로레스(Juan José Flores) 장군이었다. 그러나 독립전쟁시의 영웅들이 일단 권력을 잡으면 독재자가 되었듯이, 플로레스 또한 독재자로서 1835년까지 통치한다.

그리고 다시 4년 후에 권력을 잡아 1845년까지 재임한다. 그 후로 수명의 독재자가 그 뒤를 잇고, 내란에 시달리다가, 1861년 가르시아(Gabriel García Moreno)가 교회가 중심이 된 보수 세력의 지원으로 권력을 잡는다. 그의 두 번에 걸친 재임 기간 중에 에콰도르는 정치적, 경제적 안정기를 맞는다. 특히, 그의 정책은 神政 정치적이었던 것으로 이름이 높다. 즉, 국가를 '예수 성심' (Sagrado Corazón de Jesús)에 봉헌했으며, 1871년에 이탈리아 정부가 교황청 영토를 접수하자 이탈리아 정부에 강력히 항의하고, 교황을 방어하기 위해 교회 군대를 조직한다.

1875년에 다시 한번 재선되나, 그의 독재 정치에 반기를 들었던 몬딸보(Juan Montalvo)를 지지하는 대학생들에 의해 취임 직후 암살당한다. 이때부터 에콰도르는 무정부 상태에 돌입한다. 1895년 자유당의 엘로이(Flavio Eloy Alfaro)가 선거에서 승리하며, 이 혼란 상태는 종지부를 찍는다. 엘로이는 1896년에 헌정 의회를 소집하고, 1897년에 신헌법을 제정하며, 신헌법에 따라 종교의 자유를 인정하고, 보수당 정부 시절에 성직자들이 누렸던 특권들을 폐지하는 등의 일대 개혁을 단행한다.

1897년부터 1901년까지의 1차 재임 기간 후, 다른 자유당 장군 등이 집권하나, 1907년의 선거에서 엘로이는 재집권에 성공한다. 그러나 1911년의 쿠데타로 실각당하며, 에콰도르는 다시 혼란기에 접어든다. 1930년까지의 집권 주체 세력은 자유당이었으나, 경제 상황이 악화되면서 1932년부터 에콰도르는 다시 무정부 상태로 돌입한다.

이러한 상황에서 출현한 인물이 5차에 걸쳐 대통령직을 역임한 벨라스꼬(José María Velasco Ibarra)이다. 벨라스꼬는 1934년부터 1935년, 1944년부터 1947년, 1952년부터 1956년, 1960년부터 1961년, 그리고 1968년부터 쿠데타로 축출된 1972년까지 집권했다. 현재 민선 대통령이 사임하고 부통령이 승계했으나, 실질적으로는 군사평의회 의장이 대통령직을 수행하고 있다.

14. 베네수엘라

1819년부터 1829년까지 대통령이었던 볼리바르(Simón Bolívar)를 대신해서 베네수엘라(Venezuela)를 통치했던 인물은, 빠에스(José Antonio Páez)[51] 장군이었다. 베네수엘라가 그란 콜롬비아에서 분리 독립하자, 빠에스는 정식으로 대통령에 취임하며, 1830년부터 약 30년간 수차에 걸쳐 대통령으로 재임했다. 철권 통치로 국민을 다스렸으며, 대중의 이익보다는 소수의 기득권 세력 이익 보호에 혈안이 되어 있었다.

그러나 1848년의 선거에서 승리한 모나가스(José Tadeo Monagas) 장군은 집권 후 자유주의적 정책을 펴서 보수주의자들과 갈등을 빚는다. 결과는 보수파들의 패배였고, 빠에스는 1850년 미국으로 망명한다. 모나가스는 자신의 동생인 호세(José Gregorio Monagas)와 함께 10년간 권력을 유지한다. 그러나 노예제를 폐지하는 등, 일련의 개혁 성향을 보였던 이들 형제들은, 자신들의 영구집권을 위해 대지주의 토지 소유를 적극적으로 보호하며, 일반 국민들은 이에 대해 반발한다.

이러한 상황에서 망명길에 있었던 형 빠에스는 1858년에 귀국하여 1861년에 대통령으로 선출된다. 그러나, 중앙 집권을 옹호하는 보수주의 세력과 연방제를 옹호하는 자유주의 세력 간에 무력 충돌이 빚어지며 이것이 세칭 '연방 전쟁' (Guerra Federal)이다. 이 전쟁은 빠에스의 미국 망명으로 끝난다. 1864년 의회는 신헌법을 제정하고 국호를 베네수엘라 합중국(Estados Unidos de Venezuela)으로 바꾼다. 그러나 무력 충돌은 지속되었다.

1870년에 카라카스를 점령한 구스만(Antonio Guzmán Blanco)은 1872년에 대통령에 당선된 후, 1888년까지 실질적으로 이 나라를 통치했다. 그는 독재자였음에도 불구하고 철도, 전신 등의 공공 사업 전개로 베네수엘라의 근대화에 기여했으며, 정치적 안정을 구축했다. 교회와의 갈등은 그의 일련의 진

51) 군인들의 창 끝에 적군의 피가 묻지 않았으면 가차없이 벌을 주었던 것으로 유명했으며, 1831~1835, 1836~1843, 1861~1863년의 세 기간 동안 대통령직을 수행했던 볼리바르 휘하 장군.

보적 정책, 일례로, 교회 재산 몰수, 수도원 폐쇄 등에서 비롯된다. 그의 실각후에 여러 정권이 부침하다가, 1899년 씨쁘리아노(Cipriano Castro)의 등장으로 다시 독재 정권을 맞는다. 씨쁘리아노는 1908년까지 재임하면서, 국내적으로는 잔혹한 독재 정치를, 국외적으로는 열강들과의 갈등을 빚어 외교 분쟁을 야기했다.

1908년 그가 병 치료차 유럽에 가있는 동안, 의회는 대통령의 직무 수행을 정지시키고 부통령이었던 고메스(Juan Vicente Gómez)가 승계하도록 한다. 고메스는 1935년까지 권좌에 있으면서, 정적들을 무참히 죽인 것으로 유명한 독재자이다. 1920년에 마라카이보(Maracaibo)에서 석유가 발견되자, 그는 자신에게 돈을 선물하는 외국 회사들에게 채굴권을 양도한다. 그의 정권하에서 여러 명의 지식인들이 독재 정치를 정당화하는 책을 썼으며, 그중의 하나는 이탈리아의 파시스트 무쏠리니가 이탈리아어로 번역을 시킬 정도로 파시스트의 구미에 맞는 내용이었다.

1947년의 선거에서는 문필가로 유명한 가예고스(Rómulo Gallegos)가 당선되나, 곧 쿠데타로 실각당한다. 1952년 군부는 뻬레스(Marcos Pérez Jiménez) 장군을 대통령으로 선출하며, 뻬레스는 1958년까지 철권 통치를 자행하고, 국고를 사유 재산화했다. 1959년부터는 민주 행동당(Acción Democrática)의 베탕쿠르(Rómulo Betancourt)가 대통령으로 선출되는 등, 이 당에서 많은 기간에 걸쳐 정권을 잡아 현재에 이르고 있다. 1993년에는 이 당 출신 대통령인 뻬레스(Carlos Andrés Pérez)가 독직 혐의로 직무 정지당했고, 이어 등장한 정부에 의해 재판에 회부되었다.

15. 페 루

독립 페루의 수장들이 페루인이 아니었다는 것은 흥미로운 사실이다. 최초의 수장은 아르헨티나의 산 마르띤 장군이었고, 두번째는 베네수엘라의 볼리바르 장군, 그리고, 세번째는 에콰도르의 과야낄 태생인 데 라 마르(José de la Mar) 장군이었다. 그리고 1836년에서 1837년 사이에 페루-볼리비아 연정의 대통령 또한 볼리비아 출신 산따 끄루스(Andrés de Santa Cruz)였다. 그러나 독립시부터 1842년까지, 독립 전쟁의 영웅들이었던 대장들간의 정권 쟁탈전이 벌어지며, 따라서 정정은 불안했다.

대통령직은 가마라(Agustín Gamarra), 오르베고소(José de Orbegoso), 베르무데스(Pedro Bermúdez), 살라베리(Felipe Santiago de Salaverry) 장군으로 이어졌으며, 인근국들과 전쟁을 치루기도 했다. 정치적으로는 불안한 상태였고, 과노(guano)[52]의 수출로 많은 돈이 유입되었으나, 이 자금의 재투자에 실패하여 장기적 발전에는 오히려 해를 끼쳤다.

1845년에 집권한 까스띠야(Ramón Castilla) 대장은 과노의 수출이 국가 재정에 유입되도록 하고, 부채의 상당 부분을 청산했다. 그리고 중국 이민을 받아들여서 철도 건설 및 섬유 공장에 부족한 노동력을 충당하고, 이들이 농사를 짓도록 장려하여 농업 발전을 꾀했다. 또한 해군사관학교를 창설하는 등 국방에도 힘을 썼으며, 인디오 보호정책을 폈다. 1851년에 집권한 에체니께(José Rufino Echenique)의 인기가 하락하자, 까스띠야는 1854년에 반란을 일으켰다. 1855년에 다시 대통령으로 취임하면서 노예 제도를 폐지하고, 1856년과 1860년, 두 번에 걸쳐 헌법을 개정했다.

1860년의 헌법은 1920년까지 유지된 것으로, 재선 금지, 양원제 채택을 골자로 한다. 까스띠야는 외치에도 힘을 써 중남미 국가들을 지원했다. 각 계층의 이해 조정에도 탁월한 재능을 보여, 그의 재직 기간 동안 페루는 정치, 경제, 교육, 문화면에서 많은 발전을 이룩한다. 1862년에 그가 사임하면서, 페루 정국은 다시 혼미를 거듭한다. 스페인과의 전투는 국가 재정에 막대한 손실을 가져왔으며, 경제 정책의 일관성 부재, 과노의 고갈은 국가 전체를 파산으로 이끌었다.

1872년에 시민당(Partido Civilista)의 빠르도(Manuel Pardo)는 최초의 민선 대통령이 된다. 그러나 당시의 페루 정치가 이 나라를 지배하던 군 수뇌부와 소수 민간 가문이 자신들의 기득권 보호에만 신경을 썼으며, 자신들간의 이해가 상충하면 언제라도 일으켰던 것이 쿠데타였음을 상기한다면, 엄밀한 의미에서, 이 민선 대통령이 전체 국민을 위한 정치를 펼쳤던 것이 아님을 능히 상상할

52) 해조류의 똥.

수 있다. 이러한 상황에서 일어난 것이 '태평양 전쟁'이다. 태평양 전쟁에서의 패배는 경제를 파탄으로 이끌었으며, 국민들의 패배감은 극에 달했다.

그러나 정치가들은 그들의 정쟁으로 날을 보냈다. 이글에시아스(Miguel Iglesias), 까세레스(Andrés A. Cáceres), 모랄레스(Remigio Morales Bermudes), 삐에롤라(Nicolás de Piérola), 로뻬스(Eduardo López de Romaña), 깐다모(Manuel Candamo), 빠르도(José Pardo y Barreda), 레기아(Augusto B. Leguía), 빌링허스트(Guillermo Billinghust), 베나비데스(Oscar R. Benavides), 빠르도(José Pardo y Barreda)로 이어지는 대통령들은 1884년부터 1919년까지 통치했다. 이들 모두는 경제 정책에 치중했으나, 국가의 혼란은 통제 불능의 상태로 치달았다.

1919년부터 1930년까지 독재자로 군림한 인물은 레기아이다. 그의 재임 기간에 마리아떼기와 아야 데 라 또레가 좌경사상에 입각한 사회 개혁을 주장한다. 레기아는 재임 중, 신헌법 제정을 통해 독재의 길을 열었으며, 많은 공공 사업을 추진했다. 그러나 세계 공황으로 경제가 하강으로 접어들게 되자 쿠데타가 발생하여 실각당한다. 그의 뒤를 이어 산체스 세로(Miguel Sánchez Cerro), 베나비데스(Oscar Benavides), 쁘라도(Manuel Prado Ugarteche), 부스따만떼(Luis Bustamante y Rivero)가 권력을 잡으며 교육 제도가 개선되고 군이 현대화되나, 2차 대전의 영향으로 외채가 증대된다.

1948년에는 오드리아(Manuel A. Odría)가 반란을 일으켜 권력을 잡으며, 그는 공산당과 아쁘라당을 불법화시킨다. 많은 인사들이 쿠바로 도주하며, 아쁘라당 당수 아야는 리마 주재 콜롬비아 대사관으로 망명하여 1954년까지 그곳에 머무른다. 1950년에 의회에서 정식으로 대통령에 선출된 오드리아는 경제 발전에 주력한다. 그 뒤를 이어 선출된 이가 전직 대통령이었던 쁘라도(Manuel Prado)이다. 1962년의 선거는 후보자들간의 난립으로 군부 개입의 길을 터놓았다. 군부는 군사평의회를 구성하여 쁘라도 대통령을 추방하고 많은 인사들을 투옥했다.

1963년의 선거에서는 벨라운데(Fernando Belaunde Terry)가 당선되었다. 그러나 경기 침체와 사회 불안이 지속되자, 1968년 쿠데타로 전복된다. 1968년 쿠데타의 주역은 벨라스꼬(Juan Velasco Alvarado) 장군이다. 그의 정책은 다분히 사회주의적이었다. 농지 개혁을 통해 대농장주의 농지를 농민에게 돌려주고, 소련식의 집단 농장을 구성시켰고 기간 산업의 국유화 조치를 단행하며 외국 기업에 대한 감시를 강화했다. 당시 그의 정책에 불만을 품은 미국을 위시한 서유럽 국가들은 페루의 어분 및 설탕 구입 보이콧을 단행하며, 벨라스꼬는 이에 맞서 소련 및 동구권에게 협조를 구한다. 그러나 물가 앙등으로 정정이 불안하고 병환으로 통치를 지속할 수 없자 1973년에 모랄레스(Francisco Morales Bermúdez)가 세력을 잡는다.

모랄레스는 서방과의 관계를 정상화시키고 야당과의 대화를 활성화하는 등의 유화 정책을 취한다. 1980년의 선거에서는 전직 대통령인 벨라운데(Fernando Belaunde Terry)가 당선되나, '빛나는 길'[53](Sendero Luminoso)의 테러활동으로 정정이 불안했다. 1985년에는 아쁘라당의 가르시아(Alan García)가 당선되어, 당의 창설 이후 최초로 권력을 잡게 되었다. 그러나 막중한 외채, 은행의 국유화, 소극적 대외 부채 상환으로 경제적 실책을 거듭하며, 테러 활동의 강화 및 마약 밀매 문제로 영일이 없었다.

1990년 선거에서는 일본계 이민 2세인 후지모리(Alberto Fugimori)가 당선되는 이변을 낳았다. 그는 재임중에 재선 금지 조항을 폐지하는 국민 투표를 단행해 재선의 길을 터놓아 1995년에 재집권했다. '빛나는 길'의 구스만을 체포하는 개가를 누리고, 외자를 활발히 유치하는 등의 경제 정책으로 가르시아 정권하에서 연 1,000%가 넘던 인플레는 안정되었으나, 아직도 국민 생활은 피폐해 있다.

16. 볼리비아

볼리바르는 라틴 아메리카 제국을 하나로 통일하기를 원했다. 그러나, 페루에서는 그의 이런 생각에 반대하는 사람이 많았고, 그의 부하들은 자신들

53) 모택동주의 좌익 게릴라 단체로 남부 산악 지방의 아야꾸초 대학 철학 교수 구스만 (Abimael Guzmán Reinoso)이 창설했다. 그들은 자본주의 사회를 타파하여 모택동 식의 농민 공산 사회를 세우겠다는 목표하에 요인 납치, 암살, 폭탄 투척 등을 자행했으나, 구스만이 1992년에 체포됨에 따라 조직이 거의 와해되어 있다.

의 대장의 뜻을 따르기 보다는 나라를 분리시키는 데에 급급했다. 볼리바르는 페루에서 분리되어 태어난 나라이며, 1826년에 볼리바르가 제정한 헌법을 채택하고 볼리바르를 대통령으로, 베네수엘라 태생의 장군이었던 수끄레(Antonio José de Sucre)를 부통령으로 선출했다.

볼리바르가 그란 콜롬비아(Gran Colombia)의 내분을 종식시키기 위해 콜롬비아로 떠나자, 수끄레는 정부의 수장이 되었다. 그는 군인으로서는 유능했으나, 볼리비아 출신 장군들의 이익 상충을 조정하는 능력이 없었다. 1828년에 쿠데타가 발생하고, 그는 추방되었다. 그의 뒤를 이은 장군이 볼리비아 출신 산따 끄루스(Andrés de Santa Cruz)로, 1836년에 페루 볼리비아 연정의 대통령을 역임한 인물이다. 그때부터 1983년까지 볼리비아는 잦은 정권 교체, 잦은 헌법 개정, 수많은 쿠데타, 요인 암살로 명성이 높았다.

이들의 공통점은, 일단 쿠데타에 성공하면 국민에 대한 약속을 잊고, 사리사욕만을 추구했다는 점이다. 가장 전형적인 인물이 1864년부터 1871년까지 집권한 멜가레호(Mariano Melgarejo)다. 그는 인근 국가들과 국경 조약을 체결했는데, 이 조약들은 볼리비아에 전적으로 불리한 것이었다. 이에 대한 국민의 불만은 반란으로 이어지며, 결국 1871년에 실각된다. 바이비안(Adolfo Ballivián)에 이어 집권한 다사(Hilarión Daza) 장군은 멜가레호가 체결한 국경 조약을 수정하도록 칠레 정부에 요구한다. 이로 인해 발발한 것이 태평양 전쟁으로, 이 전쟁에 패한 볼리비아는 태평양에 인접한 국토를 빼앗겼다.

20세기 초, 차꼬 지역에서 발견된 석유로 볼리비아는 인접국인 파라과이와 전쟁을 치루었다. 이 전쟁 후에 경제 부흥을 위한 노력이 있었으나, 1952년에 시작된 볼리비아 혁명(Revolución Boliviana)까지 큰 진전이 없었다. 1952년부터 1964년까지 지속된 볼리비아 혁명의 주역은 1951년의 선거에서 당선된 빠스(Víctor Paz Estenssoro)로, 이 혁명은 멕시코 혁명 다음으로 중요하고 장기간에 걸쳐 일어난 것이다. 그의 정부는 광산 국유화, 농지 개혁, 군대 해산과 같은 정책을 취한다. 그러나 국가의 경제 상황은 호전되지 않았고 광산과 농지의 생산력은 저하되었다.

이 와중에 빠스는 헌법을 개정하여 삼선의 길을 트고 군대를 재조직시켜 그 힘으로 재당선된다. 그러나 이 해에 당시 부통령이던 바리엔또스(René

Barrientos Ortuño) 장군이 쿠데타를 일으켜 빠스를 실각시킨다. 1966년에 바리엔또스가 대통령으로 취임하지만, 이 해부터 1978년에 민정으로 이양될 때까지 실질적으로 이 나라를 통치한 사람들은 일단의 군 장교였다. 1967년에는 체 게바라가 볼리비아에 잠입하여 혁명을 시도하나, 그는 볼리비아군에 의해 체포되어 처형당한다.

1978년에 민정 이양이 실시되나, 1982년에는 다시 헌정 중단으로 이어진다. 1989년의 선거에서는 빠스(Jaime Paz Zamora)가 당선되며, 1993년에는 야당 후보였던 산체스(Gonzalo Sánchez de Lozada)가 당선된다. 1997년에는 전임 대통령이었던 반세르(Hugo Bánzer Suárez)가 다시 당선되어 대통령에 취임했다.

17. 칠 레

산 마르띤에 의해 독립을 쟁취한 칠레의 초대 대통령은 오이긴스(Bernardo O'Higgins)이다. 오이긴스는 1818년에 취임하면서 철권 정치를 폈다. 그러나 농지 상속 제한으로 칠레의 기득권층과 마찰을 빚다가 1823년에 페루로 망명한다. 1830년까지의 칠레 정정은 자유주의자들과 보수주의자들의 대립의 연속이었다.

1830년에 군의 지지 속에 보수파 장군이 대통령직에 오르며, 이 정부의 수상이었던 뽀르딸레스(Diego Portales)는 국가의 질서를 확립하고 정국을 안정시켰으며, 사실상의 독재자로 군림했다. 또한, 베네수엘라의 베요를 초대하여 민법을 제정하도록 했으며, 교육에도 일대 혁신을 일으켰다. 정국의 안정으로 칠레는 다른 인근국에 비해 비교적 빨리 국방에 몰입할 수 있었으나, 1836년에 페루 볼리비아 연정이 태동하자, 칠레는 자국에 위협이 된다고 간주하고 군대를 파견해서 이 연정을 와해시킨다.

19세기 전반에 걸친 칠레 정치사는 보수 세력과 자유 세력의 대결이다. 이들은 모두 아메리카 태생 백인과 전문 직업을 가진 메스띠소에 의해 구성되었다. 보수주의자들은 대농장주의 이득을 보장했으며, 중앙 집권적인 정부를 지지했고, 식민지 시대의 사회 조직과 질서를 선호했다. 반면, 자유주의자들은 영국과 불란서의 자유주의 사상에 영향을 받아 사회 개혁, 반 교회주의를 주장했다. 보수주의자들이 월등히 우세했던 칠레였으나, 외국의 정치 망명자들에게는 문호를 개방해서 아르헨티나 정치 망명가들이 대거 이주하도록 허용했다. 보수주의자들의 독재하에서 칠레의 경제는 발전되었으며, 칠레인들은 영국인들과 함께 북쪽의 볼리비아 해안의 초석 광산에 많은 투자를 한다.

볼리비아 정부가 광산업자들에게 강제로 세금을 부과하자, 이들은 칠레 정부에 호소하기에 이르렀고, 이것이 도화선이 되어 태평양 전쟁이 발발했다. 태평양 전쟁의 승리로 칠레의 광물 수출이 증가하면서, 부의 편중, 노조의 압력단체 부상 등으로 칠레의 정치는 불안해지기 시작했으며, 급기야는 1891년에 대통령과 의회의 갈등으로 내란이 발생한다.

약 8개월간의 내란으로 많은 인명 피해가 발생했으며, 경제적 손실 또한 상당한 것이었다. 이 내란의 후유증으로 칠레는 대통령 중심의 공화국에서 의회 중심의 공화국으로 탈바꿈하며, 이 상황은 1920년까지 지속된다.

1920년 이후의 칠레 정정은 불안했다. 1920년에 집권한 알레산드리(Arturo Alessandri)는 쿠데타에 의해 실각당하나 군사평의회는 후에 그를 다시 불러들인다. 1925년에 귀국한 알레산드리 대통령은 신헌법을 제정하여 임대에 대한 세금 경감, 초석 광산의 국유화, 노동자에게 유리한 사회주의 성향의 법률을 도입했다. 그러나 그의 정부는 보수주의자들의 저항을 불러일으킨다.

1927년에 실권을 장악한 이바녜스(Carlos Ibáñez del Campo)는 질서 수립 명목하에 독재로 다스린다. 1931년에 민중 봉기로 이바녜스가 축출당하고 칠레는 무정부 상태로 치닫는다. 1932년의 선거에서는 알레산드리가 다시 당선되었다. 그 전에는 개혁적이었던 알레산드리는 보수층과 협력 관계를 유지하며 대중의 복지보다는 질서 확립에 더 역점을 두었다. 그의 지지자였던 좌익세력들은 민중전선(Frente Popular)을 결성하고 반대파로 돌아선다.

1938년부터 1952년까지는 민중전선의 시대였다. 1938년 선거에서는 민중전선의 아기레(Pedro Aguirre Cerda)가 당선된다. 이 정부는 국가의 산업화에 역점을 두었으며, 광산과 교통 체계를 현대화하고, 어업과 목축업을 장려하며, 노동자의 권익 보호에 앞장섰다. 아기레의 급작스런 죽음으로 치루어진 선거의 당선자는 역시 급진파의 리오스(Juan Antonio Ríos)였다. 그러나, 그도 임기 전에 사망하고 다시 대통령으로 선출된 이가 곤살레스(Gabriel González Videla)였다. 그는 공산당 지도자들이 파업을 고무하자, 의회에서 공산당을 축출했다.

1952년부터는 보수당 정권이 권력을 잡았다. 1952년 이바녜스는 재집권에 성공하며, 1958년에는 알레산드리(Jorge Alessandri), 1964년에는 역시 보수 계열인 기민당(Partido Democracia Cristiana)의 후레이(Eduardo Frei)가 당선되었다. 후레이의 소극적 개혁 정책은 좌우 양측의 불만을 낳게 되며, 1970년에는 좌익의 아옌데(Salvador Allende)가 집권한다. 아옌데는 칠레의 사회주의화를 실현하고자 한다. 광산, 은행의 국유화를 단행하며, 노동자들의 임금을 상승시켰다. 그러나 인플레로 실질적 임금 상승은 없을 정도였으며, 결국 경제위기가 도래했다.

1973년에 삐노체트(Augusto Pinochet)는 쿠데타로 실권을 장악하여 독재 정치를 편다. 그는 많은 지식인, 정치가를 구금하고 억압했으나, 중남미 전 국가의 경제 성장률이 마이너스일 때에 경제 성장을 이룩했다는 평가를 받고 있다. 1988년 삐노체트는 자신의 체제에 대한 신임 투표를 실시하나, 국민은 부표를 던진다. 결국 1989년 선거를 실시하나. 기민당의 아일윈(Patricio Aylwin)이 당선되어 민정으로 이양된다. 그러나 삐노체트는 1997년까지 군 총사령관직을 고수하고 종신 상원의원직을 맡기로 한다. 1993년에는 기민당의 후레이(Eduardo Frei Ruíz-Tagle)가 당선되어 현재에 이르고 있다.

18. 아르헨티나

아르헨티나는 1776년에 설립된 부에노스 아이레스 부왕국(Virreinato de Buenos Aires)의 중심축이다. 이 부왕국은 리오 데 라플라타 부왕국으로 불렸으며, 현재의 우루과이, 파라과이까지 포함하는 방대한 지역이었고, 농업과 목축업으로 인해 경제적으로 상당히 중요했다. 1806년과 1807년에 영국이 몬떼비데오와 부에노스 아이레스를 침략하자, 이 지역의 끄리오요들과 메스띠소는 이들을 몰아낸다. 이때부터, 자신감을 얻은 끄리오요들은 스페인으로부터의 독립을 염원한다. 스페인 태생의 뻬닌술라레스들은 독립 지지파와 왕당파로 분리되어 있었으나, 대부분의 끄리오요들은 독립을 지지했으며, 부에노스 아이레스 지역의 메스띠소들도 끄리오요들을 지지했다.

1810년 5월에 독립 선언을 하며, 이 부왕국의 이름을 '라 플라타강 유역 연합주' (Provincias Unidas del Río de la Plata)로 고친다. 그러나, 연방주의와 중앙 집권주의가 첨예하게 대립하면서, 1816년에 뚜꾸만(Tucumán)에서는 몇개 주를 제외한 주 대표들이 다시 독립 선언을 낭독한다. 문화, 경제, 정치적인 면은 전혀 고려하지 않고 중앙 집권적인 국가만을 고집한 부에노스 아이레스인들로 인해 정국은 내란 상태로 치닫게 되며, 바로 이들의 고집으로 이 연합은 3개국으로 분리된다.

1829년에 부에노스 아이레스 주지사로 취임한 로사스(Juan Manuel de Rosas)는 1835년부터 1852년까지 대통령으로 재직했다. 로사스는 부에노스 아이레스의 부잣집 아들로 백인이었으며, 어린 시절에 집을 떠날 정도로 반항아적 기질이 많았던 인물이었다. 그는 상업적 수완과 자신의 노동으로 15세 때에 상당한 토지와 목축을 소유했으며, 두 번에 걸쳐 부에노스 아이레스 주의 주지사를 역임했다. 로사스에 대한 평가는 극과 극을 이룬다.

아르헨티나의 민족주의자들은 그가 아르헨티나 국민을 위해 정치를 폈으며, 유럽풍에 물든 이들이나, 유럽 자체에 대항해서 아르헨티나적 정서를 유지시키기로 노력한 인물로, 아르헨티나 목축업의 견인차 역할을 한 가우초를 보호했다고 예찬한 반면에, 그의 정적들인 자유주의자, 낭만주의자들은 잔인하며, 모순덩어리인 악의 화신으로 저주했다.[54] 로사스에 대한 평가는 이렇게 상반되지만, 그가 식민지 체제의 절대주의에 입각하여 전제적 정치를 폈다는 것에는 이의가 없다.

그의 반대파는 '통일주의자' (unitarios)들로, 부에노스 아이레스를 중심으로한 중앙 집권 체제를 지지했다. 결국 로사스는 우르끼사(Justo José

54) 다윈은 그의 책 Voyage of the Beagle에서 아르헨티나 여행 중에 만났던 로사스에 대해 좋게 평가한다. 반면, 낭만주의 시대 문인이었던 에체베리아(Esteban Echeverría), 사르미엔또(Domingo Faustino Sarmiento), 마르몰(José Mármol)은 악의 화신으로 그를 묘사한다.

Urquiza)에게 패하고 영국으로 망명한다.

1853년의 헌법은 약간의 수정만이 가해진 채 현재까지 존속되고 있다. 우르끼사는 부에노스 아이레스주의 자치 요구를 통제하지 못하고, 내륙 지방의 빠라나(Paraná)를 수도로 삼아 통치한다. 그러나 1862년에 부에노스 아리레스 주지사였던 미뜨레(Bartolomé Mitre)는 그를 실각시킨다. 이때부터 부에노스 아이레스는 아르헨티나의 기타 지역에 통합되었다.

1862년부터 1886년까지 아르헨티나에는 4명의 위정자가 국가를 통치했다. 아르헨티나 전역을 통일한 미뜨레(1862~1868), 칠레에서의 오랜 망명생활기간 문필가로 활약했던 사르미엔또(1868~1874), 아베야네다(Nicolás Avellaneda, 1874~1880), 그리고 유일한 군부 출신 로까(Julio A. Roca, 1880~1886)이다. 이 기간은 일명 '국가 조직 정비 기간'[55]으로 불리우며, 아르헨티나는 근대 국가로 탈바꿈한다. 이 시대의 여러 가지 사건을 열거하면 다음과 같다.

① 인디오들이 지배하고 있었던 남부 지방 파타고니아(Patagonia) 정복
② 부에노스 아이레스가 연방 영토로 편입되며 동시에 수도로 지정됨
③ 철도 및 도로 건설
④ 농업 및 목축업의 발달
⑤ 전기 산업 사회로의 진입
⑥ 전국에 초등 학교와 중등 학교 설립(초등 교육을 무상으로 의무화함)
⑦ 인구 증가[56]
⑧ 외국 이민에게 문호 개방[57]
⑨ 묘지를 공공화하고, 민법에 의한 혼인 인정
⑩ 법률 제정

19세기 후반부터 20세기 초까지 아르헨티나 대통령직을 수행한 인물들은 명목상으로만 헌법을 준수했을 뿐, 통치 방법이나 수단에서는 로사스 독재 정권과 유사했다. 1889년에 결성된 '시민 연맹'(Unión Cívica)은 1890년에 반

---

55) Organización Nacional로 명명되는 이 기간은 1853년부터 1886년까지이다.

56) "통치하는 것은 인구를 증가시키는 것이다"(Gobernar es poblar)라는 구호에 걸맞게, 독립 당시 40만에 불과하던 인구는 1914년에는 8백만에 육박했으며, 이들 중의 상당수는 대도시, 특히 부에노스 아이레스 주민이다.

57) 유럽계 이민을 많이 받아들였으며, 이들은 전 인구의 30%를 차지했다.

란을 일으키나, 실패한다. 1891년에 시민 연맹은 '국가 시민 연맹당'(Unión Cívica Nacional)과 '급진 시민 연맹당'(Unión Cívica Radical)으로 분열된다. 급진 시민 연맹당은 1916년부터 1930년까지 정권을 쥐었다. 그러나 경제 불황과 대통령이라는 한 인물에 의해 움직이는 여당에 대한 불만이 증대되었고, 기득권 세력과 군부는 다시 권력을 잡기 위해 연대한다. 이러한 상황에서 페론(Juan Domingo Perón)은 1946년 대통령에 당선된다.

페론은 노동자들의 경제 수준을 높였으며, 공공 사업, 교통, 교육에 투자한다. 1948년에는 헌법을 개정하여 대통령의 임기를 6년으로 하며 국민의 직접선거로 선출하도록 했다. 그의 정부에 대한 평가는 상반된다. 혹자는 로사스에 버금가는 독재 정부로, 또 혹자는 국민의 권리를 보장해 주려고 노력한 정부로 평가하고 있다. 그의 부인 에바 페론은 죽는 날까지 저소득층을 위해 일한 것으로 평가된다. 군부, 노동자, 교회의 지지로 페론은 중산층, 기득권층, 반대편 지식인들에 대항해 정책을 추진할 수 있었다.

그러나 1953년부터는 교회와 갈등을 빚기 시작하며 1955년 점증하는 국민의 불만을 등에 업은 군부는 쿠데타를 일으켜 페론을 실각시킨다. 군부의 통치가 본격화되나, 경제 상태는 악화일로였다. 1958년의 선거, 1963년의 선거가 치루어지나, 1983년까지 아르헨티나를 실질적으로 통치한 것은 군부였다. 1973년의 선거에서 당선된 깜뽀라(Héctor Campora)는 곧바로 사임하고, 재 선거에서는 스페인에서 귀국한 페론이 다시 대통령으로 당선되었다. 그러나 1974년에 그가 사망하자 부통령이었던 부인이 승계하나 쿠데타로 실각당한다.

1976년부터 1982년까지 아르헨티나 군부는 테러범 색출을 위해 수많은 사람들을 고문하고 처형했다. 이때에 실종된 가족들을 찾으려고 '오월 광장'(Plaza de Mayo)으로 운집하기 시작하여 현재까지 지속되고 있으며, 당시에 실종된 노동자, 지식인들은 약 23,000명으로 추산된다. 이 와중에 경제 사정은 더욱 더 악화되어 인플레는 세계에서도 으뜸일 정도였다. 군부는 당시의 이 만행을 은폐하고 악화된 경제를 호도하기 위해 일명 '더러운 전쟁'으로 불리우는 '포크랜드 전쟁'을 일으킨다. 1982년에 아르헨티나의 동남부에 있던 포크랜드 섬의 영유권을 놓고 영국과 벌인 이 전쟁에서 아르헨티나 군부는 참패당했다.

이 전쟁의 결과로, 군부는 더이상 권좌에 있을 수 없음을 깨닫고 민정 이양을 약속한다. 1983년 당선된 사람은 알폰신(Raúl Alfonsín)이었다. 그는 경제에 역점을 두고, 군사 정권의 지도자들을 재판에 회부하여 과거 청산을 시도한다. 그러나 경제는 호전 기미를 보이지 않았다. 1989년의 선거에서는 페론당의 메넴(Carlos Menem)이 당선되었다. 메넴은 영국과 국교를 재개하며, 경제 정책에 역점을 두어 물가를 안정시켰다.

19. 우루과이

우루과이의 독립 운동은 1811년에 가우초 출신인 아르띠가스(José Gervasio Artigas)에 의해 전개되었으나, 라 플라타강까지 영토를 확장하려는 브라질과의 전투에서 패하고 1817년에 파라과이로 망명한다. 1824년 브라질은 우루과이를 합병하나, 1828년에 아르헨티나와 우루과이 군에 의해 패퇴하고, 브라질과 아르헨티나는 우루과이의 완전 독립에 동의한다. 우루과이는 1830년에 헌법을 제정한다.

1830년 임시 대통령직에 오른 라바예하(Juan Antonio Lavalleja)는 총사령관이던 리베라(Fructouoso Rivera)를 축출하며, 이때부터 라바예하의 자유파(blancos)와 리베라의 보수파(rojos) 사이의 대립이 벌어진다. 이후에 벌어지는 정치 혼란은 중남미의 다른 나라와 유사하다. 보수파와 자유파의 대립, 정쟁, 독재, 혁명 등등. 우루과이는 역사적으로 아르헨티나와의 동질성을 가졌기 때문에, 자신들의 내정 문제에 아르헨티나와 인접국 브라질을 끌어들이곤 했다는 것이 특징이다.

정쟁의 와중에서 아르헨티나로 피신했던 플로레스(Venancio Flores)는 1863년 아르헨티나와 브라질의 지원을 받아 우루과이를 공격한다. 브라질은 플로레스의 승리를 위해 직접 군대를 보내며, 자유파들은 파라과이의 도움을 기다린다. 그러나 파라과이의 개입이 늦어짐에 따라, 브라질, 아르헨티나, 우루과이는 동맹을 결성할 수 있었고, 이 전쟁에서 승리한다. 그 이후로도 정국은 불안하며, 잦은 쿠데타가 이어진다.

그러나 우루과이는 다른 나라와 비교해서 비교적 빨리 이러한 상황을 타개하고 안정을 되찾았다는 것이 특징이다. 1903년에 취임한 바뜰레(José Batle y Ordoñez) 대통령은 헌정을 수호하면서 경제 발전과 사회 발전을 이룩한 인물로, 개혁 정책을 추구하며, 1903~1907년, 1911~1915년에 대통령을 역임했으며 1929년 사망할 때까지 우루과이 정치를 사실상 지배했다.

1930년대부터 정국은 다시 폭동과 무력 진압, 독재, 군사 반란의 악순환으로 이어졌으며, 대다수 국민들의 생활은 더욱 더 피폐해졌고, 야당과 좌익 정당 탄압은 나날이 극심해졌다. 1960년대 말, 농민, 공산주의자, 사회주의자, 기민당원들의 일부는 뚜빠마로스(Tupamaros)라는 게릴라 집단을 구성하여 공권력에 대항했다. 이 게릴라 집단에 중산층 전문직 종사자들 및 학생들이 가세하면서 도시 게릴라 운동을 벌린다. 1973년 군부는 이들을 대량으로 체포하여 그 조직을 와해시킨다.

국민들은 1980년의 국민 투표에서 독재 정권에 대한 염증을 표출하며, 이 때부터 민주화가 서서히 진행되었다. 1985년에는 보수당의 상기네띠(Julio Sanguinetti)가 당선된다. 그는 집권 후 국민 화합을 위해 대대적인 사면을 단행하며, 정치적 자유를 허용한다. 그러나 인플레와 외채로 그의 정부는 상당한 어려움을 겪었다. 1990년에는 자유당의 라까예(Luis Alberto Lacalle)가 취임하였고, 1995년의 선거에서는 다시 상기네띠가 재집권에 성공하여 현재에 이르고 있다.

20. 파라과이

1811년에 독립을 선언하고 1813년에 공화국으로 태동한 파라과이는 중남미 최초의 독재자가 집권한 나라이다. 예수회의 영향을 받은 전통주의, 인근 국가와의 지정학적인 관계로 프란시아(José Gaspar Rodríguez de Francia)[58]는 1814년부터 1840년까지 권좌에 있을 수 있었다. 그는 파라과이를 세계로부터 고립시켰으며, 이 나라의 소수 백인들이 자기들끼리 결혼하는 것을 금지하는 등, 일련의 독재 정치를 폈다.

그의 뒤를 이은 로뻬스(Carlos Antonio López)는 1862년까지 독재자로 군

58) '프란시아'라고 하는 마지막의 성은 자신이 좋아했던 불란서를 기념하여 사용했다.

림했으며, 그의 사망으로 대통령직은 부통령으로 있던 로뻬스의 아들인 프란씨스꼬(Francisco Solano López)에게 넘어간다. 아버지 로뻬스의 재임 동안, 파라과이의 경제, 사회, 문화는 상당히 발전했으며, 강력한 군부를 보유하게 되었다. 그러나 아들 로뻬스는 우루과이와 브라질, 아르헨티나에 대항하여 전쟁을 일으킨다. 이것이 '삼국 동맹 전쟁'(Guerra de la Triple Alianza)으로, 1870년의 전투에서 로뻬스는 사망한다. 이 전쟁으로 파라과이가 입은 손실은, 영토 손실, 인구 50만[59] 사망, 경제 파탄[60] 등이다.

이때부터 파라과이는 쿠데타와 독재라는 악순환에 시달리며, 정정 불안 상황은 1954년 스트레스너(Alfredo Stroessner) 장군의 출현 때까지 이어진다. 1954년에 집권한 스트레스너는 1989년에 쿠데타로 전복될 때까지 35년간 권좌에 있었다. 그는 정보 정치를 통해 반대파를 억압했으며, 이로 인해 수많은 파라과이 지식인들은 해외로 망명해야 했다. 이들 중의 하나가 아르헨티나로 망명한 로아 바스또스(Augusto Roa Bastos)로 그의 "나는 절대자"(Yo El Supremo)는 스트레스너를 모델로 삼은 소설이다.

1989년 로드리게스(Andrés Rodríguez) 장군은 쿠데타로 스트레스너를 축출했다. 스트레스너는 브라질로 망명하며, 로드리게스는 이 해에 치루어진 선거에서 승리한다. 그는 1990년에 군과 경찰의 정당 참여를 금지하는 등의 개혁을 취한다. 1993년의 선거에서는 최초의 민선 대통령인 와스모시(Juan Carlos Wasmosy)가 당선되어 오늘에 이르고 있다.

21. 브라질

브라질은 1822년 뻬드루 1세(Don Pedro I)의 독립 선언으로 포르투갈로부터 독립한다. 1824년에 헌법을 제정하며 이 헌법은 1889년까지 지속되었다. 뻬드루 1세는 의원들의 의견을 무시하는 우를 범하며, 북부 지방에서는 그의 이러한 절대 왕정 체제에 반기를 들기도 했다. 1825년에는 국경 문제로 우루

59) 이것은 전 인구의 50%이며, 남성 인구의 90%에 해당한다.
60) 아들 로뻬스의 애인은 아일랜드 출신 엘리사 린치(Elisa Lynch)였다. 그녀는 전쟁이 끝나기 전에 수많은 재산을 가지고 불란서로 도망한다.

과이와 아르헨티나에 대항해 싸우며, 이 전쟁 후, 우루과이는 1828년에 두 나라 사이의 완충국으로 독립한다.

그에 대한 반발이 군부까지 확산되는 것을 감지한 뻬드루 1세는 1830년 왕위를 아직 성년이 되지 않은 아들에게 물려 주고, 포르투갈로 떠난다. 1830년에서 1840년까지의 섭정 기간 동안 정치인들은 누가 섭정직을 차지하느냐를 놓고 정쟁을 그치지 않았으며, 민란도 있었으나, 뻬드루 2세는 1840년에 황제로 등극한다. 1889년까지의 재위 동안 진보주의자들을 중용했으며, 상업, 산업, 문학, 과학의 발전을 위해 노력했다. 일례로, 철도를 부설하고, 이민을 받아들였으며, 고무 채취에 박차를 가했다. 삼국 동맹을 맺고 파라과이를 상대로 치룬 전쟁으로 국왕은 군대에게 많은 특혜를 주었다.

그러나 일단 전쟁이 끝나자, 군의 지나친 영향력을 경감시키기 위해 급여를 감소시킨다. 이 일로 많은 적이 생겼다. 당시까지 그를 지지하던 대농장주들은 국왕이 노예폐지론자들을 지지하자 그에게 등을 돌리고 반란을 일으켜 국왕을 패배시킨다. 1889년 브라질은 헌법개정을 통해 공화국으로 탈바꿈한다.

공화정은 구 공화국 시대(1889~1930)와 신 공화국 시대(1930~)로 나뉜다. 구 공화국 시대는 폰세까(Manuel Deodoro da Fonseca)제독의 독재로 시작된다. 그 후, 여러 명의 민간 독재자와 군출신 독재자가 번갈아 최고 통치자직을 수행한다. 이 기간에 브라질의 주요 수출품으로 자리잡은 것이 커피이다. 그리고 20세기 초에 자전거와 자동차가 세계적 품목으로 등장하자, 브라질 정부는 고무나무 재배를 장려한다. 그러나 영국이 고무나무를 캐서 말레이지아에 이식하자, 아마존 밀림 지역의 번영은 오래 지속하지 못한다. 행정조직의 부패로 반란이 일어나며, 1922년부터 1930년까지의 정정은 불안했다.

1930년, 리우 그란데 도 수(Río Grande do Sul)의 주지사였던 바르가스(Getúlio Vargas)는 공화파의 혁명 운동 덕분에 대통령직에 오른다. 그는 미나스 제라이스(Minas Gerais)주의 자본가들, 군부 거의 전체, 망명길의 대농장주들, 도시 중'산층의 지지를 받아 독재 정치를 편다. 그에 대항해서 1932년에 사웅 파울루의 기업가들과 농장주, 커피 재배자들이 반란을 일으키나 실패한다. 이 반란으로, 바르가스는 중앙 정부에 많은 권한을 부여하는 연방정부 구성에 박차를 가한다.

대중의 이익을 보호하려는 유럽 전제자들을 본떠서, 브라질에도 이와 유사한 정부를 세우려 했던 바르가스는 자신의 민족주의적, 전제적 정부를 '신생국' (Estado Novo)으로 불렀다. 1938년에 헌법을 새로이 제정하면서 노동자계급의 권익을 보장하도록 했으며, 제철과 같은 신규 산업체를 만들고 교육에 역점을 두었다. 1945년 세계 2차 대전에서 추축국들이 패하자, 바르가스 또한 사임해야 했다. 그러나 1950년 선거에서 다시 당선되며, 전과는 달리 헌법을 준수하며 통치했다. 국가의 산업화를 장려했으며, 동시에 외국의 경제적 영향력을 배제하려 노력했다.

그 자신은 정직했으나, 주변 인물들의 부정으로 괴로워하던 바르가스는 1954년 자살로 생을 마감한다. 그가 남긴 유서에는 국내 국외의 기득권 세력이 자신들만의 이익을 추구하기에 혈안이 되어 있다는 내용이 담겨 있었다.

1956년의 선거에서는 쿠비체크(Juscelino Kubitschek)가 당선된다. 이 정부의 주력 사업은 내륙 발전의 도모를 상징할 새 수도 브라질리아의 건설이었다. 1961년의 콰드로스(Janio Quadros)는 '깨끗한 정부'를 목표로 삼았고 브라질의 자주 외교를 주장했다. 정적들의 반발과 음해 공작에 염증을 느낀 콰드로스는 사임하며, 당시 부통령이던 굴라르(Joao Goulart)에게 대통령직을 이양한다. 그러나 전임자와 마찬가지로 진보적 성향의 굴라르는 국내 및 국외에서 도전을 받는다.

1964년의 쿠데타로 집권한 군부는 1985년까지 권력을 잡았다. 이들의 집권기간 동안 정치적 자유는 존재하지 않았으며 악랄한 고문으로 외국의 비판을 받았다. 그러나 경제는 사상 유례없는 붐을 이루어, 1970년대의 브라질은 경제 기적의 주역이었다.

1985년에는 땅끄레도 데 알메이다(Tancredo de Almeida Neves)가 21년만에 처음으로 민선 대통령에 당선되나, 이듬해 그가 죽자 당시의 부통령이었던 사르네이(José Sarney)가 승계한다. 1990년에는 꼬요르(Fernando Collor de Mello)가 당선되며, 1995년에는 종속이론의 대표 학자인 까르도소(Fernando Enrique Cardoso)가 당선된다. 1980년대에 이르면서 하강 곡선을 그린 브라질은 많은 외채와 인플레로 고통을 받았다. 그러나 최근에는 인플레도 안정세로 돌아가고 있으며, 경제 발전도 가시화되고 있다.

중남미 국가 지도

1. 멕시코
2. 과테말라
3. 벨리세
4. 엘 살바도르
5. 온두라스
6. 니카라과
7. 코스타 리카
8. 파나마
9. 콜롬비아
10. 에콰도르
11. 페루
12. 칠레
13. 볼리비아
14. 아르헨티나
15. 파라과이
16. 우루과이
17. 베네수엘라
18. 기아나
19. 수리남
20. 불령 기아나
21. 브라질
22. 쿠바
23. 아이티
24. 도미니카 공화국
25. 푸에르토 리코
26. 트리니닫 이 토배고

중남미 국가의 수도, 인구 및 면적

국 명	수 도	인구(명)	면적(㎢)
멕시코(México)	멕시코 시(Ciudad de México)	91,261,000	1,958,201
과테말라(Guatemala)	과테말라 시(Ciudad de Guatemala)	10,029,000	108,889
벨리세(Belize)	벨모판(Belmopan)	205,000	22,965
온두라스(Honduras)	테구시갈파(Tegucigalpa)	5,595,000	112,088
니카라과(Nicaragua)	마나과(Managua)	4,265,000	130,700
코스타 리카(Costa Rica)	상호세(San José)	3,199,000	51,100
엘 살바도르(El Salvador)	산 살바도르(San Salvador)	5,517,000	21,041
파나마(Panamá)	파나마시(Ciudad de Panamá)	2,535,000	75,517
콜롬비아(Colombia)	보고타(Bogotá)	33,951,000	1,141,748
베네수엘라(Venezuela)	카라카스(Caracas)	20,712,000	916,445
에콰도르(Ecuador)	키토(Quito)	10,981,000	275,830
볼리비아(Bolivia)	라파스(La Paz)	7,065,000	1,098,581
페루(Perú)	리마(Lima)	22,640,000	1,285,216
칠레(Chile)	산티아고(Santiago)	13,813,000	736,903
아르헨티나(Argentina)	부에노스 아이레스(Buenos Aires)	33,778,000	2,779,221
파라과이(Paraguay)	아순시온(Asunción)	4,643,000	406,752
우루과이(Urguay)	몬테비데오(Montevideo)	3,149,000	176,215
브라질(Brasil)	브라질리아(Brasilia)	151,534,000	8,511,996
수리남(Surinam)	파라마리보(Paramaribo)	446,000	163,265
기아나(Guyana)	죠지타운(Georgetown)	816,000	215,969
쿠바(Cuba)	아바나(Habana)	10,905,000	110,922
아이티(Haiti)	푸에르토 프린시페(Puerto Príncipe)	6,903,000	27,750
도미니카공화국 (República Dominicana)	산토도밍고(Santo Domingo)	7,608,000	48,308
자메이카(Jamaica)	킹스턴(Kingston)	2,495,000	10,991
트리니단 이 토배고 (Trinidad y Tobago)	푸에르토 에스파냐(Puerto España)	1,260,000	5,130

* 기타, 영국의 속령인 바아마 제도(Islas Bahamas), 바베이도스(Barbados), 버진 아일랜드(Virgin Islands), 포크랜드(Falkland) 섬, 프랑스의 식민지인 마르티나카(Mantinaca), 과다루페(Guadalupe), 기아나(Guyana), 네델랜드의 속령인 쿠라사오(Curaçao), 미국의 자치령인 푸에르토 리코(Puerto Rico, 수도: 상 후안(San Juan)가 있다.

참고 도서

1. 민만식, 권 문술 공저. 전환기의 라틴 아메리카, 탐구당, 서울, 1985.
2. 민만식, 강 석영, 최 영수. 중남미사, 민음사, 서울, 1993.
3. Henríquez Ureña, Pedro. HISTORIA DE LA CULTURA EN LA AMERICA HISPANICA, Colección Popular, FCE, México, 1986.
3. Bazín, Robert. HISTORIA DE LA LITERATURA AMERICANA EN LENGUA ESPAÑOLA, 3a. ed., Edit. Nova, Buenos Aires, 1967.
4. Chang-Rodríguez, Eugenio. LATINOAMERICA: SU CIVILIZACION Y SU CULTURA, Newsbury House Publishers, Cambridge, 1983.
5. Loprete, Carlos A./ McMahon, Dorothy. IBEROAMERICA, 2da. ed., Scribner Spanish Series, University of Texas at Austin, 1974.
6. Alonso, Dámaso y otros. PRIMAVERA Y FLOR DE LA LITERATURA HISPANICA, Selecciones del Reader's Digest, Madrid, 1966.
7. POPOL VUH, Colección Popular, FCE, México, 1947.
8. EL LIBRO DE LOS LIBROS DE CHILAM BALAM, Colección Popular, FCE, México, 1948.
9. TEATRO QUECHUA COLONIAL, ANTOLOGIA, Ediciones EDUBANCO, Perú, 1983.
10. Gómez y Cámara, Santiago R. EL POPOL VUH EN BREVES PALABRAS, Costa-Amic, Edit., México, 1980.
11. Alcina Franch, José/ Palop Martínez, Josefina. LOS INCAS, Biblioteca Iberoamericana, ANAYA, Madrid, 1988.
12. López de Gomara, Francisco. HISTORIA GENERAL DE LAS INDIAS Y VIDA DE HERNAN CORTES, Biblioteca Ayacucho, Venezuela, 1979.
13. NUEVA ENCICLOPEDIA LAROUSSE, Edit. Planeta, Barcelona-Madrid, 1980.
14. Garcilaso de la Vega, el Inca, COMENTARIOS REALES Edit. Bruguera, S.A. Barcelona, 1968.

* 각주로 인용된 도서는 제외함

고 혜 선

한국외국어대학교 서반아어과 졸업
콜롬비아 Instituto Caro y Cuervo 대학원 졸업(중남미문학석사)
한국외국어대학교 대학원 서반아어과 졸업(문학박사)
미국 Southern Oregon College 서반아어과 교환 교수
현재 단국대학교 스페인어 전공 교수

저 서

『Lengua Coreana』, 『서반아어 · I, II』, 『Español』(공저),
『페루의 어제와 오늘』, 『중세 동 · 서 문화의 만남』,
『중세 동 · 서 시가의 만남』 등

역 서

『멕시코의 어제와 오늘』, 『마야인의 성서 포폴 부』,
『희망에 대해 말씀드리지요 - 바예호 시선집』,
『실론섬 앞에서 부르는 노래 - 네루다 시선집』,
『Cuentos coreanos』, 『La cárcel del corazón』,
『La casona de los pations』, 『El pescador no tala』, 『El espíritu del viento』, 『La famila de Abe』,
『El invieno de aquel año』, 『El parasío cercado』 등

메스티소의 나라들

지은이 _ 고 혜 선
펴낸곳 _ 단국대학교출판부
등 록 _ 1968.2.27 : No. 제03-00095호

주 소 _ 경기도 용인시 수지구 죽전동 126번지
전 화 _ 031-8005-2405 팩 스 _ 031-8005-2406

1998년 3월 5일 초 판 발행
2011년 8월 25일 증보2쇄 발행

인 쇄 _ 네오프린텍(주)

[값 12,000원]

Published by Dankook University Press

Printed in Korea

ISBN 978-89-7092-420-5 03950